EMPATIA ASSERTIVA

KIM SCOTT

EMPATIA ASSERTIVA

COMO SER UM LÍDER INCISIVO SEM PERDER A HUMANIDADE

TRADUÇÃO: CRISTINA YAMAGAMI

Uma publicação da

hsm
THE POWER
OF KNOWLEDGE

Empatia assertiva – Como ser um líder incisivo sem perder a humanidade

Publisher: Lindsay Viola
Tradução: Cristina Yamagami
Preparação de texto: Trivium Editorial
Revisão: Marcia Menin
Diagramação: Carlos Borges Jr
Capa: Bear's Shop Design

1ª edição

Dados Internacionais de Catalogação na Publicação (CIP)
Andreia de Almeida CRB-8/7889

Scott, Kim
Empatia assertiva : como ser um líder incisivo sem perder a humanidade / Kim Scott; tradução de Cristina Yamagami. — São Paulo : HSM, 2017.
328 p.

Bibliografia
ISBN: 978-85-9598-006-8

1. Sucesso nos negócios 2. Assertividade (Psicologia) 3. Liderança 4. Empatia 5. Motivação no trabalho I. Título II. Yamagami, Cristina

17-1565 CDD 650.1

Índices para catálogo sistemático:

1. Sucesso nos negócios

hsm
THE POWER OF KNOWLEDGE

Alameda Tocantins, 125 – 34º andar
Barueri-SP. 06455-020
Vendas Corporativas: (11) 3039-5605
ou atendimento@revistahsm.com.br

Para Andy Scott, a milagrosa fonte de romance e estabilidade de minha vida. Para nossos filhos, Battle e Margaret, que nos dão doses diárias de alegria insana e inspiração sã. Para nossos pais, que nos ensinaram tudo. E para nossos irmãos, que nos ajudaram a encontrar um ao outro.

SUMÁRIO

INTRODUÇÃO

Imagino que todo mundo já deve ter passado por algo parecido: tive um chefe terrível que achava que o melhor jeito de motivar as pessoas era pela humilhação. Um dia, um colega me copiou sem querer em um e-mail no qual meu chefe me ridicularizava repetidamente. Quando confrontei o chefe, ele me disse para "não esquentar" minha "cabecinha" com isso. Sem brincadeira.

Essa experiência foi uma das razões que me levaram a abrir a própria empresa, a Juice Software. Minha ideia era criar um ambiente no qual as pessoas pudessem curtir não só o que faziam mas também umas às outras. Alguns amigos acharam graça da proposta, dizendo que eu mais parecia estar falando de uma comuna do que de uma empresa. Mas era sério. Afinal, eu passava muito mais do que oito horas por dia no escritório. Se eu não curtisse meu trabalho e meus colegas, a maior parte de meu breve tempo neste planeta seria marcada pela infelicidade.

Não me orgulho de dizer que, apesar de eu ter conseguido evitar os erros daquele meu chefe terrível (o que foi fácil), cometi vários erros bem diferentes. Na tentativa de criar um ambiente positivo e tranquilo, evitei a parte difícil, porém necessária, de ser chefe: dizer às pessoas, de maneira clara e direta, quando o trabalho delas estava aquém das expectativas. Acabei não criando um ambiente no qual as pessoas que não estavam dando conta do trabalho eram informadas a tempo de corrigir o problema.

Pensando naquela época, logo me vem à mente um sujeito que chamarei de "Bob". Bob era uma daquelas pessoas simpáticas com quem todo mundo tem prazer de trabalhar, um colega gentil, divertido, atencioso e solícito. Além disso, tinha vindo para a entrevista de emprego com um currículo espetacular e ótimas referências. Ele me pareceu um excelente candidato e o contratei sem hesitação. Só havia um "pequeno" problema: o trabalho dele era péssimo. Perdi a confiança no que ele fazia pouco depois de contratá-lo. Bob tinha passado *semanas* elaborando um documento para explicar que o software da Juice permitia aos usuários criar planilhas do Excel que eram automaticamente atualizadas. Quando li o texto no qual ele tinha trabalhado com tamanha diligência, fiquei chocada ao descobrir que não fazia sentido algum... estava mais para uma salada de palavras aleatórias. E, no instante em que Bob me entregou o documento, percebi que ele também sabia que seu trabalho não era lá grande coisa. A vergonha em seus olhos e o pedido de desculpas em seu sorriso deixaram isso mais do que claro.

***

Vamos abrir um parêntese nessa história. Se você é chefe, já deve ter percebido que aquele momento marcou uma importante encruzilhada em meu relacionamento com Bob, um momento que tinha o potencial de decidir o sucesso ou fracasso de toda a minha equipe. O trabalho dele nem chegava a ser insuficiente. Nossa empresa ainda era pequena, avançávamos com dificuldade e não tínhamos recursos para refazer o documento nem para compensar as deficiências de Bob. Eu sabia disso na época. No entanto, não tive coragem de abordar o problema diretamente. Disse-lhe que o trabalho era um bom começo e que eu mesma o ajudaria a terminar. Ele me lançou um sorriso amarelo e saiu da sala.

Que diabos aconteceu? Para começar, eu gostava de Bob e não queria repreendê-lo. Ele parecia tão nervoso quando me entregou o documento que achei que fosse cair no choro. Todos gostavam tanto dele que pensei que, se ele de fato caísse no choro, me considerariam uma chefe abusiva. Em segundo lugar, a menos que seu currículo e suas referências tivessem sido forjados, Bob já tinha feito um excelente trabalho no passado. Talvez estivesse distraído com algum problema familiar ou não houvesse se acostumado com nosso estilo de fazer as coisas. Independentemente do motivo, eu me convenci de que era só uma questão de tempo para ele retomar o desempenho que me levara a decidir contratá-lo. Em terceiro lugar, eu mesma poderia corrigir o documento, o que seria mais rápido do que ensiná-lo a fazer o trabalho do zero.

Vamos começar vendo como minha postura de evitar falar diretamente sobre o problema afetou Bob. Lembre que ele sabia que seu trabalho não estava bom, e meu falso elogio só acabou confundindo a cabeça dele. Minha atitude lhe deu espaço para ele se enganar achando que poderia continuar a entregar um trabalho medíocre e sair impune. E foi exatamente o que fez. Com minha decisão de não confrontar o problema, não o incentivei a se empenhar e o deixei acreditar que se safaria com um trabalho ruim.

É muito difícil dizer às pessoas que elas estão pisando na bola. Você não tem intenção de magoar ninguém; afinal, você não é sádico. Não quer que sua equipe pense que você é um ogro. Além disso, aprendeu, desde que se conhece por gente, que, "se não tiver nada gentil para dizer, é melhor não dizer nada". E, de repente, é seu trabalho dizer o que precisa ser dito. Você se vê diante da tarefa de esquecer tudo o que aprendeu até agora. Não é fácil gerenciar pessoas.

Para piorar ainda mais as coisas, passei nada menos que dez meses repetindo o mesmo erro vez após vez. Como você já deve saber por experiência própria, você vai ficando cada vez mais ressentido com cada trabalho medíocre que aceita sem dizer nada e com cada prazo estourado ao qual faz vista grossa, e esse ressentimento acaba se transformando em raiva. Você deixa de achar que é o trabalho que está ruim e começa a acreditar que *a pessoa* como um todo é ruim. Então, vai ficando cada vez mais difícil ter uma conversa imparcial, a ponto de você evitar falar com ela.

E, como seria de esperar, minha atitude em relação a Bob afetou a equipe inteira, que não entendia por que diabos eu aceitava um trabalho tão terrível sem dizer nada. Seguindo meu exemplo, todos se puseram a tentar encobrir as falhas de Bob. Consertavam os erros dele e faziam ou refaziam seu trabalho, muitas vezes quando deveriam estar em casa descansando. Em certas situações, pode até ser necessário fazer isso por um tempo – por exemplo, se a pessoa estiver enfrentando uma crise pessoal. Essa atitude, porém, sempre cobra seu preço mais adiante. No caso da Juice, pessoas que antes apresentavam um trabalho excepcional ficaram desleixadas. Perdemos prazos importantes. Mesmo conhecendo as razões do atraso dos colegas de Bob, evitei confrontar o problema. E eles começaram a se perguntar se eu sabia a diferença entre um trabalho excelente e um trabalho medíocre. Parecia que eu não estava nem aí com os prazos estourados. Como costuma acontecer quando as pessoas não sabem ao certo se a qualidade de seu trabalho é valorizada ou não, os resultados começaram a ir por água abaixo... e o moral da equipe também.

Diante da possibilidade concreta de perder meu pessoal, percebi que não daria mais para adiar a tão temida conversa. Convidei Bob para tomar um café comigo. Ele esperava um bate-papo sem grandes consequências, mas, depois de algumas tentativas frustradas, eu o demiti. E nós dois nos vimos infelizes, debruçados sobre nossos muffins e xícaras de café. Após um penoso silêncio, Bob empurrou a cadeira para trás, arrastando ruidosamente os pés de metal no piso de mármore, me encarou e disse: "Por que você não me falou antes?".

Enquanto eu digeria a pergunta sem encontrar uma boa resposta, ele me disparou: "Por que ninguém me falou antes? Achei que vocês gostassem de mim!".

Foi o ponto mais baixo de toda a minha vida profissional. Eu tinha cometido uma série de erros, e quem estava pagando por eles era Bob. Meus elogios só serviram para confundi-lo e desencaminhá-lo. Aliás, nunca critiquei seu trabalho, tampouco lhe pedi feedback sobre minha liderança, o que poderia ter lhe dado a chance de conversar sobre a situação e talvez encontrar uma solução. Pior ainda, deixei de criar uma cultura na qual os colegas de Bob pudessem tê-lo alertado assim que viram que ele estava saindo dos trilhos. Faltava coesão à equipe, e isso se refletia em nossos resultados. Minha negligência em fazer elogios e críticas teve efeitos absolutamente desastrosos sobre as pessoas e sobre a empresa.

É possível traçar uma linha reta entre um feedback insuficiente da liderança e uma equipe disfuncional, que apresenta resultados insatisfatórios. Não era tarde demais só para Bob. Era tarde demais para a companhia toda: a Juice foi forçada a fechar as portas pouco depois de eu demitir Bob.

No Google, liberdade no trabalho

Era o ano de 2004, e eu precisava de um emprego. Liguei para uma ex-colega de turma do curso de administração, Sheryl Sandberg. Ela entrara no Google três anos antes, e tínhamos conversado havia pouco tempo, no casamento de um amigo em comum. Apesar de Sheryl se importar claramente com os membros de sua equipe, tive a nítida sensação de que ela não cometia o mesmo erro que eu cometera com Bob. O tempo mostraria que eu estava certa.

Depois de uma maratona de 27 entrevistas, recebi uma oferta para trabalhar para Sheryl liderando uma equipe de cem pessoas responsável pelas vendas e pelo suporte a clientes de pequeno e médio portes do AdSense.[1] Eu não tinha ideia do que era o AdSense, mas sabia que a cultura do Google representava uma ressurreição de meu sonho de criar um ambiente no qual as pessoas pudessem curtir seu trabalho e umas às outras, e Sheryl me pareceu uma excelente chefe. Como um amigo comentou um dia: "No Vale do Silício, as pessoas não 'caem para baixo'; elas 'caem para cima'". (E fiquei sabendo que Bob também se virou muito bem após a demissão.)

***

Pouco tempo depois de eu entrar no Google, testemunhei uma impressionante troca de opiniões produtivas e extremamente diretas. Um dia, eu estava participando de uma reunião com Larry Page, cofundador da empresa, e Matt Cutts, que liderava a equipe encarregada de combater ações de webspam.[2] Discutíamos uma proposta que Matt e eu havíamos apresentado. Larry tinha um plano diferente, mais sutil, que eu não conseguia entender. No entanto, ficou claro que Matt entendeu e que não gostou nem um pouco dele. Matt, em geral um sujeito bastante afável e tranquilo, discordou vigorosamente. Quando percebeu que Larry não recuava, simplesmente se pôs a gritar com ele. Disse-lhe que sua ideia provocaria uma "enxurrada de lama" da qual ele jamais conseguiria se recuperar.

Fiquei angustiada com a reação de Matt. Eu gostava dele e temia que pudesse ser demitido por criticar a proposta de Larry com tanta veemência. Então vi um grande sorriso se formar no rosto de Larry. Ele não só permitiu a oposição de Matt, como parecia estar adorando. Deu para ver, pela atitude aberta e satisfeita com que reagiu à oposição, que ele queria que Matt e todas as pessoas do Google se sentissem à vontade questionando a autoridade... especialmente a dele. Não fazia sentido algum rotular aquela conversa com adjetivos como "agradável" ou "bruta", "rude" ou "educada". Ela foi produtiva e colaborativa. Foi livre. Foi conduzida de um jeito que nos levou à melhor resposta. Como Larry conseguia?

Decidi tentar seguir o exemplo de Larry. Em vez de me concentrar em "dar feedback" a minha equipe, eu a encorajei a me dizer quando *eu* estivesse errada. Fiz de tudo para incentivar as pessoas a me criticar ou ao menos falar comigo. Depois de alguns tropeços (que explicarei mais adiante), o pessoal começou a se abrir. Passamos a ter conversas mais francas e a nos divertir juntos. Tive a sorte de contratar gente incrível, como Russ Laraway, com quem abri uma nova empresa, a Candor, e Jared Smith, cofundador da Qualtrics (hoje atuo em seu conselho de administração). Aprendi tanto com meus subordinados como com meus superiores a ser uma boa chefe. Passamos a *não* tomar decisões nas reuniões da equipe e deixá-las nas mãos das pessoas que trabalhavam em maior proximidade com os fatos. Com isso, melhoramos nossa execução. Para criar um ambiente seguro e aberto a "questionar a autoridade" em todos os níveis da organização, propusemos "semanas para consertar os chefes" e elaboramos meticulosamente "sessões de feedback aos chefes".

Explicarei essas e outras técnicas na segunda parte deste livro. Por ora, cabe notar que no Google, para garantir que o trabalho fosse feito, os gestores não contavam apenas com o "poder" ou a "autoridade". Eles tiveram de bolar uma forma diferente e melhor de liderar.

Depois de seis anos no Google, por fim me senti confiante de ter conseguido exatamente isso: aprender um jeito melhor de ser chefe. Não repeti o erro que cometera com Bob, mas também não me transformei em um monstro. Aumentamos a receita de meu departamento mais de dez vezes, para vários bilhões de dólares. Grande parte desse crescimento resultou de melhorias no produto, não em nosso processo de vendas, mas nós sem dúvida ajudamos. A eficiência era uma obsessão nossa, e reduzimos o número de funcionários de nosso departamento na América do Norte mesmo enquanto a receita crescia alucinadamente (na melhor definição do termo "escalar"). Com o tempo, além do AdSense, meu departamento passou a incluir o pessoal de vendas e operações globais do YouTube e do DoubleClick. Começamos com uma equipe na América do Norte, e nossa cultura excêntrica e divertida se mostrou robusta o suficiente para atuar como uma força unificadora para os times de Dublin, São Paulo, Buenos Aires, Nova York, Mountain View, Sydney, Seul, Tóquio, Pequim e Singapura.

No entanto, passei a focar cada vez menos os indicadores do negócio (custo por clique, receita etc.). O que mais me interessava era descobrir como definir esse "jeito melhor" de ser chefe que desenvolvi com o tempo e ensinar essas técnicas às pessoas. Àquela altura, porém, a ideia ainda era mais instintiva do que uma filosofia. Eu precisava de tempo para pensar, para poder articular um modelo.

Apple: "contratamos pessoas que nos dizem o que fazer, e não o contrário"

Nenhum cargo no Google me permitiria simplesmente parar para pensar, e trabalhar nas operações não costuma deixar muito tempo para a contemplação silenciosa. Por sorte, a apenas 15 quilômetros dali, Steve Jobs fundou a Apple University. Richard Tedlow, meu professor da faculdade de administração, acabara de sair da Harvard University para atuar na nova "fábrica" de talentos liderada por Jobs. Ele descreveu assim a missão da Apple U: "Queremos combater a atração gravitacional da mediocridade organizacional". Um fator importante para atingir essa meta era desenvolver o curso Managing at Apple, para ensinar como ser gestor da Apple. Quando me ofereceram um emprego para desenvolver e lecionar esse curso, agarrei a oportunidade.

O Managing at Apple era voltado a gestores de primeira viagem, mas os executivos acharam que também seria útil para os líderes seniores de suas equipes. Apesar de o curso não ser uma disciplina obrigatória, nossa maior dificuldade foi dar conta da demanda. Na época em que trabalhei na Apple, ensinamos milhares de pessoas e recebemos excelentes avaliações dos alunos. Muitos outros gestores fizeram o curso depois que saí de lá.

Na Apple, posso dizer que aprendi tanto quanto ensinei. Uma conversa que tive com uma líder da empresa me ajudou a ver um grande erro no desenvolvimento de equipes que cometi no início de minha carreira. O problema era que eu sempre focava as pessoas que tinham mais chances de serem promovidas. Presumia que era assim que uma empresa em crescimento deveria agir. Entretanto, aquela líder da Apple me mostrou que todas as equipes precisam de *estabilidade*, não só de crescimento, para ter um bom desempenho. Nada funciona muito bem se todo mundo mantiver o foco em descolar a próxima promoção. Ela chamava os membros de sua equipe que obtinham resultados excepcionais, mas que se posicionavam em uma trajetória de crescimento mais gradual, de "rochas", por serem robustos e estáveis. Eles adoravam o trabalho e tinham um desempenho espetacular, porém não ambicionavam ocupar o cargo dela nem ser o próximo Steve Jobs; estavam satisfeitos com o que tinham. Já as pessoas que se posicionavam em uma trajetória de crescimento mais acelerado, que enlouqueciam se fossem obrigadas a passar mais de um ano fazendo o mesmo trabalho, eram consideradas "estrelas". Essas pessoas constituíam a fonte de crescimento da equipe. Aquela líder deixou claro que toda equipe precisa equilibrar esses dois elementos.

Aquele insight foi uma verdadeira revelação para mim. A Apple crescia rapidamente e já era maior que o Google. Mesmo assim, fazia questão de receber pessoas com ambições diferentes. Na Apple, para ter uma carreira gratificante, um funcionário precisava apresentar um desempenho espetacular no trabalho e adorar o que fazia, mas não ser obcecado por promoções. No Google, eu subestimei sistematicamente as "rochas". Esse erro causou muita insatisfação em pessoas que contribuíam muito para a empresa. A tendência do Google em focar as pessoas que se posicionavam em uma trajetória de crescimento acelerado era, em parte, uma reação à norma adotada pelas companhias tradicionais, que tendem a cortar as asas de quem que ambiciona "mudar tudo". A Apple abria espaço para todos os diferentes tipos de ambição, e essa foi uma das razões do rápido crescimento da empresa ao mesmo tempo que ela combatia "a atração gravitacional da mediocridade organizacional".

***

O Google é conhecido por ser uma empresa de direcionamento de baixo para cima, que capacita até os funcionários mais jovens e inexperientes a tomar as próprias decisões. O papel dos gestores é, em grande parte, sair do caminho, por vezes ajudar, mas nunca interferir demais. Eu esperava o contrário na Apple, tendo engolido a narrativa do Steve Jobs controlador transmitindo sua brilhante visão de cima para baixo, sem tolerar discordância alguma e impelindo sua equipe a fazer acontecer. No entanto, a realidade na empresa não era bem assim.

Um colega contou a história de uma entrevista de emprego com Jobs que mostrava bem isso. Meu colega lhe fez várias perguntas absolutamente razoáveis, como: "Qual é sua visão para o desenvolvimento da equipe? Qual será o tamanho da equipe?". A reação abrupta de Jobs foi: "Bem, se eu soubesse isso, não precisaria de você, não é mesmo?" – uma resposta um tanto grosseira, mas ao mesmo tempo empoderadora. Jobs articulou sua abordagem com mais delicadeza em uma entrevista de emprego com Terry Gross: "Aqui na Apple nós contratamos pessoas que nos dizem o que fazer, e não o contrário". E essa também foi minha experiência na empresa.

Na Apple, como no Google, a capacidade de um chefe de atingir resultados tinha muito mais a ver com escutar e buscar entender do que dizer aos funcionários o que fazer, mais a ver com dialogar do que controlar, mais a ver com impelir as pessoas a decidir do que ele tomar as decisões sozinho, mais a ver com convencer do que dar ordens, mais a ver com aprender do que saber.

Seus relacionamentos são a base de seu trabalho

Autonomia e negligência são duas coisas bem diferentes, contudo... Aprendi essa lição a duras penas com a experiência que tive com Bob. Veja o que aprendi sobre isso.

No curso Managing at Apple, costumávamos exibir o vídeo de uma entrevista de Jobs concedida ao jornalista de tecnologia Bob Cringely. Nele, o cofundador da Apple, ao explicar o que acha de criticar o trabalho das pessoas, apresenta um ensinamento importantíssimo: "Você precisa fazer isso de um jeito que não ponha em dúvida sua confiança na capacidade da pessoa, mas que também não deixe muito espaço para interpretação, o que é muito difícil de fazer". Então diz: "Eu não ligo de estar errado. E não vejo problema algum em admitir que estou errado. Na verdade, estar certo não é muito importante para mim. O que mais me importa é saber que estamos fazendo a coisa certa".[3] Amém! Quem poderia discutir com esse argumento?

E basta voltar um pouquinho o vídeo para encontrar o que levou Jobs a afirmar isso. Cringely perguntou o que ele queria dizer quando falava para as pessoas que o trabalho delas "está uma merda". À primeira vista, essas palavras, no mínimo, têm poucas chances de desenvolver a confiança ou fazer com que a equipe se sinta capacitada a correr riscos. A frase mais parece bullying, e, em alguns casos, até pode ter sido. Eu sem dúvida não recomendaria dizer isso a alguém. No começo, eu contornava a questão com uma piadinha: "Não se esqueçam de que vocês não são Steve Jobs".

A observação sempre provocava risos, mas no fundo evitava uma questão importante. Pensei naquela discussão de Matt Cutts com Larry Page. Por alguma razão, eles podiam gritar um com o outro e tudo bem. Por quê? Eu jamais diria "Seu trabalho está uma merda" nem gritaria com um colega.

Ou será que diria? Lembrei-me de quando estávamos lançando o AdSense internacionalmente no Google. Jared Smith, que tinha trabalhado comigo na Juice e também estava em minha equipe no Google, ficava confundindo a Eslováquia com a Eslovênia e agindo como se a distinção não fizesse a mínima diferença. Na quinta vez que ele confundiu os dois países em uma reunião, perdi o controle: "É *Eslováquia*, seu burro!".

Jared e eu já havíamos trabalhado por um bom tempo juntos, e ele (como todas as pessoas presentes na sala) sabia que eu o respeitava profundamente. Também ele tinha a liberdade de me repreender com a mesma grosseria carinhosa, como de fato fazia às vezes. Meu comentário ríspido não passou de uma forma sucinta e eficaz de forçá-lo a se concentrar, tão eficaz que ele nunca mais cometeu aquele erro. Eu só pude falar daquele jeito com Jared, com tamanha liberdade, em virtude do *relacionamento* que passamos anos forjando.

Não estou querendo dizer que você precisa praguejar, gritar ou ser grosseiro para ser um bom chefe. Na verdade, eu não recomendaria fazer isso, porque, mesmo que o relacionamento evolua até o ponto em que você acha que há respeito mútuo, por ser o chefe você pode simplesmente estar entendendo mal os sinais. A questão é que, se você é o tipo de pessoa que gosta de se comunicar dessa maneira, tem de desenvolver relacionamentos com base na confiança para poder falar assim e contratar pessoas capazes de se adaptar a seu estilo.

***

O Vale do Silício foi o ambiente ideal para explorar os relacionamentos entre chefes e subordinados diretos. Vinte anos atrás, ninguém ensinava nem recompensava as habilidades de gestão no Vale do Silício, mas, hoje, as companhias dali são absolutamente obcecadas por isso. Você pode estar pensando que isso acontece porque essas empresas são lideradas por gurus da Nova Era em busca de uma teoria ou porque as pessoas que trabalham nelas são diferentes dos outros seres humanos, mas não é o caso. E também não é porque as organizações do Vale dispõem de enormes orçamentos para treinamento de pessoal ou têm algum insight fundamental sobre a natureza humana baseado no acesso exclusivo que têm ao big data.

Nada disso. O Vale do Silício revelou-se um excelente cenário para estudar os relacionamentos entre chefes e subordinados em razão da guerra feroz pelos "talentos" travada por essas empresas. O número de excelentes companhias do Vale que vêm crescendo e contratando é tão grande que quem trabalha em uma delas e está descontente ou acha que seu potencial não é reconhecido não tem motivo algum para continuar lá. E sem dúvida não tem motivo algum para tolerar um chefe grosseiro. Se não gosta do chefe, a pessoa simplesmente encontra outro emprego, sabendo que dez empresas estão na fila para contratá-la. O resultado é que as organizações se veem sob uma enorme pressão de acertar esses relacionamentos.

Mesmo no Vale do Silício, não é possível falar em escala nos relacionamentos. Larry Page, como qualquer ser humano, só pode ter um relacionamento profundo com um número limitado de pessoas. No entanto, seus relacionamentos com o punhado de pessoas que reportam diretamente a você afetarão enormemente os resultados de sua equipe. Se você lidera uma grande organização, não há como manter um profundo relacionamento com todos os seus funcionários, mas seus relacionamentos com os subordinados diretos vão afetar os relacionamentos que eles vão desenvolver com os subordinados diretos deles. Esse efeito dominó tem o enorme poder de criar (ou destruir) uma cultura positiva. Os relacionamentos podem não se abalar, mas a cultura, sim.

Será que "relacionamento" é a palavra certa? Eu diria que sim. O relacionamento entre Eric Schmidt, CEO do Google de 2001 a 2011, e Larry Page foi um dos mais interessantes da história empresarial. E a disposição de Tim Cook, então COO e hoje CEO da Apple, de doar um pedaço de seu fígado a Steve Jobs, que se recusou a aceitar o sacrifício, exemplifica um relacionamento profundamente pessoal.

Qual seria a natureza de um relacionamento como esse? O capitalismo gerencial é um fenômeno relativamente novo, de modo que esse vínculo humano não foi descrito pelos antigos filósofos. Praticamente todas as pessoas, em algum ponto da vida, vão ter um chefe, porém a natureza desse vínculo tem recebido pouquíssima atenção na filosofia, na literatura, no cinema e em todas as outras áreas em que exploramos as relações que governam nossa vida. Acredito ser importantíssimo esclarecer essa questão, porque a base de toda boa liderança, seja na Apple ou no Google, seja em qualquer outra empresa do planeta, é um bom relacionamento.

O termo que, em minha opinião, melhor descreve esse relacionamento é a Empatia Assertiva [no original, "Radical Candor", ou "Franqueza Radical"].

COMO USAR ESTE LIVRO

Escrevi este livro com o leitor final, você, em mente. Com base não só em minhas experiências, como também em meu trabalho orientando líderes, aprendi que, por mais que a cultura seja acolhedora, não é raro os chefes se sentirem sozinhos. Eles se envergonham de não estar fazendo um bom trabalho, acham que todos os outros chefes são melhores que eles e ficam com medo de procurar ajuda. No entanto, naturalmente, nenhum chefe é perfeito. Minha missão de compartilhar os conceitos e os métodos expostos neste livro é impulsionada pelo desejo de ajudar você a evitar os erros que cometi. É por isso que gosto de contar minhas histórias pessoais.

A parte I foi escrita para tranquilizá-lo. Ser um bom chefe é difícil para *todos*, mesmo para aqueles que parecem extremamente bem-sucedidos. Tenho certeza de que você vai se identificar com alguns casos reais que apresentarei nessa seção. Espero que também se anime ao saber que: a) você não está sozinho e b) adotar uma abordagem melhor pode ser menos complicado do que você imagina. Sua natureza humana é uma vantagem, não uma desvantagem, para melhorar sua eficácia.

A parte II é um guia de orientações práticas, que descreve uma abordagem passo a passo para desenvolver relacionamentos empaticamente assertivos com seus subordinados diretos e explica como a Empatia Assertiva pode ajudá-lo a cumprir sua principal responsabilidade como chefe: *orientar* sua *equipe* para atingir *resultados*.

Ao ler este livro, talvez você se impressione com o grande número de sugestões para ser um chefe melhor. Respire fundo. O que desejo é poupar seu tempo e não encher sua agenda de reuniões. Se quiser ser um bom chefe, você precisa passar um tempo com seus subordinados diretos, mas não *todo* o seu tempo. Colocando em prática todas as ideias, ferramentas e técnicas aqui propostas, o tempo dedicado à gestão de sua equipe totalizará umas 10 horas por semana, e garanto que essas 10 horas vão evitar uma enorme perda de tempo e dor de cabeça mais adiante. Também sugiro reservar umas 15 horas por semana para seu próprio trabalho. Isso lhe deixa 15 horas, caso sua jornada seja de 40 horas semanais, para usar como quiser, mas, se sua atividade for um pouco parecida com a minha, vai ter de usar a maior parte desse tempo para lidar com o imprevisível.

Embora este livro tenha sido escrito com você, chefe, em mente, não me esqueci de seu chefe nem do pessoal de recursos humanos e de treinamento e desenvolvimento de sua empresa. Quando liderei uma equipe de 700 pessoas no Google, percebi que os chefes normalmente cometem os mesmos erros vez após vez. Apesar da previsibilidade, desanimava ver como era difícil corrigir o problema. Às vezes parecia que eu estava assistindo, em câmera lenta, ao mesmo acidente de trem que já havia visto dezenas de vezes. Era o pior tipo de déjà vu que se pode imaginar. Reconheci o mesmo sentimento na expressão de muitas pessoas de RH e treinamento e desenvolvimento que me aconselhavam enquanto eu escrevia este livro. Espero que ele o ajude a evitar a eterna repetição de erros previsíveis.

Este livro também deve ser especialmente útil para pessoas que estão enfrentando problemas de diversidade e liderança. É inquestionável como as diferenças de sexo, raça e cultura dificultam o desenvolvimento de relacionamentos assertivamente empáticos. Se já é difícil ser assertivamente empático com quem se parece conosco, que dirá com aqueles que são fisicamente diferentes de nós, falam uma língua que desconhecemos ou têm outra religião. Tendemos a adotar uma postura de “Empatia Nociva”, “Agressividade Ofensiva" ou "Insinceridade Manipuladora" com pessoas diferentes de nós. Aprender a superar esse desconforto, a nos relacionar com base no que temos em comum como seres humanos, pode fazer grande diferença.

PARTE 1

UMA NOVA FILOSOFIA DE GESTÃO

DESENVOLVA RELACIONAMENTOS ASSERTIVAMENTE EMPÁTICOS

LEVE TUDO O QUE VOCÊ É AO TRABALHO

Seu trabalho tem um nome: gerenciar

Sempre adorei a sensação de sair do elevador e pisar no cavernoso galpão reformado que alugávamos no East Village, em Manhattan, para abrigar a Juice Software, a startup que cofundei em 2000. No entanto, naquele dia, tudo o que senti foi estresse.

Os programadores tinham passado fins de semana e noites em claro trabalhando em uma versão beta inicial de nosso produto, que precisava ficar pronta em uma semana. A equipe de vendas havia conseguido 30 importantes clientes para o teste beta. Se eles usassem nosso produto, poderíamos cavar uma nova rodada de financiamento. Caso contrário, nosso dinheiro acabaria em seis meses.

O problema era que tínhamos um grande obstáculo no caminho: eu. No dia anterior, um de nossos investidores-anjo, Dave Roux, me dissera que achava que nossa estrutura de preços estava totalmente equivocada. "Pense na última vez em que você comprou um carro usado, um carro que custou menos de US$ 10 mil. Agora, imagine o cara que lhe vendeu o carro. É assim que seus vendedores precisam ser. São eles que vão representar sua empresa no mercado." No fundo, eu sabia que Dave tinha razão, mas não era possível falar com minha equipe de vendas e meu conselho de administração e mudar tudo só com base em minha intuição. Eu precisava parar para analisar o problema... e rápido. Eu havia cancelado as reuniões daquela manhã para fazer justamente isso.

Só que, no caminho do elevador até minha mesa, fui abordada por um colega, que tinha um assunto urgente para tratar. Ele acabara de saber que poderia precisar de um transplante de rim e estava apavorado. Uma hora e duas xícaras de chá depois, parecia ter se acalmado um pouco.

Então, andando em direção a minha mesa, deparei com um programador que estava com um filho na UTI. *Preciso dar uma parada para ver como ele está.* "Seu filho passou bem a noite?", perguntei. O menino não tinha melhorado, e meus olhos se encheram de lágrimas quando o programador me contou os detalhes. Eu o convenci a largar o trabalho e reservar uma hora para se cuidar antes de voltar ao hospital.

Saí da conversa exaurida e passei por nosso gerente de garantia de qualidade, que tinha uma boa notícia: seu filho tirara a nota mais alta do estado inteiro em uma prova de matemática, e ele estava doido para falar com alguém a respeito disso. Foi uma verdadeira montanha-russa de emoções.

Quando finalmente cheguei a minha mesa, eu já não tinha mais tempo nem reservas emocionais para pensar em nossa estrutura de preços. Eu me importava com todos os membros de nossa equipe, mas também estava esgotada e frustrada com minha incapacidade de dar conta de meu trabalho. Naquele mesmo dia, liguei para minha coach, Leslie Koch, para desabafar.

"Qual é meu trabalho?", perguntei. "É criar uma empresa espetacular ou será que não passo de uma babá emocional?"

Leslie, uma ex-executiva da Microsoft com opiniões fortes, mal conseguiu se controlar. "Não se trata de ser babá", foi a resposta. "Isso se chama gerenciar. É esse seu trabalho."

Toda vez que me pego achando que tenho algo mais "importante" para fazer do que dar ouvidos às pessoas, eu me lembro das palavras de Leslie: "É esse seu trabalho!". Sempre uso essa frase quando os novos gestores me procuram depois de algumas semanas no novo cargo reclamando que parece que eles não passam de "babás" ou "psicólogos".

Nós, os chefes, em geral não damos muito valor ao lado emocional do trabalho, que costuma ser mais associado a pessoas que atuam na área da saúde ou no setor de serviços, como psiquiatras, enfermeiros, médicos, garçons, comissários de bordo. No entanto, como mostrarei nas próximas páginas, esse trabalho emocional é mais do que parte da rotina; é simplesmente a base para ser um bom chefe.

Como ser um bom chefe

Devido à natureza de meu trabalho, praticamente todas as pessoas que me conhecem me perguntam como ser um chefe/gerente/líder melhor, entre elas meus subordinados, executivos a quem presto serviços de coaching, alunos de algum curso que dei e participantes de uma de minhas palestras. Há, ainda, usuários do sistema informatizado de gestão que Russ Laraway e eu desenvolvemos na empresa que fundamos juntos, a Candor, e aqueles que postam suas dificuldades de gestão em nosso site, o radicalcandor.com. Mas também ouço perguntas dos pais estressados sentados a meu lado na peça teatral da escola que não sabem como dizer à babá que não dê muito açúcar às crianças; do empreiteiro frustrado porque sua equipe de pedreiros não chega ao trabalho no horário; do enfermeiro que acabou de ser promovido a supervisor e está assoberbado com as novas responsabilidades (enquanto ele mede minha pressão, me parece que ele é que está prestes a explodir); do executivo que fala com uma paciência forçada ao celular quando embarcamos no avião, desliga o aparelho e pensa em voz alta: "Onde é que eu estava com a cabeça quando decidi contratar esse idiota?"; da amiga que continua assombrada com a expressão no rosto de um funcionário que ela demitiu anos atrás. Não importa quem faz a pergunta, a ansiedade que a provoca é palpável: muitas pessoas acreditam que são melhores na parte "de verdade" do trabalho do que na da gestão de pessoas e não raro pensam que estão deixando os subordinados na mão.

Não gosto de ver alguém sofrendo com esse tipo de estresse, mas sempre considero essas conversas produtivas, porque sei que posso ajudar, tanto que, no final, as pessoas costumam ficar mais confiantes de que podem ser excelentes chefes.

As perguntas em geral são precedidas de um preâmbulo que acho engraçado, porque a maioria das pessoas não gosta das palavras normalmente usadas para descrever o cargo: "chefe" evoca uma tribo indígena, "gerente" parece burocrático demais, "líder" soa pedante. Gosto de "chefe", porque o pessoal da área da administração tende a definir os líderes como pessoas sem conteúdo algum que passam o dia inteiro de papo para o ar no escritório, e o pessoal da área da liderança tende a definir os gerentes como pessoas que ficam na cola dos subordinados controlando cada ação. Além disso, os dois termos implicam uma diferença hierárquica problemática, como se os líderes não precisassem mais gerenciar depois de atingir determinado nível de sucesso e os novos gerentes não precisassem liderar. Andy Grove, lendário CEO da Intel, afirma, na biografia escrita por Richard Woodlow, que a administração e a liderança são como o forehand e o backhand no tênis: você precisa ser bom nos dois para ganhar um jogo. Espero que você possa sair da leitura deste livro um pouco mais aberto às três palavras: "chefe", "gerente" e "líder".

Deixando as questões semânticas de lado, a dúvida seguinte costuma ser bastante básica: o que os chefes/gerentes/líderes efetivamente fazem? Participam de reuniões? Mandam e-mails? Dizem às pessoas o que fazer? Vislumbram estratégias e esperam que os outros as executem? É uma grande tentação suspeitar que eles na verdade não fazem muita coisa.

No entanto, os chefes são responsáveis pelos resultados, e eles não os atingem fazendo sozinhos todo o trabalho, mas orientando sua equipe para fazê-lo. *Os chefes orientam a equipe para atingir resultados.*

O que as pessoas com frequência me perguntam a seguir gira em torno de uma das três áreas de responsabilidade normalmente atribuídas aos gestores: orientação, desenvolvimento de equipes e resultados.

Vamos começar com a *orientação*.

Quando se fala de "orientação", muitas vezes se usa a expressão "dar feedback". As pessoas têm horror de dar feedback, tanto os elogios, que podem parecer condescendentes, como, sobretudo, as críticas. E se quem estiver recebendo o feedback ficar na defensiva? E se começar a gritar? E se ameaçar processar a empresa? E se cair no choro? E se não entender a crítica ou não souber o que fazer para resolver o problema? E se simplesmente não existir um jeito simples de resolver o problema? O que o chefe deveria dizer? Mas a dificuldade se mantém mesmo que o problema seja simples e claro. Afinal, se o problema é simples e claro, como é que a pessoa não sabe que tem um problema? Por que é que *eu* preciso apontar o problema? Será que estou sendo bonzinho demais? Ou estou sendo exigente demais? Todas essas questões acabam ganhando tanta importância que as pessoas não raro esquecem que precisam pedir o feedback das outras ou encorajar o feedback entre si.

Depois vem o *desenvolvimento de equipes*.

Criar uma equipe coesa implica encontrar as pessoas certas para as funções certas: saber quem contratar, quem demitir e quem promover. E, depois que você finalmente consegue colocar as pessoas certas nas funções certas, como mantê-las motivadas? Especialmente no Vale do Silício, as perguntas costumam ser: como é que todo mundo fica de olho no próximo cargo mesmo sem ter dominado o atual? Por que os jovens da nova geração esperam que a vida profissional venha com um manual de instruções como se fosse um jogo de tabuleiro? Por que as pessoas saem da equipe assim que começam a pegar o jeito do trabalho? Por que, quando tudo parece estar indo bem, a coisa degringola de repente? Por que as pessoas simplesmente não se ocupam do próprio trabalho e me deixam fazer o meu?

Por fim, temos os *resultados*.

Muitos gestores vivem frustrados ao ver que atingir resultados parece ser uma tarefa mais difícil do que deveria. Dobramos o tamanho da equipe, mas os resultados não dobraram; na verdade, até pioraram. O que aconteceu? Às vezes simplesmente não conseguimos avançar e minha equipe fica presa em eternas discussões se eu não fizer nada. Por que as pessoas parecem incapazes de se decidir? Outras vezes, porém, a impressão é que elas avançam rápido demais: estouramos o prazo porque a equipe se recusou a parar para um planejamento básico e se pôs a atirar para todos os lados. Por que as pessoas não conseguem pensar antes de agir? E há, ainda, as situações em que as pessoas parecem trabalhar no piloto automático, fazendo exatamente neste trimestre a mesma coisa que fizeram no trimestre anterior... sabendo que o trimestre anterior foi um fracasso. Como é que elas poderiam esperar um resultado diferente?

Orientação, equipe e resultados: são as responsabilidades de qualquer chefe – de qualquer um que gerencie pessoas, como CEOs, gerentes de nível médio e líderes de primeira viagem. Os CEOs podem ter problemas maiores para resolver, mas também precisam trabalhar com pessoas. Além disso, suas peculiaridades, forças e fraquezas são tão visíveis e relevantes para seu sucesso na alta liderança da empresa como quando eles ocuparam seu primeiro cargo de gestão.

É natural que os gestores se perguntem se estão sendo justos com seus subordinados e tenham dúvidas sobre essas três áreas. Falarei em detalhe sobre cada uma delas ao longo deste livro.

Seu progresso depende de seus relacionamentos, não de seu poder

No entanto, a pergunta mais importante, a questão que deve estar sempre na mente de um bom chefe, em geral nunca é feita. Uma exceção foi Ryan Smith, CEO da Qualtrics. Estávamos começando nosso trabalho de coaching e a primeira pergunta que ele me fez foi: "Acabei de contratar vários novos líderes para minha equipe. O que posso fazer para desenvolver rapidamente um relacionamento com cada um deles, de modo que eu possa confiar neles, e eles, em mim?".

Pouquíssimas pessoas começam focando a dificuldade central da gestão como Ryan fez, ou seja, são poucos os que começam estabelecendo um relacionamento de confiança com cada um de seus subordinados diretos. Se você lidera uma grande organização, pode não ter condições de desenvolver um relacionamento com todas as pessoas, porém tem como conhecer seus subordinados diretos. Entretanto, são vários os obstáculos pelo caminho: acima de tudo, a dinâmica de poder, mas também o medo de confrontos, a preocupação com os limites do que é apropriado ou "profissional", o medo de perder a autoridade, a falta de tempo.

De qualquer maneira, esses relacionamentos são fundamentais para seu trabalho. Eles decidem se você, o chefe, será ou não capaz de cumprir suas três responsabilidades: a) criar uma cultura de feedback (tanto elogios como críticas) para manter todos avançando na direção certa; b) saber o que motiva cada pessoa de sua equipe para evitar a exaustão ou o tédio e manter o grupo coeso; e c) gerar resultados trabalhando em colaboração. Se acha que é capaz de fazer tudo isso sem desenvolver sólidos relacionamentos, você está se iludindo. Não estou dizendo que o poder, o controle ou a autoridade irrestritos não sejam eficazes. Eles são, sim, especialmente com um bando de babuínos ou em um regime totalitário. Mas, se você está lendo este livro, suponho que não seja bem isso o que você quer.

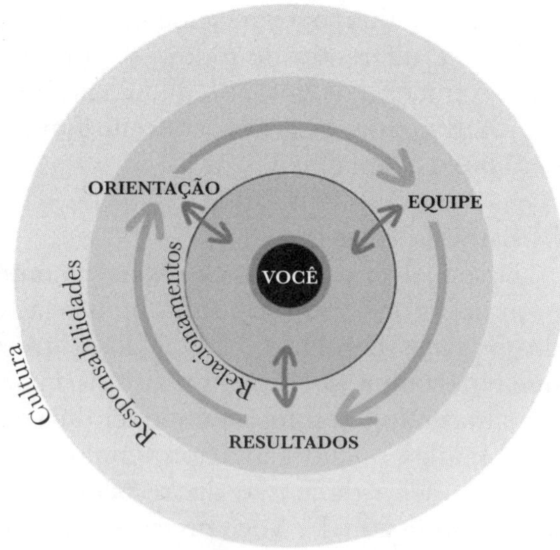

Suas responsabilidades e seus relacionamentos formam um círculo virtuoso. Você fortalece seus relacionamentos aprendendo as melhores maneiras de receber, dar e encorajar o feedback, colocando as pessoas certas nas funções certas e coletivamente obtendo resultados impossíveis de alcançar individualmente. Como seria de esperar, suas responsabilidades e seus relacionamentos também podem formar um círculo vicioso. Quando você não dá às pessoas o feedback do qual elas precisam para ter sucesso no trabalho, quando as aloca a funções que elas não querem ou para as quais não são qualificadas ou quando as impele a atingir resultados que elas consideram infundados, você desgasta a confiança.

Seus relacionamentos e suas responsabilidades reforçam uns aos outros (para o bem ou para o mal), e é essa dinâmica que impulsiona seu progresso na liderança... ou o deixa morrer na praia. Seus relacionamentos com seus subordinados diretos afetam os relacionamentos deles com os subordinados diretos deles e a cultura da equipe como um todo. Sua capacidade de desenvolver conexões humanas baseadas na confiança com as pessoas que reportam diretamente a você decidirá a qualidade de todo o resto.

É vital definir esses relacionamentos. Eles são profundamente pessoais e diferentes de todos os outros relacionamentos de sua vida. A maioria de nós, porém, não faz ideia de como desenvolvê-los. A Empatia Assertiva, conceito fundamental deste livro, poderá lhe dar uma luz.

Empatia assertiva

Desenvolver a confiança não se resume a "fazer x, y e z... e pronto, eis que você criou um bom relacionamento". Como todos os laços humanos, os vínculos entre os chefes e as pessoas que reportam a eles são imprevisíveis e não estão sujeitos a regras absolutas. No entanto, identifiquei duas dimensões que, quando combinadas, o ajudarão a aprofundar seus relacionamentos.

A primeira dimensão diz respeito a ser mais do que "meramente profissional". Você precisa se importar, compartilhar mais do que apenas sua persona profissional e encorajar todos os seus subordinados diretos a fazer o mesmo. Não basta se preocupar com a capacidade das pessoas de dar conta do trabalho. Para ter um bom relacionamento, você tem de levar tudo o que você é ao trabalho e se importar com o lado humano de todo o seu pessoal. Não é só uma questão profissional; é pessoal, *profundamente* pessoal. Chamo essa dimensão de "importar-se pessoalmente".

A segunda dimensão envolve dizer às pessoas quando o trabalho delas não está a contento... e quando está; quando elas não vão conseguir a promoção que tanto ambicionam porque você vai contratar um novo chefe de fora; quando os resultados não justificam investir mais no projeto delas. Dar feedbacks difíceis, tomar decisões difíceis sobre quem vai fazer o que na equipe e manter altos padrões para os resultados esperados... será que alguém duvida que esse é o trabalho de qualquer gestor? As pessoas, porém, costumam ter dificuldade com esse lado do trabalho. A maioria geralmente se irrita quando é confrontada, e à primeira vista o confronto direto pode não parecer uma boa maneira de desenvolver um sólido relacionamento ou mostrar que você "se importa pessoalmente" com seus subordinados. No entanto, confrontar as pessoas costuma ser o melhor modo de lhes mostrar que você, o chefe, se importa com elas. Chamo essa dimensão de "confrontar diretamente".

A empatia assertiva é o que acontece quando você combina as dimensões "importar-se pessoalmente" e "confrontar diretamente". A empatia assertiva desenvolve a confiança e abre as portas para o tipo de comunicação que o ajudará a atingir os resultados pretendidos. Em vez de evitar, confronta os temores que as pessoas revelam quando me fazem perguntas sobre seus dilemas de gestão. Quando as pessoas confiam em você e acreditam que você se importa com elas, tornam-se muito mais propensas a: a) aceitar seus elogios e críticas e fazer algo a respeito; b) dar a *você* um feedback franco, positivo ou negativo, sobre seu desempenho; c) adotar essa mesma postura umas com as outras, cortando o problema pela raiz, assim que ele surgir; d) aceitar sua função na equipe; e) focar resultados.

Por que "franqueza"? Para ajudar todas as pessoas de sua equipe a se acostumar com o confronto direto umas com as outras (e com você!), é fundamental enfatizar a necessidade de se comunicar com clareza, para não deixar espaço a interpretações, e também com *humildade*. Escolhi a palavra "franqueza" em vez de "honestidade" ou "veracidade" porque não vejo muita humildade em acreditar que você é o dono da verdade. "Franqueza" denota a ideia de que você está apresentando seu ponto de vista dos fatos e espera que as pessoas expressem o ponto de vista delas. A ideia é que, se seu ponto de vista se revelar equivocado, você vai querer saber. Pelo menos espero que você queira saber!

E por que "radical"? Escolhi essa palavra porque muitos de nós fomos condicionados a nunca dizer o que pensamos de verdade. Afinal, trata-se de um comportamento social parcialmente adaptativo que nos ajuda a evitar confrontos ou constrangimentos. Mas, para um chefe, esse tipo de evasão é desastroso.

A maior surpresa da empatia assertiva pode ser que os resultados não raro serão o contrário do que você tanto teme. Você teme que as pessoas fiquem furiosas ou queiram se vingar, mas em geral elas ficam gratas pela oportunidade de falar sobre o assunto. E, mesmo que comecem com raiva, ressentimento ou irritação, essas emoções se revelarão passageiras quando elas perceberem que você realmente se importa. À medida que seus subordinados se tornam assertivamente empáticos uns com os outros, você vai poder passar menos tempo com o trabalho de mediação. Quando a empatia assertiva é encorajada e conta com o apoio do chefe, a comunicação flui, ressentimentos de longa data vêm à tona e são resolvidos, e as pessoas começam a curtir não só o que fazem, mas também os colegas e o ambiente de trabalho. Quando as pessoas curtem o trabalho, a equipe toda tem mais sucesso. A felicidade resultante é o sucesso que se estende além do sucesso.

Importe-se pessoalmente:
A primeira dimensão da empatia assertiva

A primeira lição que aprendi sobre a ideia de me importar pessoalmente foi em Moscou, em 4 de julho de 1992, sob uma tenda de lona que me abrigava da chuva com dez dos melhores lapidadores de diamantes do mundo, que eu estava tentando contratar. Na época eu trabalhava em uma empresa de diamantes de Nova York, e ter me formado em literatura russa dois anos antes me parecia irrelevante para aquela situação. Qualquer pessoa de bom senso seria capaz de dar conta de minha missão, que parecia longe de exigir um profundo entendimento da natureza humana. Eu precisava convencer aquelas pessoas a sair da fábrica estatal russa, que lhes pagava em rublos, moeda de pouco valor. Já minha empresa poderia lhes pagar em dólares americanos… muitos dólares americanos. E existe alguma forma melhor de motivar as pessoas? Basta lhes oferecer um bom salário, certo?

Errado. Os lapidadores de diamantes queriam um piquenique.

E foi isso que nos levou àquela tenda de lona, para comer *shashlik* (tipo de espetinho assado de carne) e torta de maçã, passando uma garrafa de vodca uns aos outros enquanto os lapidadores me enchiam de perguntas. Sua primeira tarefa seria lapidar um diamante de 100 quilates para criar um par de brincos sem igual. "Quem compraria joias tão grandes?", eles queriam saber. Expliquei que os brincos seriam um presente de um xeque saudita a sua mulher, que estava grávida de gêmeos. O que eu sabia sobre o uso de lasers para cortar diamantes? Prometi levá-los a Israel para conhecer a mais recente tecnologia, que, no entanto, era menos eficiente que os antigos discos de cobre que eles usavam. Os lapidadores queriam aprender inglês. Prometi que eu mesma os ensinaria. "Seria possível almoçarmos juntos toda semana?" Claro, por que não? Enquanto secávamos a garrafa de vodca, um deles perguntou: "Se a situação degringolar na Rússia, você teria como tirar a gente e nossa família do país?". Percebi que aquela era a única pergunta relevante. Terminado o piquenique, finalmente me dei conta de que a principal coisa que eu podia fazer e que o Estado não podia era simplesmente *me importar pessoalmente*.

Os lapidadores de diamantes aceitaram a proposta. De repente, todas aquelas noites em claro lendo intermináveis romances russos se mostraram essenciais para meu trabalho em uma empresa. Nunca gostei muito da ideia de ser chefe, porque via os chefes como assassinos robóticos de sonhos, como os destruidores de almas das tirinhas do Dilbert. O que tinha me levado a estudar literatura russa fora minha vontade de encontrar a resposta à seguinte questão: por que algumas pessoas têm uma vida produtiva e gratificante enquanto outras se sentem, como disse Marx, alienadas de seu trabalho? E percebi que essa mesma questão era absolutamente fundamental para o trabalho de um chefe. Na verdade, meu trabalho envolvia descobrir como criar mais contentamento e menos insatisfação. Meu lado humano era uma vantagem, não um obstáculo, para minha eficácia.

Dois anos depois daquele piquenique, organizei a primeira viagem ao exterior daqueles homens; ajudei-os a lidar com a dissonância que eles sentiam entre o mundo que viam diante de seus olhos e o que sua educação soviética os levara a esperar; auxiliei--os a aprimorar seu inglês; e passei um tempo com a família deles. Enquanto isso, eles lapidavam diamantes para nossa empresa, gerando lucros anuais de US$ 100 milhões.

***

Pode parecer óbvio que os bons chefes precisam importar-se pessoalmente com seus subordinados diretos. São raras as pessoas que começam a vida profissional pensando: "Não dou a mínima para os outros, por isso acho que serei um chefe espetacular". Mesmo assim, muitos funcionários sentem que são tratados como peões em um tabuleiro de xadrez ou como inferiores, não só na hierarquia corporativa, mas em um nível humano fundamental.

As pessoas não "se importam pessoalmente" em parte porque acham que precisam "manter o profissionalismo" no trabalho. Essa ideia acaba deixando de fora uma parte essencial da vida. Somos todos seres humanos, com sentimentos humanos, e até no trabalho temos a necessidade de ser vistos como tais. Quando isso não acontece, quando achamos que devemos reprimir quem realmente somos para ganhar a vida, ficamos alheios a quem realmente somos. E aí passamos a odiar ir ao trabalho. Para a maioria dos chefes, manter o profissionalismo implica chegar ao trabalho na hora, fazer o que tem de ser feito e não expor seus sentimentos (exceto em algum workshop de "motivação" ou algo do tipo). O resultado é que ninguém fica à vontade sendo quem realmente é no trabalho.

Fred Kofman, meu coach no Google, tinha um mantra que contradizia a abordagem "manter o profissionalismo", tão destrutiva para tantos gestores. Ele dizia: "Leve tudo o que você é ao trabalho". A frase se tornou um meme, e, se você procurar no Google ("*Bring your whole self to work*", em inglês), encontrará mais de 8 milhões de resultados. Sheryl Sandberg a citou em seu discurso de paraninfa em Harvard em 2012, o autor Mike Robbins dedicou a ela toda uma palestra no TEDx em 2016 e Stewart Butterfield, CEO da Slack, fez da ideia uma prioridade em sua empresa. Levar tudo o que você é ao trabalho é um daqueles conceitos difíceis de definir com precisão, mas que começamos a entender intuitivamente quando nos abrimos a ele. Essa abertura muitas vezes implica ajustar nosso comportamento mostrando-nos vulneráveis às pessoas que reportam diretamente a nós (ou simplesmente admitindo que não estamos tendo um bom dia) e criar um ambiente seguro para que todos façam o mesmo.

Além da devoção obsessiva ao "profissionalismo", as pessoas também deixam de "importar-se pessoalmente" por outra razão, menos virtuosa. Quando se tornam chefes, algumas, conscientemente ou não, começam a achar que são melhores ou mais inteligentes que seus subordinados. É impossível ser um bom chefe com essa atitude, que só afasta as pessoas. Poucas coisas desgastam mais as relações humanas do que se considerar superior. É por isso que odeio a palavra "superior" usada como sinônimo de "chefe". E também evito o termo "empregado". Tive um chefe que um dia me disse: "Em todo relacionamento há um empregador e um empregado". Desnecessário dizer que não passei muito tempo trabalhando para ele. Naturalmente, se você é chefe, não tem como evitar a hierarquia. Não faz sentido fingir que a hierarquia não existe. No entanto, lembre que ser chefe é um trabalho, não um juízo de valor.

Importar-se pessoalmente é o antídoto para o profissionalismo robótico e a arrogância gerencial. Por que eu digo "importar-se pessoalmente" e não apenas "importar-se"? Porque não basta importar-se com o trabalho ou com a carreira do outro. Você só consegue desenvolver um relacionamento quando *se importa com a pessoa como um todo e usa tudo o que você é.*

Não confunda importar-se pessoalmente com memorizar datas de aniversário e o nome dos filhos de seus subordinados. E o conceito também não envolve compartilhar detalhes sórdidos de sua vida pessoal ou um bate-papo forçado em eventos sociais quando você preferiria mil vezes ter ficado em casa vendo TV. Importar-se pessoalmente significa fazer coisas que você já sabe como fazer. Trata-se de reconhecer que todos temos uma vida pessoal e aspirações que se estendem além de nosso trabalho juntos. Trata-se de abrir espaço na agenda para ter conversas autênticas; conhecer os outros no nível humano; saber o que é importante para as pessoas; compartilhar o que nos motiva a sair da cama de manhã e ir ao trabalho... e o que nos desmotiva.

Não é só uma questão de demonstrar que você se importa pelo modo como lida com suas responsabilidades; você também deve importar-se profundamente com as pessoas e preparar-se para ser odiado em troca. O filme *Desafio no gelo*, sobre Herb Brooks, técnico da equipe olímpica norte-americana de hóquei no gelo em 1980, retrata muito bem essa possibilidade. Brooks garante a coesão do time forçando tanto os atletas que é visto como seu inimigo comum. No filme, fica claro que ele se importa profundamente com cada um dos jogadores, e é doloroso ver quanto tempo eles levam para perceber isso. A trajetória de um chefe às vezes pode ser como uma via solitária de mão única... especialmente no começo. Mas tudo bem. Se você conseguir sobreviver ao baque, os membros de sua equipe terão mais chances de ser bons chefes quando tiverem os próprios subordinados. Quando souberem como é ter um bom chefe, tenderão a ser bons chefes também. Eles talvez nunca lhe retribuam o favor, mas provavelmente retribuirão aos próprios subordinados, criando uma "corrente do bem". E é enorme a gratificação de ver pessoas com as quais você se importa prosperando e ajudando os outros a prosperar.

Confronte diretamente: a segunda dimensão da empatia assertiva

O filósofo Joshua Cohen, que conduziu treinamentos para executivos do Twitter e da Apple e lecionou na Stanford University e no Massachusetts Institute of Technology (MIT), explica muito bem por que o confronto direto é fundamental não só para fazer um excelente trabalho, mas também para desenvolver grandes relacionamentos. Ele gosta de usar a seguinte citação de John Stuart Mill:

> **A origem de tudo o que é respeitável no ser humano, tanto no âmbito intelectual como no moral, é que seus erros são corrigíveis. O ser humano é capaz de corrigir seus erros pelo diálogo e pela experiência. Não pela experiência isoladamente. É preciso haver diálogo, para mostrar como a experiência deve ser interpretada.**

Confrontar as pessoas e encorajá-las a confrontá-lo ajuda a desenvolver relacionamentos baseados na confiança por demonstrar que você: a) se importa o suficiente para indicar o que vai e o que não vai bem, b) admite que erra e está empenhado em corrigir os erros cometidos por você ou pelos outros. No entanto, como o confronto muitas vezes significa discordar ou dizer não, essa abordagem deve admitir o conflito e não evitá-lo.

O ex-secretário de Estado norte-americano Colin Powell comentou que ser responsável às vezes significa enfurecer as pessoas.[1] Saiba e aceite que as pessoas de sua equipe podem ficar com raiva de você. Na verdade, se isso nunca acontecer, você provavelmente não está confrontando seus subordinados o suficiente. Se uma pessoa ficou magoada com o que você disse, reconheça a mágoa. Não finja que o sentimento não existe nem diga que ela "não devia" ficar assim só para mostrar, com palavras vazias, que você se importa. Elimine a frase "não é nada pessoal" de seu vocabulário. É simplesmente insultante. É melhor se oferecer para ajudar a resolver o problema. Contudo, não tente tapar o sol com a peneira fingindo que o problema não existe só para evitar mágoas. No fim das contas, importar-se com as pessoas mesmo quando você as confronta vai criar os melhores relacionamentos de sua carreira.

Talvez seja difícil colocar em prática a parte "confrontar diretamente" deste programa, principalmente no começo. Você pode ter de criticar o trabalho de uma pessoa ou mudá-la de função no meio do processo de estabelecer uma relação de confiança com ela. Mostrarei em detalhe como fazer isso ao longo do livro. Mas essa não é a parte mais difícil. A parte mais difícil de desenvolver essa confiança é também se abrir para que as pessoas o confrontem diretamente. Você precisa encorajá-las a confrontá-lo tão diretamente a ponto de você ficar magoado ou furioso. Não é fácil se acostumar com isso, sobretudo para os líderes mais "autoritários". Porém, se você persistir, vai ter a chance de aprender muito sobre si mesmo e sobre a maneira como as pessoas o veem. Esse conhecimento inevitavelmente permitirá que você e sua equipe obtenham melhores resultados.

***

Pouco tempo atrás, Russ, meu sócio, contratou Elisse Lockhart para encabeçar o marketing de conteúdo da Candor. Russ leva a prática da empatia assertiva muito a sério. Elisse tinha acabado de entrar na empresa e ainda estava temerosa de expor suas opiniões. Russ, ciente dessa dinâmica e do fato de ser o chefe dela, teve o cuidado de encorajá-la a nos confrontar com a mesma incisividade com que nós a confrontávamos.

Requer tempo e atenção desenvolver confiança suficiente para possibilitar o confronto recíproco, não importa qual seja o relacionamento de subordinação dos envolvidos. Vi que o empenho de Russ estava começando a se pagar quando ele e Elisse trabalhavam juntos em nosso blog. Elisse discordou da escolha de palavras de Russ e lhe disse isso. Ele refutou sua opinião, ela insistiu, e eles ficaram nessa dança até que pareceu que Elisse recuaria. Ao pressentir isso, Russ disse: "Vamos tentar encontrar dados que mostrem quais palavras funcionam melhor. Mas, se não encontrarmos dados e só tivermos nossas opiniões, vamos fazer do seu jeito", fazendo questão de seguir ao contrário o exemplo de Jim Barksdale, da Netscape.* Russ concordou com as alterações propostas por Elisse, e os dados sobre a maneira como as palavras sugeridas por Elisse costumavam ser recebidas pelos leitores comprovaram que ela estava certa.

Encorajada, na próxima vez ela defendeu sua opinião com ainda mais vigor, tanto que se preocupou com a possibilidade de ter passado dos limites com seu chefe. Não foi o caso, e, para deixar isso claro, Russ lhe mandou um link com a famosa cena "Ajude-me a ajudá-lo" de *Jerry Maguire*. No filme, Jerry e seu cliente, Rod, se envolvem em uma acalorada discussão até que Rod diz a Jerry: "A diferença entre nós é que você acha que estamos brigando e eu acho que finalmente estamos dialogando!".

O que a empatia assertiva não é

Já falamos sobre a importância da humildade. A empatia assertiva não é uma carta branca para ser grosseiro ou ofensivo. Não se iluda: você não estará praticando a Empatia Assertiva limitando-se a começar a conversa com as palavras "Vou ser assertivamente empático com você..." e continuar dizendo algo como "Você é

* N.T.: Jim Barksdale ficou famoso por dizer: "Se tivermos os dados, vamos analisar os dados. Mas, se tudo o que tivermos forem opiniões, vamos fazer do meu jeito".

um mentiroso e não confio em você" ou "Você é um imbecil". Se fizer isso, não passará de um grande boçal. Se não mostrar que se importa pessoalmente, não estará praticando a empatia assertiva.

A empatia assertiva também não é um convite para procurar pelo em ovo. Confrontar diretamente as pessoas requer muita energia, não só da pessoa que está sendo confrontada, mas também de você. Desse modo, é melhor só usar esse recurso em situações que realmente valham a pena. Uma boa regra prática para qualquer relacionamento é deixar de dizer três coisas sem importância por dia.

A empatia assertiva não tem nada a ver com hierarquia. Para ser assertivamente empático, você precisa praticar o "para cima, para baixo e para os lados". Mesmo que seu chefe e seus colegas ainda não tenham adotado o conceito, nada o impede de criar um microcosmo assertivamente empático para si e sua equipe. Você pode ter um pouco mais de cautela nos relacionamentos com seu chefe e seus colegas. De qualquer maneira, se não for possível ser assertivamente empático com eles, eu recomendaria encontrar um ambiente de trabalho diferente, se possível.

A empatia assertiva não implica jogar conversa fora, nem requer uma extroversão exuberante que deixe os introvertidos de sua equipe sentindo-se desgastados ou exaustos. Não envolve bebedeiras, nem sessões de rafting, kart ou laser tag, tampouco jantares intermináveis com os colegas. Essas atividades até podem ser um bom jeito de extravasar, mas em geral consomem muito tempo e não são a melhor maneira de conhecer os colegas ou mostrar-lhes que você se importa pessoalmente.

A empatia assertiva não é exclusiva da cultura do Vale do Silício, nem da norte-americana. É uma característica do ser humano. Na verdade, comecei a desenvolver esse conceito trabalhando em uma empresa israelense.

A empatia assertiva é uma característica universalmente humana, mas pode variar de acordo com as pessoas e a cultura

As duas dimensões da empatia assertiva estão relacionadas com o contexto. Elas dependem mais de quem recebe do que de quem inicia a empatia assertiva. A empatia assertiva não é um tipo de personalidade, um talento ou um valor cultural. Só funciona se o outro souber que você está agindo de boa-fé quando mostra que se importa pessoalmente com ele e o confronta diretamente.

É preciso ter em mente que a mesma atitude que uma pessoa ou equipe vê como assertivamente empática pode ser considerada ofensiva e grosseira (ou sentimentalista demais) por outra pessoa ou equipe. A empatia assertiva requer mais ajustes quando passamos de uma empresa a outra e, principalmente, de um país a outro. Nem tudo o que funciona em uma cultura vai funcionar em outra.

***

Vamos falar um pouco sobre a empatia assertiva ao estilo israelense. Pouco depois de me formar em administração, fui trabalhar na Deltathree, startup de telefonia online sediada em Jerusalém. Eu cresci no Sul dos Estados Unidos, onde as pessoas fazem todo o possível para evitar conflitos ou discussões. Em Israel, a cultura requer o contrário. As conversas me pareceram imbuídas de uma incisividade especialmente crua. Nunca vou me esquecer de ouvir Noam Bardin, COO da Deltathree, gritando para um programador: "Este design poderia ser 15 vezes mais eficiente. Você sabe muito bem que poderia ter feito melhor. Agora vamos ter de jogar tudo o que você fez no lixo e recomeçar do zero. Perdemos um mês e para quê? Onde é que você estava com a cabeça?".

A crítica me soou dura demais. Até grosseira...

Comecei a entender melhor a cultura israelense quando Jacob Ner-David, um dos investidores da Deltathree, me convidou para um jantar de sabá em sua casa em Jerusalém. Sua mulher, Haviva Ner-David, estava estudando para ser rabina, uma raridade na comunidade ortodoxa. Ela vinha sendo atacada por várias pessoas de sua sinagoga. Jacob fazia questão de lhe dar todo o apoio, e, juntos, eles me explicaram como lidavam com a doutrina tradicional. O modo como Jacob e sua esposa questionavam as antigas interpretações das escrituras me lembrou um pouco do modo como Noam confrontara seu programador. Se até a doutrina de Deus podia ser contestada e reinterpretada, não devia ser sinal de desrespeito discutir com veemência uns com os outros. Eu tinha crescido em uma cultura bem diferente. Em minha cidade natal, não era incomum acreditar que Deus criou o mundo em exatamente sete dias e considerar uma heresia qualquer menção à evolução. Eu estava longe de ser criacionista tanto quanto Noam estava longe de ser judeu ortodoxo, mas de alguma forma a cultura religiosa de nossa infância afetava nossa disposição de nos confrontar um ao outro no trabalho. Percebi que eu deveria ver as contestações de Noam como sinal de respeito e não de grosseria.

Tive uma experiência bastante diferente ao liderar uma equipe de Tóquio alguns anos depois. O pessoal estava frustrado com a abordagem da sede do Google nos Estados Unidos em relação aos anúncios em aplicativos móveis. O Yahoo! ganhava terreno rapidamente, e uma série de concorrentes japoneses não estava muito atrás. No entanto, a equipe do Japão era polida demais para expor os problemas aos responsáveis pela gestão de produtos, de modo que não se chegava a uma solução. Quando insisti para que contestassem a abordagem da sede do Google aos aplicativos móveis, todos me olharam como se eu tivesse enlouquecido.

Não teria sido possível convencer os japoneses a confrontar a autoridade ao estilo de Noam Bardin em Jerusalém. O tipo de discussão visto como sinal de respeito em Tel Aviv seria absolutamente ofensivo em Tóquio. Até o termo "empatia assertiva" soaria agressivo demais. Minha criação sulina me ajudou a entender a perspectiva japonesa: as duas culturas enfatizavam as boas maneiras e evitavam contrariar os outros em público. Desse modo, encorajei a equipe de Tóquio a ser "educadamente persistente". Acostumados a usar a educação e a polidez para demonstrar que se importavam pessoalmente, sentiram-se à vontade com a ideia de usar a persistência para confrontar o direcionamento da sede do Google.

Foi uma grande satisfação ver os resultados. A equipe de Tóquio não só se tornou persistente, como absolutamente implacável em se fazer ouvir. Graças em parte a sua persistência educada, um novo produto, o AdSense para aplicativos móveis, foi lançado.

Outra história sobre a empatia assertiva que gosto de contar é a de Roy Zhou, que trabalhou para Russ e liderou a equipe do AdSense na China. No começo, ele era extremamente reverente comigo e com Russ, mas, quando o convencemos de que na verdade queríamos a contestação, ele liberou geral. Foi um enorme prazer trabalhar com ele, que se revelou um dos gestores mais assertivamente empáticos do Google. Alguns anos atrás, ele assumiu o cargo de presidente da Yoyi Digital, plataforma de publicidade online com 500 funcionários em Pequim. Depois de alguns meses, encontrou sérios problemas na empresa e os expôs ao conselho de administração e a todos os funcionários. Roy se empenhou ao máximo para mostrar a sua equipe que se importava pessoalmente e que faria tudo o que pudesse para levar a Yoyi ao sucesso. Ele não só garantiu uma boa participação acionária aos funcionários, como refinanciou a própria casa antes de uma nova rodada de financiamento para que os funcionários fossem pagos sem atraso. Hoje Roy lidera uma das empresas de maior sucesso da China.

Tive a chance de liderar equipes de diferentes países. O que mais me surpreendeu foi saber que os britânicos, apesar de toda a sua cortesia, tendem a ser ainda mais francos do que os nova-iorquinos. Essa postura se deve a um sistema educacional que enfatiza a argumentação oral tanto quanto a escrita. Mas vi com os próprios olhos que é possível adaptar a empatia assertiva a qualquer cultura, seja a israelense ou a japonesa, seja a chinesa ou a alemã.

RECEBA, DÊ E ENCORAJE O FEEDBACK

Crie uma cultura de comunicação aberta

A história do "hum"

Pouco depois que entrei no Google, fiz uma apresentação ao CEO e aos fundadores da empresa sobre o desempenho do AdSense. O AdSense vinha tendo um desempenho espetacular, e minha chefe estava a meu lado para me apoiar, mas nada disso impediu meu nervosismo. Por sorte, tínhamos uma boa história para contar: o AdSense crescia a uma velocidade sem precedentes. Passei os olhos pela sala e vi que o CEO, Eric Schmidt, tinha tirado os olhos de seu computador e me olhado quando declarei o número de novos clientes cadastrados no último mês. Vitória! Consegui distraí-lo de seus e-mails! "Você disse quantos?", perguntou. Repeti o número, e ele quase caiu da cadeira.

Eu não poderia ter esperado uma reação melhor. Concluí a apresentação com uma mistura de euforia e alívio. Minha chefe me aguardava à porta, e eu meio que esperava um gesto ou uma palavra de aprovação. Só que ela me chamou para uma conversa em sua sala. Senti um aperto no estômago. Alguma coisa não tinha ido bem. Mas o quê?

"Você tem uma carreira promissora aqui no Google", começou Sheryl. Ela sabia me tranquilizar. Afinal, eu tinha nada menos que três startups fracassadas em meu currículo e precisava desesperadamente de uma vitória. "E sua capacidade de ser intelectualmente franca e incluir os dois lados da argumentação, não só o seu, conquistou muita credibilidade." Ela deu como exemplo três ou quatro coisas específicas que eu tinha dito na apresentação. Eu estava preocupada com a possibilidade de não ter argumentado com veemência suficiente e gostei de saber que não fora o caso. "Posso dizer que aprendi muito hoje com sua postura na apresentação." Dava para ver, pelo jeito como me encarou depois de dizer isso, que ela não estava só me bajulando ou tentando me acalmar. Ela queria deixar claro que o que eu poderia estar vendo como uma fraqueza na verdade era uma força.

Gostei de saber, mas guardei aquela informação para ruminar com calma mais tarde. E o aperto no estômago continuou. Parecia que eu estava com a cabeça na guilhotina. O que eu realmente queria saber era: onde eu tinha errado? "Mas alguma coisa não foi bem, não é?"

Sheryl riu. "Você sempre se prende ao que poderia ter feito melhor. Eu até entendo. Também sou assim. A gente aprende mais com os fracassos do que com os sucessos. Mas quero que você pare um pouco para se ater ao que deu certo, porque, no geral, a apresentação foi muito boa. Foi um sucesso."

Eu me empenhei ao máximo para ouvi-la. Finalmente, ela afirmou: "Você disse muito 'hum' em sua apresentação. Percebeu?".

"É verdade", respondi. "Sei que tenho essa mania." Não é possível que ela tivesse me chamado para uma conversa em sua sala só para falar de minha mania de dizer "hum". Que diferença fazia se eu dizia "hum" enquanto agarrava o touro pelos chifres?

"Será que foi porque você estava nervosa? Você gostaria que eu indicasse um coach de oratória? O Google paga."

"Eu não estava nervosa", respondi, fazendo um gesto com a mão como se estivesse espantando uma mosca. "É só um tique, acho."

"Não vejo por que deixar um detalhe tão pequeno quanto um tique reduzir a qualidade de suas apresentações."

"Tem razão", concordei, espantando outra mosca imaginária.

Sheryl riu. "Quando você faz isso com a mão, fico com a impressão de que está desmerecendo o que digo. Vejo que vou precisar ser muito, muito direta para passar minha mensagem. Então, aí vai: você é uma das pessoas mais inteligentes que conheço, mas falar tanto 'hum' faz com que você pareça burra."

E minha ficha finalmente caiu.

Sheryl repetiu a proposta: "Um bom coach de oratória vai ajudá-la com esse lance do 'hum'. Conheço um excelente. Você pode corrigir esse problema".

Como "operacionalizar" uma boa orientação

Vamos parar para pensar em como Sheryl lidou com aquela situação. Apesar de minha apresentação ter sido um sucesso, ela não deixou que o resultado positivo a impedisse de apontar o que eu precisava resolver, e o fez imediatamente, para não deixar que o problema prejudicasse minha reputação no Google. Ela mostrou meus acertos na apresentação, detalhadamente e com sinceridade, não tentando "camuflar" ou "diluir" a crítica com elogios vazios. A primeira tentativa dela de transmitir sua mensagem foi gentil, porém direta. Quando ficou claro que eu não estava levando a sugestão a sério, ela adotou uma postura mais incisiva, mas mesmo assim tomou o cuidado de não "personalizar" o problema, de não falar como se fosse alguma característica essencial que me definia. Disse que eu "parecia" burra e não que eu "era" burra. E fez questão de deixar claro que eu poderia contar com o apoio dela, oferecendo-me uma ajuda concreta. O resultado foi que não me senti como uma idiota cheia de defeitos, e sim como uma integrante valorizada de sua equipe, uma integrante na qual ela estava disposta a investir. No entanto, não posso negar que doeu um pouco.

Aquela conversa foi incrivelmente eficaz por duas razões. Para começar, ela me fez querer resolver meu problema do "hum" imediatamente e, depois de apenas três sessões com o coach de oratória, eu já havia melhorado bastante. Em segundo lugar, fiquei muito grata a Sheryl, que me inspirou a dar um feedback melhor a minha equipe também. O modo como ela fez os elogios e as críticas me levou a pensar que eu poderia ensinar as pessoas a adotar aquele estilo de gestão.

E tudo isso com base em uma conversa de dois minutos.

***

Uau! Agora me diga: quantas vezes você deu um feedback que só entrou por um ouvido e saiu pelo outro? Como você, da mesma forma que Sheryl fez, poderia orientar sua equipe ao mesmo tempo confrontando uma situação específica e criando um efeito dominó que acabará melhorando a comunicação de todos?

Passei uma década desde aquela conversa ensinando a próxima geração de líderes do Vale do Silício a mudar o modo de dar feedback a seu pessoal, tanto positivo como negativo. É surpreendentemente simples. Qualquer um pode aprender. Um bom feedback envolve duas dimensões: importar-se pessoalmente e confrontar diretamente. Como vimos no capítulo 1, quando faz as duas coisas ao mesmo tempo, você está praticando a empatia assertiva. Também é interessante deixar claro o que acontece quando você negligencia uma dimensão (levando à empatia nociva), a outra dimensão (levando à agressividade ofensiva) ou as duas (levando à insinceridade manipuladora). Saber com clareza o que acontece quando você deixa de se importar pessoalmente ou de confrontar diretamente o ajudará a evitar recair nos velhos hábitos que todos nós temos.

Muitos de meus clientes de coaching disseram que o modelo os ajudou a se conscientizar mais do tipo de feedback que eles recebem, dão e encorajam. Também gosto de enfatizar para meus clientes que é fundamental ter em mente aquela importantíssima lição que aprendi com a história do "hum": não personalize o problema. A matriz a seguir é uma forma de avaliar os elogios e as críticas e de lembrar as pessoas da importância de saber fazer elogios e críticas. Os nomes dos cada quadrantes referem-se ao feedback, não a traços de personalidade, e não devem ser usados para rotular pessoas – os rótulos são obstáculos ao aperfeiçoamento. Na verdade, todo mundo passa algum tempo em cada um dos quadrantes. Somos todos imperfeitos. Nunca conheci uma pessoa que

fosse sempre assertivamente empática. Vale repetir: esse modelo não é um "teste de personalidade".

Vamos dar uma olhada nos quadrantes.

Empatia assertiva

Não damos e recebemos feedback só no trabalho. Não raro um desconhecido nos oferece uma dose de empatia assertiva que tem o poder de mudar nossa vida se lhe dermos ouvidos. Foi o que aconteceu comigo pouco depois de eu adotar uma filhote de golden retriever chamada Belvedere. Eu a adorava de paixão e a enchia de mimos. Resultado: Belvedere se tornou uma criatura absolutamente descontrolada. Uma noite eu a levei para passear e ela começou a puxar a guia enquanto esperávamos para atravessar a rua, com carros passando em alta velocidade a poucos centímetros de nós. "Venha cá, minha querida, fique quietinha", eu implorava. "O sinal vai ficar verde daqui a pouco." Apesar de minhas tentativas de tranquilizá-la, ela puxou a correia com ainda mais força, desesperada para sair correndo pela rua.

Um desconhecido que também esperava para atravessar olhou para mim e disse: "Dá para ver que você adora seu cachorro". Nos dois segundos que ele levou para dizer essas palavras, ele deixou claro que se importava e que não estava me julgando. Em seguida, me confrontou diretamente. "Mas o cachorro não vai sobreviver se você não o ensinar a obedecer!" – tão direto que quase me tirou o fôlego. E, sem pedir minha permissão, o homem inclinou-se para Belvy, apontou com o dedo para a calçada e disse em voz alta e firme: "SENTA!".

E Belvy sentou. Fiquei boquiaberta.

Ele sorriu e explicou: "Sem maldade. É só dizer com clareza!". O sinal ficou verde e ele saiu andando, deixando-me uma verdadeira lição de vida.

Vamos imaginar um final diferente para essa história. O homem poderia ter me julgado, dizendo algo como "Você não devia ter um cachorro se não sabe cuidar dele!", e eu ficaria na defensiva e fechada para aceitar seu conselho simples, porém importantíssimo. No entanto, ele reconheceu que eu gostava de minha cadela e me ensinou a instruí-la (sem maldade, só com clareza!). Eu poderia muito bem tê-lo mandado ir cuidar da própria vida, mas ele não se deixou impedir por essa possibilidade. Era um líder natural, e suspeito que seja um excelente chefe no trabalho. Se eu trabalhasse com ele, aquela pequena interação teria sido a semente de um relacionamento.

Espero jamais ter falado com uma pessoa como falo com um cachorro, mas nunca vou me esquecer das palavras daquele desconhecido. Adotei o "Sem maldade, só com clareza!" como um mantra de gestão que me ajuda a evitar repetir o erro que descrevi na introdução: não dizer a Bob quando seu trabalho não estava a contento. Minhas tentativas de ser gentil acabaram me obrigando a demiti-lo. E no fim a gentileza se tornou uma espécie de maldade. Aquele breve incidente na rua me ensinou que não preciso passar muito tempo tentando conhecer a pessoa a fundo ou conquistando sua confiança para lhe oferecer um feedback assertivamente empático. Na verdade, uma excelente maneira de conhecer uma pessoa e desenvolver uma relação de confiança com ela é lhe fazer elogios e críticas assertivamente empáticos.

Elogios assertivamente empáticos

"Eu admiro isso em você"

Um dia desses, Russ e eu estávamos filmando um vídeo com dicas para fazer elogios assertivamente empáticos. Ele estava explicando a importância de fazer elogios bem específicos e deu um exemplo da liga mirim de beisebol, da qual ele é técnico. "Admiro muito o fato de você ser técnico da liga mirim", falei, de repente. Já fazia um tempo que eu queria dizer isso a ele, e naquele momento o elogio me veio à cabeça. Ele agradeceu: "Obrigado". Normalmente, a coisa teria parado por aí. No entanto, logo me dei conta de que meu elogio não havia sido específico. Eu não tinha dito a Russ por que eu admirava o fato de ele ser técnico da liga mirim. Quando lhe apontei a ironia, ele respondeu: "Bom, o problema é que não acho que você estivesse sendo sincera. Afinal, você odeia esportes". A coisa era pior do que eu imaginava. O elogio fora não só vago, como imprestável. Russ sabia que eu me importava com ele, mas achou que meu elogio não tinha sido sincero.

Lá estávamos nós, ensinando a fazer um bom elogio, e lá estava eu, pisando totalmente na bola! E deveria ser fácil, já que eu estava falando com Russ, um cara com quem fundei uma empresa e que eu conhecia havia anos. Não é fácil fazer elogios sinceros e expressivos. É por isso que é tão importante avaliar a qualidade de seu feedback e procurar saber o que as pessoas acham. Sabendo o que Russ tinha achado de meu feedback, voltei a tentar.

"Outro dia eu lhe dei uma bronca quando você saiu cedo do trabalho para treinar as crianças da liga mirim e depois me senti culpada", comecei. "Porque, na verdade, eu admiro muito o fato de você ser técnico da liga mirim. Não conheço ninguém mais capaz do que você de integrar a vida profissional com a vida pessoal. Eu sempre me pergunto se estou passando tempo suficiente com meus filhos, e ver sua dedicação à liga mirim me ajuda a melhorar. Além disso, tudo o que você está aprendendo na Positive Coaching Alliance com seu trabalho de técnico tem nos ajudado muito em nosso trabalho."

Dessa vez, meu elogio foi contextualizado, muito mais pessoal e específico. Então, Russ disse: "Esse, sim, foi um assertivamente empático!".

Críticas assertivamente empáticas

Para continuar vencendo, critique as vitórias

Andre Iguodala, jogador do time de basquete profissional Golden State Warriors, explicou por que a disposição de confrontar os colegas é tão importante para o sucesso. O segredo para vencer, segundo ele, é mostrar aos excelentes jogadores o que eles poderiam ter feito melhor, mesmo depois de eles ganharem um jogo – *especialmente* quando eles ganham um jogo. O problema de morar no alto da montanha é que você sempre vai ter de escalá-la ao voltar para casa. Naturalmente, os colegas de time de Andre nem sempre ficavam gratos com as críticas assertivamente empáticas dele. Em algumas situações, eles o acusavam de agressividade ofensiva. Mas, como veremos a seguir, a agressividade ofensiva é bem diferente.

Agressividade ofensiva

Quando você critica alguém sem se dar o trabalho de mostrar que se importa, seu feedback soa como agressividade ofensiva para quem recebe a crítica. Lamento dizer que, se você for incapaz de praticar a empatia assertiva, a agressividade ofensiva é a segunda melhor coisa que você pode fazer. Pelo menos as pessoas vão ter como saber o que você está pensando e qual é sua opinião sobre o desempenho delas, e sua equipe vai poder atingir resultados. Isso explica as vantagens que os chefes ogros parecem ter no mundo.

Deixe-me esclarecer. Eu me recuso a trabalhar com gente que não consegue se dar o trabalho de mostrar uma decência humana básica. Mantenha sua natureza humana intacta. Se mais pessoas puderem ser assertivamente empáticas, haverá menos razões para tolerar a agressividade ofensiva.

Entretanto, ser um bom chefe implica um paradoxo. A maioria das pessoas *prefere* o contestador grosseiro ao chefe cortês, porém incapaz de ser franco. Um dia desses, li um artigo que dizia que grande parte das pessoas achava melhor trabalhar para um "ogro competente" do que para um "incompetente gentil". O artigo expressou muito bem o impasse sem solução que ser chefe envolve. É claro que não quero ser incompetente, mas também não quero ser boçal.

Por sorte, a ideia de que você é "um ogro ou um incompetente" representa uma falsa dicotomia: ninguém precisa escolher entre esses dois extremos. Com frequência, tenho constatado que é mais compassivo no longo prazo ser direta, mesmo que o primeiro efeito de minhas críticas seja magoar as pessoas ("Sem maldade, só com clareza!"). Além disso, é o medo de ser rotulado como boçal ou cavalo que impele muitas pessoas à insinceridade manipuladora ou à empatia nociva – as duas opções, na verdade, são mais prejudiciais aos colegas do que a agressividade ofensiva (como veremos adiante).

Mesmo assim, a agressividade ofensiva é debilitante, sobretudo se for praticada ao extremo. Quando os chefes depreciam os subordinados, os humilham em público ou lhes dão um gelo, seu comportamento cai nesse quadrante. A agressividade ofensiva pode até obter excelentes resultados no curto prazo, mas deixa um rastro de cadáveres com o tempo. Pense na personagem inspirada em Anna Wintour e interpretada por Meryl Streep no filme *O diabo veste Prada*, ou em Bobby Knight, treinador de basquete norte-americano que teve um recorde de vitórias, mas que também jogava cadeiras na quadra, quase estrangulou um jogador e acabou sendo demitido. Quando os chefes criticam as pessoas para humilhá-las e não para ajudá-las a melhorar, quando permitem ataques personalizados entre os membros da equipe ou quando desencorajam os elogios, considerando-os meras "massagens no ego", quem está ao redor recebe seu comportamento como forma de agressividade ofensiva.

O pior tipo de agressividade ofensiva ocorre quando uma pessoa conhece a fundo as vulnerabilidades de outra e as explora por pura diversão ou para impor sua dominância. Tive um chefe que sabia exatamente como me irritar. Ele tinha uma espécie de "empatia cruel". Quase nada destrói a confiança com mais rapidez do que usar o que você sabe sobre as pessoas para magoá-las.

Muitos chefes consideram os funcionários seres inferiores que eles podem humilhar sem dor na consciência. Muitos funcionários acham que o chefe é um tirano a ser derrubado. E muitos colegas veem-se uns aos outros como inimigos. Em uma cultura tóxica, as críticas são usadas como arma e não como ferramenta para o aprimoramento. Quem faz a crítica se sente poderoso, e quem a recebe se sente horrível. Até o elogio pode soar mais como sarcasmo do que como celebração de um trabalho bem-feito. "Parabéns, você acertou *desta vez*."

A agressividade ofensiva nas críticas

Críticas em público

Vejamos o exemplo de uma crítica feita por um ex-colega a quem chamarei de "Ned". Ned organizou uma festa para sua equipe global e pediu que as pessoas comparecessem usando trajes típicos dos respectivos países. A cultura da empresa era divertida, e todos foram vestidos com roupas engraçadas. Ned, que tinha acabado de entrar na empresa, foi de traje a rigor. Ele deve ter ficado com tanta vergonha de ir tão bem-vestido à própria festa que, para lidar com a insegurança, entrou em modo de depreciação. Aproximou-se de um amigo meu, um de seus novos subordinados diretos, que estava fantasiado de duende. Diante de uma grande multidão, gritou para ele: "Eu disse para vir com a roupa típica de seu país, não vestido como um idiota!".

É tentador simplesmente rotular Ned como boçal, mas esse é exatamente o tipo de erro de atribuição que a empatia assertiva nos ensina a evitar. Culpar a essência que define as pessoas e não apenas seu comportamento não deixa espaço para mudança. E por que Ned nunca conseguiu mudar? Porque ninguém jamais se deu o trabalho de confrontar seu comportamento, e ele nunca foi forçado a aprender. Seu comportamento ofensivo só se agravou.

Não me orgulho de admitir que me incluía entre as testemunhas silenciosas. Eu estava ao lado de meu amigo quando Ned lhe disse que ele parecia um idiota e não me manifestei. Também não procurei Ned depois para uma conversa em particular. Por quê? Porque eu já o tinha rotulado como boçal e concluído que não valia a pena lhe dar um toque. Cometi um erro de atribuição fundamental, e minha decisão se baseou na "insinceridade manipuladora". Até hoje me envergonho disso. Se alguém precisava de uma dose de empatia assertiva, esse alguém era Ned.

Lembre que a agressividade ofensiva é um *comportamento*, não um traço de personalidade. Ninguém é ogro o tempo todo, nem mesmo Ned. E *todos nós* cometemos a agressividade ofensiva às vezes – eu também, infelizmente. Devo dizer que normalmente não sou boçal, mas vejamos um exemplo de quando me comportei como uma...

Depois de alguns meses trabalhando no Google, discordei da abordagem de Larry Page a certa política. Em uma crise de frustração, enviei um e-mail a umas 30 pessoas, inclusive Larry, dizendo: "Larry diz que quer organizar todas as informações do mundo, mas sua política está criando sites caóticos, que só desorganizam as informações do mundo". Não satisfeita, insinuei que ele estava recomendando a política por estar focado em aumentar os lucros do Google e não em beneficiar os usuários.

Se Larry fosse meu subordinado e não meu chefe, eu jamais teria enviado um e-mail tão arrogante e difamatório. Eu o teria chamado de canto e perguntado, em particular, por que ele estava propondo uma política que parecia violar a missão do Google. Se eu concordasse com seus argumentos, a história terminaria ali. Se discordasse, eu explicaria, ainda em particular, que a política o fazia soar contraditório e tentaria entender suas razões. Mas não fiz nada disso com Larry. Se tivesse falado com ele em particular, é claro, eu teria visto que, enquanto eu colhia o milho, ele já tinha comido a pamonha. Eu simplesmente ainda não entendia como as coisas funcionavam na empresa.

Por que me comportei daquele jeito? Em parte porque acredito que existe um lugar especial no inferno reservado para quem chuta quem está por baixo e bajula quem está por cima. Pelo menos *esse* erro eu não cometi. No entanto, meu erro estava do outro lado da mesma moeda. Eu não pensava em Larry como ser humano. Eu o via como uma espécie de semideus que eu poderia atacar e sair impune. Todo mundo deve tratar os outros com uma decência humana fundamental, independentemente da posição hierárquica. Eu sabia que Larry também não era imune a críticas, como eu tinha visto em sua discussão com Matt Cutts. E Larry nunca me deu nenhuma razão para ser tão hostil.

O incidente com Larry é um bom exemplo de como a crítica pode se transformar em um tipo de agressividade ofensiva se você não se importar pessoalmente. Devo ter imaginado que estava sendo assertivamente empática ao "contestar a autoridade", quando, na verdade, era um caso claro de criticar alguém na frente de todo mundo. É melhor do que falar pelas costas, mas não deixa de ser péssimo.

O primeiro problema de meu e-mail foi a falta de humildade. Afinal, eu tinha acabado de entrar no Google e não sabia bem como a empresa funcionava. E nem me dei o trabalho de investigar as razões para a decisão de Larry. Em vez de me informar, me saí com um monte de suposições e concluí (equivocadamente, como viria a saber mais tarde) que Larry estava mais interessado em ganhar dinheiro do que na missão do Google. Além disso, minhas sugestões não ajudaram em nada, porque eu não conhecia a fundo o problema que Larry estava tentando resolver com aquela política. Meu outro erro foi criticá-lo em um fórum público, em vez fazê-lo em particular, o que teria sido a coisa respeitosa a fazer. E, o pior de tudo, personalizei o problema. Eu deveria me ater à política do AdSense, mas parti para ataques pessoais ao caráter de Larry, acusando-o, nas entrelinhas, de ser ganancioso e hipócrita. Como eu veria repetidas vezes nos seis anos seguintes que passei no Google, Larry não tinha nada de ganancioso nem de hipócrita. Ele era justo e coerente. A questão, porém, é que eu não deveria ter mencionado o caráter de Larry, nem para criticar nem para elogiar. Eu havia personalizado o problema.

A agressividade ofensiva nos elogios
Elogios depreciativos

A agressividade ofensiva também pode estar nos elogios. Vejamos o e-mail a seguir, enviado pelo chefe de uma famosa empresa do Vale do Silício a sua equipe de cerca de 600 pessoas, 70 das quais tinham acabado de ganhar um bônus. Alterei os nomes para não envergonhar ainda mais essas pessoas.

De: **Fulano de Tal** <fulanodetal@empresax.com>
Data: 27 de abril às 11:53
Assunto: Os ganhadores do bônus!
Para: equipe1@empresax.com

CARA EQUIPE 1,

NO TERCEIRO TRIMESTRE, VÁRIOS MEMBROS DA EQUIPE SE SUPERARAM E FIZERAM MAIS DO QUE O ESPERADO PARA GARANTIR EXCELENTES RESULTADOS PARA A EMPRESA X. ESSAS PESSOAS E SUAS REALIZAÇÕES FORAM RECONHECIDAS COM O BÔNUS DO TERCEIRO TRIMESTRE CONCEDIDO POR NOSSA EMPRESA. EU GOSTARIA DE APROVEITAR A OPORTUNIDADE PARA REVELAR QUEM SÃO ESSAS PESSOAS EXTRAORDINÁRIAS E APRESENTAR UM RESUMO DE SUAS REALIZAÇÕES.

Fulano
Fulano de Tal
Vice-presidente da Equipe 1

- **Pessoa 33:** vendedor de nível 5, foi responsável pela maior receita do terceiro trimestre: US$ 7,5 milhões. Seu pacote de remuneração de US$ 116 mil está 50% abaixo do mercado (risco de retenção).
- **Pessoa 39:** encarregou-se de todo o trabalho sujo para ajudar o projeto XYZ a deslanchar, preparando incontáveis planilhas, relatórios e documentações, e fez um excelente trabalho (muito acima de sua posição de nível 3).
- **Pessoa 72:** demonstrou um empenho excepcional nos últimos quatro meses ou mais; assumiu responsabilidades adicionais, dando assistência a Fulano de Tal.

Imagine como a Pessoa 33 se sentiu quando viu que as informações privadas de seu salário tinham sido enviadas a 600 pessoas. Duvido que ela tenha se sentido melhor sabendo que a empresa só lhe pagava a metade da média do mercado e que seu chefe achava que ela devia estar procurando outro emprego em outro lugar!

E pense em como a Pessoa 39 deve ter ficado desmotivada ao saber que se encarregou de "todo o trabalho sujo", e provavelmente não foi consolo algum saber que seu trabalho estava "muito acima de sua posição de nível 3". Pelo menos foi divertido saber que a Pessoa 72 teve de ganhar um bônus pela "assistência a Fulano de Tal", ou seja, Fulano de Tal era tão boçal que a empresa se via forçada a pagar um adicional de insalubridade a quem trabalhava diretamente com ele.

Mesmo que déssemos a Fulano de Tal o benefício da dúvida e presumíssemos que ele só foi preguiçoso e/ou ingênuo e não intencionalmente ofensivo, seria impossível concluir que ele demonstrou que se importava pessoalmente com os membros de sua equipe. Fica claro que ele coletou as informações pedindo que os chefes dessas pessoas justificassem os bônus concedidos. Mas ele se importava tão pouco com as pessoas que estava elogiando que nem sequer se deu o trabalho de ler as justificativas. Limitou-se a copiar e colar as informações em um novo e-mail, que enviou a todos. Não é fácil elogiar pessoas que ganharam um grande bônus e deixá-las sentindo-se pior, e não melhor, mas o e-mail de Fulano de Tal conseguiu essa façanha.

Insinceridade manipuladora

A insinceridade manipuladora ocorre quando você não se importa o suficiente com alguém a ponto de confrontá-lo diretamente. As pessoas elogiam e criticam com insinceridade manipuladora quando querem que todo mundo goste delas ou acham que podem conquistar algum tipo de vantagem política sendo falsas... ou quando estão simplesmente cansadas demais para se importar ou continuar discutindo. No feedback, a insinceridade manipuladora raramente reflete o que a pessoa realmente pensa e não passa de uma tentativa de manipular emocionalmente o outro para obter algum ganho pessoal. "Se eu disser que gostei da apresentação ridícula dele, ele vai ficar feliz e eu não vou ter de perder meu tempo explicando todos os erros que ele cometeu, mas já preciso começar a pensar em alguém para substituí-lo."

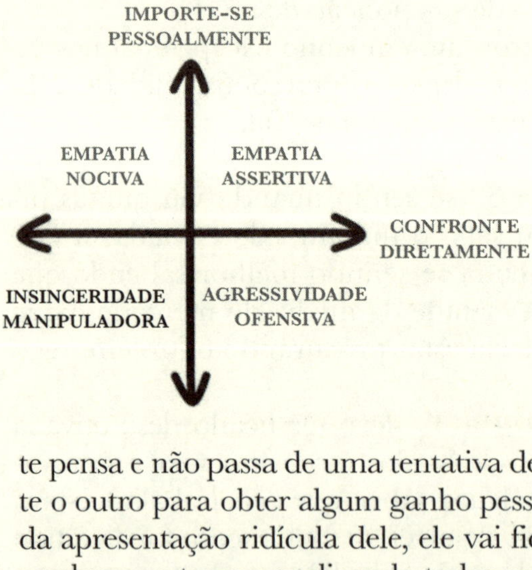

O diretor de design da Apple, Jony Ive, contou que evitou criticar o trabalho de sua equipe. Quando Steve Jobs lhe perguntou por que ele não tinha esclarecido os erros, Ive respondeu: "Porque me importo com a equipe". E Jobs retrucou: "Não, Jony, seu problema é que você é vaidoso. Você quer que as pessoas gostem de você". Ao relembrar a história, Jony confessou: "Fiquei furioso, porque sabia que ele tinha razão".

É por isso que Colin Powell disse que a liderança às vezes requer a disposição de enfurecer as pessoas. Se você se preocupar demais com o que os outros vão pensar de você, estará menos disposto a dizer o que precisa ser dito. Como Jony, você pode até achar que faz isso porque se importa com a equipe, mas na verdade talvez esteja mais preocupado com o que elas vão pensar de você ou, em outras palavras, mais preocupado consigo mesmo. Eu também já passei por isso. Todos nós passamos.

Importe-se com as pessoas que você precisa confrontar. No entanto, se estiver preocupado com o que as pessoas vão pensar de *você*, não estará "importando-se pessoalmente" com elas e provavelmente tenderá a evitar "confrontá-las diretamente". Essa atitude não ajudará os membros da equipe a obter excelentes resultados nem a realizar os sonhos deles. Abra mão da vaidade e importe-se pessoalmente. E, se não se importar, não desperdice seu tempo e o dos outros fingindo que se importa.

Infelizmente, o pensamento convencional e muitos gurus de gestão aconselham os chefes a confrontar menos em vez de encorajá-los a se importar mais. Em geral, as pessoas acabam recebendo esse tipo de elogio ou crítica como uma espécie de bajulação ou uma punhalada nas costas. Desnecessário dizer que essa postura está longe de promover a confiança entre o chefe e seus subordinados.

A insinceridade manipuladora nos elogios
A falsidade nos pedidos de desculpas

Voltemos a meu e-mail ofensivamente agressivo a Larry Page. Algumas pessoas que o receberam me ligaram para saber por que diabos eu tinha mandado aquela mensagem. Percebi que eu havia sido incrivelmente grosseira e fiquei morrendo de vergonha… e com um pouco de medo. Onde é que eu estava com a cabeça?

Eu *ainda* não entendia por que estava errada ao discordar da nova política de Larry, mas de repente fiquei bem preocupada com a possibilidade de ser demitida. Então, assim que vi Larry, eu o puxei de canto e disse: "Peço desculpas por aquele e-mail, Larry. Sei que você está certo". Veja bem, não havia nada de errado em pedir desculpas por meu tom na mensagem; o problema foi que, sem explicação alguma, dei uma virada de 180 graus em minha opinião. Minha insinceridade era óbvia, e foi exatamente o que eu não deveria ter feito. Larry tinha um radar para o papo furado afinadíssimo, e eu não sou a melhor mentirosa do mundo. Ele não falou nada, mas seu olhar de desdém valeu por mil palavras. Quando Larry se afastou, um colega que estava por perto sorriu em solidariedade e me sussurrou: "Ele prefere que a gente discorde dele".

Quando você se comporta mal e as pessoas lhe chamam a atenção, uma reação mais do que natural é perder a autenticidade e se voltar à politicagem, passando da agressividade ofensiva a uma postura ainda pior, a insinceridade manipuladora. Teria sido melhor ficar quieta do que avançar na direção errada no eixo do "confrontar diretamente". Melhor ainda teria sido subir no eixo do "importar-se pessoalmente", dando-me o trabalho de investigar as razões de Larry e encontrar uma solução satisfatória tanto para ele como para mim. Naquele contexto, teria sido melhor admitir meu mau comportamento.

Empatia nociva

Os russos gostam de contar a história de um sujeito que tinha de amputar a cauda de seu cachorro, mas gostava tanto dele que cortou a cauda um centímetro por dia em vez de uma vez só. O desejo daquele homem de poupar seu cão da dor e do sofrimento só levou a mais dor e sofrimento. Não seja um chefe assim!

Esse é um exemplo extremo do que chamo de empatia nociva. A empatia nociva é responsável por grande parte dos erros de gestão que tenho testemunhado. A maioria das pessoas quer evitar criar tensão ou mal-estar no trabalho. São como o pai bem-intencionado incapaz de disciplinar os filhos, como fiz com minha cadela Belvy.

Os chefes raramente têm a intenção de destruir as chances de sucesso de um funcionário ou prejudicar a equipe inteira deixando passar um desempenho insatisfatório. Entretanto, esse costuma ser o resultado da empatia nociva. E a empatia nociva nos elogios nunca é eficaz, porque sua principal característica é fazer com que a pessoa se sinta bem em vez de mostrar-lhe um trabalho bem-feito e encorajá-la a manter o bom desempenho. Foi exatamente o erro que cometi na história que contei na introdução sobre Bob; evitei criticá-lo e acabei tendo de demiti-lo.

A empatia nociva também pode impedir um chefe de se abrir às críticas. Normalmente, quando um chefe pede que um subordinado o critique, este vai se sentir, na melhor das hipóteses, constrangido e, na pior, temeroso. Em vez de forçar-se a romper a barreira do constrangimento e insistir para que os funcionários os confrontem, os chefes acostumados a uma postura de empatia nociva podem querer tanto evitar o constrangimento que acham mais fácil evitar o problema.

Quando os chefes estão focados demais em manter a paz e a harmonia na equipe, também deixam de incentivar as pessoas a criticar umas às outras temendo semear a discórdia. Acabam criando o tipo de ambiente onde "ser gentil" é priorizado em detrimento das críticas e, em consequência, da melhoria do desempenho.

Os chefes muitas vezes cometem o erro de achar que, se ficarem no quadrante da empatia nociva, poderão desenvolver um relacionamento com seus subordinados diretos e só *depois* passar para a empatia assertiva. Costuma ser agradável trabalhar com esse tipo de chefe, porém, com o passar do tempo, os funcionários começam a perceber que a única orientação que recebem é "bom trabalho" e outros comentários vagamente positivos. Eles sabem que erraram algumas vezes, mas não exatamente onde. Os subordinados diretos desses chefes nunca sabem se estão indo bem ou mal, perdendo a oportunidade de aprender ou crescer. Eles geralmente ficam empacados ou são demitidos. Vamos combinar que não é a melhor maneira de desenvolver um relacionamento. De outro lado, quando a empatia nociva impede os chefes de *pedir* que os subordinados os critiquem, eles só se dão conta de que algo está errado quando alguém pede demissão. Desnecessário dizer que essa estratégia está longe de conquistar a confiança mútua.

A empatia nociva nos elogios

"Só estou tentando fazer um elogio..."

Um amigo me contou uma lição que aprendeu sobre um líder "só tentar fazer um elogio". Andando pelo escritório às duas da manhã às vésperas de um lançamento, ele deparou com um programador, que chamarei de "Anatoly", e lhe perguntou sobre determinada funcionalidade do programa. Anatoly, então, explicou a ele vários aspectos importantes da funcionalidade. Alguns dias depois, na comemoração do lançamento, meu amigo, na frente de todos os funcionários, parabenizou Anatoly pelo excelente trabalho na funcionalidade.

O problema foi que Anatoly era apenas um dos vários programadores que se dedicaram ao projeto. Todos os outros programadores acharam que Anatoly tinha assumido os créditos pela funcionalidade. Constrangido, Anatoly enviou um e-mail para a empresa toda listando as pessoas que tinham trabalhado no projeto com ele.

Meu amigo se deu conta de que tinha caído na armadilha da empatia nociva. Ele só queria agradar Anatoly com um elogio, mas acabou colocando o pobre coitado em uma situação constrangedora. Com base nesse incidente, meu amigo passou a dar a seguinte sugestão aos gestores de sua empresa: "Ao fazer elogios, procure saber quem fez o que e por que o trabalho saiu tão bom. Não se esqueça de fazer elogios específicos e detalhados, do mesmo jeito como faz com as críticas. Aprofunde-se nos detalhes".

Aproximando-se da empatia assertiva

Quando descrevo como desenvolver uma cultura de empatia assertiva, as pessoas em geral concordam com o conceito, mas temem colocá-lo em prática. Meu conselho é começar explicando a ideia e pedindo que as pessoas sejam assertivamente empáticas com *você*. Comece *recebendo*, não dando, feedback. E, ao dar feedback, faça antes os elogios, não as críticas. Quando passar para as críticas, tome muito cuidado para não cruzar a perigosa fronteira entre a empatia assertiva e a agressividade ofensiva.

Comece recebendo críticas, não criticando

Só critique depois de mostrar que consegue suportar as críticas alheias

Faz sentido começar a desenvolver uma cultura de empatia assertiva pedindo que as pessoas o critiquem, e há várias razões para isso. Em primeiro lugar, essa é a melhor maneira de mostrar que você sabe que nem sempre é perfeito e que gostaria que os outros lhe apontassem seus erros, que você está aberto a ser confrontado e questionado. Em segundo, você vai aprender muito, já que poucas pessoas o conhecem tão bem quanto seus subordinados diretos; essa atitude pode impedi-lo de enviar e-mails irrefletidos e imprudentes como o que mandei a Larry. Em terceiro, quanto mais experiência prática você tiver recebendo críticas, mais será capaz de se colocar na pele das pessoas que estiver criticando. Em quarto, pedir críticas é uma excelente maneira de desenvolver a confiança e fortalecer seus relacionamentos.

Os chefes conseguem opiniões assertivamente empáticas de sua equipe não só se abrindo às críticas, mas *solicitando-as ativamente*. Se uma pessoa tiver a ousadia de criticá-lo, abstenha-se de criticar as críticas dela. Se vir alguém criticando um colega de modo inadequado, não deixe de chamar sua atenção. No entanto, se uma pessoa o criticar de modo inadequado, ouça-a para tentar entender o que ela está dizendo e recompensar a franqueza. É tão importante solicitar críticas a seu trabalho quanto encorajar os membros de sua equipe a criticar o trabalho uns dos outros. (Você encontrará ferramentas e técnicas específicas para pedir e encorajar o feedback de seus funcionários no capítulo 6.)

Quando trabalhei no Google, em geral era o pessoal de Dublin que fazia as críticas mais memoráveis a meu trabalho. Suas observações mordazes sempre eram de grande ajuda depois que eu conseguia me recuperar do baque. Um dia, eu enviei um e-mail particularmente irrefletido e David Johnson me disse: "Kim, parece que você nunca pensa antes de clicar no botão 'Enviar'!". Até hoje ouço essa advertência antes de clicar em "Enviar". Faz anos que não vejo David, mas ele continua me salvando, quase toda semana, de enviar um e-mail do qual eu me arrependeria.

Em outra ocasião, adiei o início de uma reunião com a equipe de Dublin porque não queria reduzir minha hora matinal com meus gêmeos recém-nascidos. Achei que todos entenderiam, mas um jovem que estava participando da conferência telefônica explodiu: "Sabe, Kim, a gente também tem filhos!". Sem pensar na diferença de fuso horário, eu tinha empurrado a reunião para a hora do jantar deles. Fiquei profundamente envergonhada, porém, depois que consegui sair da defensiva, também me senti grata por ele me apontar o erro.

O segredo para pedir críticas da equipe de Dublin era não entrar na defensiva. A dificuldade de solicitar críticas do pessoal do Japão, de outro lado, era suportar o silêncio. Nunca vou me esquecer de minha primeira reunião com a equipe do AdSense de Tóquio. Meu plano era conduzir reuniões periódicas com eles para me informar de sugestões, problemas, pontos de melhoria. Por minha experiência com reuniões como essas em outros países, se eu fizesse uma pergunta como "Há alguma coisa que eu poderia fazer ou parar de fazer para melhorar a vida de vocês?", quando eu contasse até seis mentalmente, alguém teria dito algo. Contei até dez. Silêncio. Reformulei a pergunta. Ainda silêncio. Por fim, narrei uma história sobre a Toyota que eu tinha aprendido na faculdade de administração. Com o objetivo de combater os tabus culturais que impediam os funcionários de criticar a gestão, os líderes da Toyota mandaram pintar um grande quadrado vermelho no chão da linha de montagem. No fim de sua primeira semana de trabalho, os novos funcionários tinham de ficar no quadrado e só podiam sair dele depois de criticar pelo menos três coisas na linha de montagem. A melhoria contínua gerada por essa prática foi uma das razões do sucesso da Toyota. Perguntei à equipe o que achava da ideia. Será que a gente precisaria de um quadrado vermelho? Eles deram risada, e, temendo que eu realmente fosse pintar um quadrado vermelho no escritório, alguém se abriu um pouco. Não foi grande coisa, sinceramente, só uma queixa sobre o chá do escritório, mas fiz questão de recompensar a franqueza de maneira generosa. Agradeci à pessoa em público, mandei-lhe um bilhete escrito à mão, aprovei fundos para comprar um chá de melhor qualidade e dei um jeito para que todos soubessem que o chá passou a ser melhor porque alguém se queixou na reunião. Então, com o tempo, problemas mais concretos foram sendo levantados em nossas reuniões.

Saiba equilibrar os elogios e as críticas

Preocupe-se mais com os elogios e menos com as críticas, mas, acima de tudo, seja sincero

Aprendemos mais com nossos erros do que com nossos acertos, mais com as críticas do que com os elogios. Por que, então, é importante fazer mais elogios do que críticas? Por várias razões. Para começar, os elogios mostram a direção certa às pessoas. É tão importante para elas saber o que devem continuar fazendo quanto o que devem evitar fazer. Em segundo lugar, os elogios as encorajam a continuar melhorando. Em outras palavras, um bom elogio faz muito mais do que apenas deixar as pessoas se sentindo bem; um bom elogio as confronta diretamente.

Alguns especialistas dizem que a melhor proporção de elogios e críticas é de 3:1, 5:1 ou até 7:1. Outros defendem o "sanduíche de feedback": começar e terminar com elogios e enfiar uma crítica no meio. Penso que o investidor de risco Ben Horowitz acertou na mosca quando chamou essa abordagem, literalmente, de "sanduíche de merda". Ele sugere que essa técnica até poderia funcionar com pessoas menos experientes, mas descobri que até uma criança consegue perceber o truque, quanto mais um executivo.

Em outras palavras, a ideia de uma proporção "correta" entre elogios e críticas é perigosa, porque pode levá-lo a dizer coisas forçadas, insinceras ou simplesmente ridículas. Se você acha que precisa dar, digamos, dois elogios para cada crítica que fizer a alguém, vai se pegar dizendo coisas como: "Uau, adorei a fonte que você escolheu para sua apresentação do PowerPoint, mas achei o conteúdo meio fraco... Mesmo assim, sempre me admiro de ver como sua mesa está sempre organizada". Elogios condescendentes ou insinceros como esses só vão desgastar a confiança e prejudicar seus relacionamentos tanto quanto críticas duras demais.

No caso das críticas, a maioria das pessoas tem medo de magoar os outros e prefere não dizer nada. No caso dos elogios, alguns querem tanto agradar que sempre acham que precisam fazer um elogio, mesmo que seja vazio. Outros simplesmente não têm o hábito de elogiar. "Se eu ainda não o demiti, quer dizer que você está indo bem." Não basta pensar assim. Andy Grove me disse que percebeu que era hora de aprender a elogiar as pessoas quando alguém colocou uma plaqueta em sua baia com os dizeres: "Você já disse alguma coisa gentil hoje?".

Quando estou criticando, procuro controlar meu nervosismo e me concentrar em "só dizer". Se eu começo a pensar demais em como devo dizer o que tenho a dizer, tendo a me acovardar e não digo nada. E, quando estou elogiando, tento *me conscientizar* de que o elogio pode acabar sendo um tiro pela culatra e procuro pensar em como fazê-lo. Karen Sipprell, uma colega da Apple, costumava fazer duas perguntas instrutivas: "Quanto tempo você passa investigando todos os fatos antes de criticar alguém? Quanto tempo você passa investigando todos os fatos antes de elogiar alguém?". O ideal é dedicar tanto tempo investigando os fatos para os elogios quanto para as críticas.

Saiba onde fica a perigosa fronteira entre a agressividade ofensiva e a empatia assertiva

"Seu trabalho está uma merda"

As críticas assertivamente empática constituem uma parte importante da cultura do Google e da Apple, mas de maneiras bem diferentes. O Google enfatiza mais o importar-se pessoalmente do que o confrontar diretamente, e eu descreveria as críticas como do tipo empatia assertiva com uma pitada de empatia nociva. Já a Apple faz o contrário, e eu descreveria as críticas como do tipo empatia assertiva com uma pitada de agressividade ofensiva.

Na introdução, falei brevemente de um vídeo no qual o jornalista de tecnologia Bob Cringely entrevista Steve Jobs e lhe pergunta o que ele quer dizer quando fala para as pessoas que o trabalho delas está uma merda.[1] Vale a pena ler trechos dessa entrevista para explorar a perigosa fronteira entre a agressividade ofensiva e a empatia assertiva.

> CRINGELY: O QUE VOCÊ QUER DIZER QUANDO FALA PARA AS PESSOAS QUE O TRABALHO DELAS ESTÁ UMA MERDA?
>
> JOBS: NORMALMENTE SIGNIFICA QUE O TRABALHO DELAS ESTÁ UMA MERDA. ÀS VEZES SIGNIFICA: "ACHO QUE SEU TRABALHO ESTÁ UMA MERDA. E EU... EU ESTOU ERRADO".

Não costuma ser legal dizer "Seu trabalho está uma merda". Uma afirmação como essa estaria encravada bem no meio do quadrante da agressividade ofensiva. No entanto, mais adiante na entrevista com Cringely, Jobs esclarece o que acha da frase.

> JOBS: A COISA MAIS IMPORTANTE QUE ACHO QUE VOCÊ PODE FAZER POR UM PROFISSIONAL EXCELENTE E CONFIÁVEL É MOSTRAR A ELE QUANDO O TRABALHO NÃO FICOU EXCELENTE OU CONFIÁVEL... QUANDO O TRABALHO NÃO FICOU BOM O SUFICIENTE. E FAZER ISSO COM MUITA CLAREZA E ARTICULAR AS RAZÕES... E AJUDAR A PESSOA A VOLTAR AO CAMINHO CERTO.

Note que Jobs evita cruzar a fronteira da agressividade ofensiva. Ele toma o cuidado de não personalizar a crítica e evita dizer "quando *a pessoa* não é boa o suficiente". Em vez disso, ele diz "quando *o trabalho* não ficou bom o suficiente". É uma distinção importante. Jobs tenta resolver um problema comum que costuma surgir ao criticar alguém: o erro de atribuição fundamental, que salienta os traços pessoais e não as causas externas. É mais fácil encontrar defeitos na pessoa do que procurar o problema no contexto dos atos dela. É mais fácil dizer "Você é um desleixado" do que "Você passou noites em claro e fins de semana trabalhando, e essa situação está começando a prejudicar sua capacidade de identificar erros em seu raciocínio". E essa atitude também ajuda muito menos.

É muito melhor dizer "Seu trabalho está uma merda" do que "Você é um imbecil", mas continua sendo absolutamente ofensivo.

No entanto, a explicação de Jobs é importante: para que a crítica seja eficaz, é crucial fazê-la "com muita *clareza* e articular as *razões*... e ajudar a pessoa a *voltar ao caminho certo*". Em outras palavras, não basta dizer "Seu trabalho está uma merda", mesmo usando um palavreado menos agressivo. O chefe precisa explicar *as razões*, ou seja, comprometer-se a ajudar a pessoa a melhorar. Mais para o fim da entrevista, Jobs explica por que escolheu essas palavras.

> JOBS: VOCÊ PRECISA FAZER ISSO DE UM JEITO QUE NÃO PONHA EM DÚVIDA SUA CONFIANÇA NA CAPACIDADE DA PESSOA, MAS QUE TAMBÉM NÃO DEIXE MUITO ESPAÇO PARA INTERPRETAÇÃO, O QUE É MUITO DIFÍCIL DE FAZER.

É claro que a afirmação "Seu trabalho está uma merda" não deixa espaço algum para interpretação, mas imagino que, para a maioria das pessoas, também põe em dúvida a confiança em sua capacidade. Longe de mim justificar essa escolha de palavras, mas consigo pensar em algumas razões pelas quais talvez não seja tão ruim quanto parece dizer uma coisa dessas. Para começar, a natureza do relacionamento é fundamental. Na introdução, contei a história de quando chamei um colega de burro. Não estou sugerindo que você faça o mesmo. Só estou dizendo que, devido ao relacionamento que nós dois tínhamos, eu tinha certeza de que ele sabia que eu o admirava muito e que só o xinguei para chamar sua atenção. Em segundo lugar, sobretudo quando estiver lidando com pessoas altamente talentosas, você pode ter de recorrer a alguns extremos para quebrar a tendência delas de ignorar mensagens importantes.

Naquela entrevista, Jobs explica que orientar sua equipe não raro envolve andar no fio da navalha. Sempre tive enorme dificuldade de convencer as pessoas de que confio na capacidade delas e ao mesmo tempo deixar claro que acho que seu trabalho poderia ser melhor. Descrever com extrema clareza sua opinião sobre a qualidade do trabalho de alguém pode soar como o mais puro sadismo.

Como criticar sem desencorajar a pessoa? Em primeiro lugar, conforme assinalei no capítulo 1, concentre-se em seu relacionamento. E, como indiquei nas duas seções anteriores, peça feedback antes de dar e faça mais elogios que críticas. Seja modesto, prestativo, dê o feedback imediata e pessoalmente, elogie em público, critique em particular e não personalize o problema. Deixe claro que o problema não se deve a alguma falha de personalidade incorrigível. Conte histórias de quando você foi criticado por algo parecido. (Para mais dicas, veja o capítulo 6, em que explico como dar um feedback improvisado.)

Um líder com quem trabalhei na Apple descreveu como ele ensinava os novos funcionários a levar as críticas na esportiva. Ele tinha muitos anos de casa e era considerado quase uma divindade. Depois da primeira análise crítica de um projeto, ele mostrava ao novo funcionário duas pastas que guardava em sua sala. Uma continha dez folhas de papel; a outra, mais de mil. "Este é meu arquivo dos 'sins'", explicava ele, apontando para a pasta mais vazia. "São as ideias de design que foram aprovadas." Depois, ele pegava a pasta recheada e a jogava na mesa para criar um efeito dramático. "E este é meu arquivo dos 'nãos'. Não se deixe desanimar pelas críticas."

Todo mundo precisa encontrar o próprio estilo de criticar as pessoas sem desanimá-las. O estilo de Steve Jobs sem dúvida não é para todos, mas vale a pena entender as razões dele.

> JOBS: EU NÃO LIGO DE ESTAR ERRADO. E NÃO VEJO PROBLEMA ALGUM EM ADMITIR QUE ESTOU ERRADO. NA VERDADE, ESTAR CERTO NÃO É MUITO IMPORTANTE PARA MIM. O QUE MAIS ME IMPORTA É SABER QUE ESTAMOS FAZENDO A COISA CERTA.

Por experiência própria, as pessoas que se interessam mais em saber a resposta certa do que em estar certas se tornam os melhores chefes. Afinal, estão sempre aprendendo e melhorando e impelem sua equipe a fazer o mesmo. Os elogios ou as críticas assertivamente empáticos de um chefe ajudam as pessoas a fazer o melhor trabalho de sua vida.

Pense em um exemplo simples

"Sua braguilha está aberta."

Como mostra o exemplo "Seu trabalho está uma merda", pode ser mais difícil do que você imagina saber se você está ou não sendo assertivamente empático. Um jeito de resolver um problema difícil é pensar em outro mais simples, porém similar, lembrar como você o resolveu e aplicar a mesma técnica ao problema difícil. Você pode usar a mesma abordagem em situações emocionais. Quando precisa dizer algo que será extremamente difícil para a pessoa ouvir, finja que está dizendo algo casual, como "Sua braguilha está aberta" ou "Você tem uma coisinha nos dentes". Esses cenários menos carregados podem ajudá-lo a abordar os problemas maiores de maneira mais direta.

Para entender como aplicar o modelo da empatia assertiva ao feedback, imagine um cenário simples: um colega, Alex, saiu do banheiro com o zíper da calça aberto e parte da camisa para fora. O que você faz?

Vamos supor que você decida passar por cima do constrangimento e dizer alguma coisa. Você sabe que Alex vai ficar envergonhado quando você disser que a braguilha está aberta, mas, se você ficar calado, dez outras pessoas provavelmente o verão nessa situação. Então, você puxa Alex de lado e sussurra: "Ei, Alex, sua braguilha está aberta. Eu sempre gosto que alguém me diga quando isso acontece comigo. Espero que você não se importe de lhe dar esse toque". Seu comportamento está no quadrante da

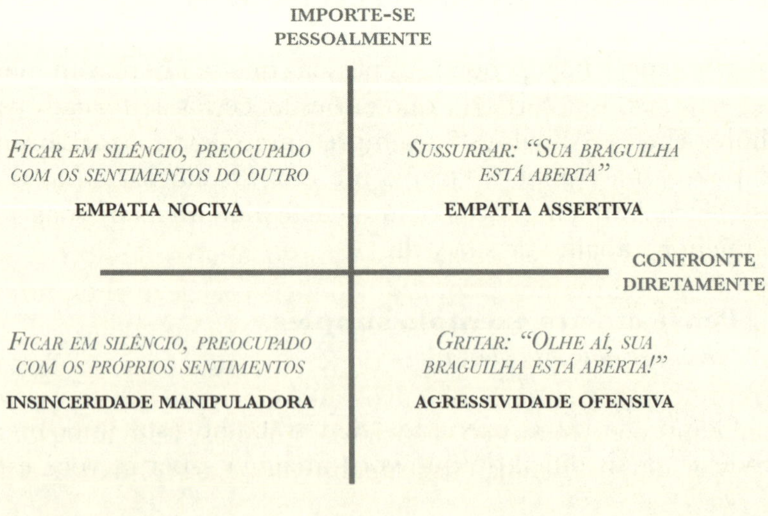

empatia assertiva, e você se importou pessoalmente e confrontado diretamente o problema.

Se, de outro lado, você diz que a braguilha de Alex está aberta em voz alta e na frente de outras pessoas, tentando fazer graça, o comportamento fica no quadrante da agressividade ofensiva. No entanto, esse não é o pior cenário possível do ponto de vista de Alex, já que mesmo assim você lhe deu a chance de resolver o problema.

Se você sabe que Alex é tímido e vai ficar envergonhado, talvez ache melhor não dizer nada na esperança de ele notar o zíper aberto sem você precisar apontar o problema. Esse comportamento o coloca no quadrante da empatia nociva. Nesse cenário, dez outras pessoas veem o zíper aberto de Alex com a ridícula camisa branca saindo pela frente da calça, e, quando Alex finalmente perceber, saberá que sua braguilha passou um bom tempo aberta. Alex ficará ainda mais envergonhado do que se você tivesse dito algo e provavelmente se perguntará por que você não teve a cortesia de mencionar o problema.

Por fim, imagine que você decida não dizer nada, preocupado com seus sentimentos e reputação. Você não toma essa decisão porque se importa com os sentimentos de Alex, mas para se poupar. Você quer desesperadamente ser bem-visto por todos e se preocupa com a possibilidade de Alex deixar de gostar de você se lhe disser alguma coisa. Você também fica apreensivo de que alguém o ouça apontando o problema para Alex e o julgue por isso. Assim, você simplesmente passa direto por ele sem dizer nada. E, se você for um grande descarado, vai sussurrar para a próxima pessoa que encontrar para ir ver a braguilha aberta de Alex. Parabéns! Seu comportamento está no pior quadrante: o da insinceridade manipuladora!

É tentador achar que a empatia assertiva seria reservada apenas a pessoas que o conhecem bem, como seus amigos e parentes, e pensar que, se você passar um tempo na empatia nociva ou na insinceridade manipuladora até conhecer Alex melhor, um belo dia será fácil dizer: "Ei, Alex, meu chapa, sua braguilha está aberta". No entanto, a necessidade de uma comunicação franca nem sempre espera que você desenvolva um relacionamento próximo com a pessoa, e mesmo o silêncio de um quase desconhecido tem o poder de gerar mais constrangimento e desconfiança do que dizer "Ei, sua braguilha está aberta". Se você não disser nada, da próxima vez que Alex o vir, ficará constrangido só de lembrar o incidente. Por que você não disse nada? As sementes da desconfiança foram plantadas com seu silêncio. Foi por isso que Kim Vorrath, líder da equipe do iOS, da Apple, responsável pela criação do sistema operacional do iPhone, deu este simples conselho sobre as críticas: "É só dizer!".

Não é difícil esse modelo vir à mente no calor do momento, e ele pode ajudá-lo a se pegar avançando na direção errada. Da próxima vez que você detectar uma braguilha aberta metafórica e sentir a tentação de não dizer nada, pense em qual quadrante do modelo você recairia: empatia nociva ou insinceridade manipuladora? A sacudidela pode impeli-lo à empatia assertiva.

Diante de alguém irritado, furioso ou empacado, a maioria das pessoas recuaria à empatia nociva. Algumas manteriam sua posição, mas se defenderiam do ataque deixando de se importar e partindo para a agressividade ofensiva. Até as muito bem-intencionadas às vezes sentem a tentação de simplesmente ceder e deixar de se importar, retirando-se para a insinceridade manipuladora.

Se você parar para pensar no que está prestes a dizer e perceber que sua atitude recairá em um desses quadrantes nocivos, naturalmente vai se aproximar da empatia assertiva. Você já sabe como ser assertivamente empático, porque sabe como se importar pessoalmente e confrontar diretamente.

No momento em que aprendeu a falar, você começou a confrontar as pessoas ao redor. Então alguém lhe ensinou alguma versão de "Se você não tiver nada gentil para dizer, é melhor ficar calado". Bem, agora é seu trabalho dizer o que tem de ser dito. E, se você é chefe ou ocupa uma posição de autoridade, não é só seu trabalho, mas sua obrigação moral. É só dizer!

Você também já nasceu com a capacidade inata de se conectar com as pessoas, de se importar pessoalmente. De alguma forma, você reprimiu essa tendência com tudo o que aprendeu sobre "manter o profissionalismo". Pare de reprimir sua capacidade inata de se importar pessoalmente. Você não ganha nada com isso!

CAPÍTULO TRÊS

SAIBA O QUE MOTIVA CADA MEMBRO DE SUA EQUIPE

Ajude as pessoas a realizar os próprios sonhos

Repensar a ambição

Vamos voltar à dimensão do "importar-se pessoalmente" da empatia assertiva. Para desenvolver uma equipe excelente, você precisa saber como o trabalho de cada pessoa se encaixa nos objetivos dela. Você tem de conhecer cada subordinado e desenvolver com ele um relacionamento autêntico e humano, um relacionamento que evolui à medida que todos mudam. Para, em sua equipe, colocar as pessoas certas nas funções certas, você deve confrontá-las ainda mais diretamente do que faz quando lhes dá feedback. Em certo sentido, isso afetará não apenas os sentimentos delas, mas também sua renda, seu crescimento profissional e sua capacidade de realizar os próprios sonhos. Não é fácil desenvolver uma equipe.

Uma líder da Apple bolou uma boa maneira de classificar os diferentes tipos de ambição das pessoas de sua equipe para alocá-las às diferentes funções. Para manter a equipe coesa, você precisa tanto de "rochas" como de "estrelas", explicou ela. As rochas são sólidas como uma montanha. Elas adoram o que fazem. Encontraram seu lugar no trabalho. Preferem abrir mão de uma promoção se isso as tirar de seu cargo atual. Nem todos os artistas querem ter uma galeria de arte; na verdade, a maioria não quer. Se você respeitar e recompensar suas rochas, elas se tornarão as pessoas mais confiáveis de sua equipe. No entanto, se promovê-las a funções que elas não querem ou para as quais são inadequadas, você as perderá ou, pior ainda, será forçado a demiti-las. Já as estrelas necessitam da chance de enfrentar desafios e de novas oportunidades para continuar crescendo.

Para distinguir esses dois tipos de pessoas, você deve deixar de lado os próprios valores e ambições, esquecer por um momento o que precisa que os integrantes de sua equipe façam e se concentrar em conhecer o lado humano de cada um deles. Para muitos chefes, isso requer repensar o conceito de "ambição".

Se eu disser que uma pessoa é "ambiciosa", sua reação será positiva ou negativa? Você presumirá que ela é obcecada pelo ganho pessoal e talvez até um pouco malvada, disposta a passar por cima de todos para atingir seus objetivos? Ou que é responsável e se encarrega de fazer as coisas acontecerem, impelindo a mudança positiva no grupo?

Se eu disser que uma pessoa é "estável", qual será sua reação imediata? Imaginar que deve ser uma chata de galochas que você preferiria evitar em um jantar? Ou que pode confiar nela como uma fonte de alívio e conforto e que gostaria de ter mais pessoas desse tipo em sua vida?

Se eu disser que uma pessoa está "satisfeita", como você reagirá? Tenderá a admirar essa pessoa? Pensará que também gostaria de ter mais satisfação em sua vida? Ou presumirá que com essa atitude a pessoa não vai conseguir chegar a lugar algum?

Agora, esqueça todas essas reações e valores. Dê uma olhada nas duas colunas de palavras a seguir e pense em exemplos *positivos* de pessoas com quem você trabalhou e que se enquadrariam em cada coluna. Pense em equipes das quais você participou que

TRAJETÓRIA DE CRESCIMENTO ACELERADO	TRAJETÓRIA DE CRESCIMENTO GRADUAL
AGENTE DE MUDANÇA	AGENTE DE ESTABILIDADE
AMBICIOSO NO TRABALHO	AMBICIOSO FORA DO TRABALHO OU SIMPLESMENTE SATISFEITO COM A VIDA
DESEJA NOVAS OPORTUNIDADES	SATISFEITO NO CARGO ATUAL
"ESTRELA"	"ROCHA"

precisavam de um pouco de cada uma e em qual seria a melhor proporção para essas equipes. Depois, pense em momentos de sua vida em que você se posicionou em cada uma das colunas e por quê – de preferência, escolhas suas, e não de seu chefe.

Logo depois que entrei no Google, Larry Page me falou de um chefe que ele teve que tendia a ver a ambição com desconfiança. Na época, Larry era só um estagiário e tinha sido encarregado de uma tarefa que levaria apenas dois dias se ele tivesse a liberdade de fazer de seu jeito. Explicou as vantagens de sua abordagem para o chefe, que simplesmente não quis saber, insistindo para que Larry fizesse "do jeito que eles sempre fizeram". Em vez de dois dias, Larry foi forçado a passar um trimestre trabalhando no projeto. O desperdício de tempo e energia foi uma enorme tortura para ele. Larry percebeu que um chefe que impedia seu progresso teria o poder de transformar sua vida em um inferno. "Três meses de minha vida jogados no lixo e um tempo que eu jamais teria de volta. Não quero que ninguém no Google tenha um chefe como esse. *Jamais*", disse-me Larry uma vez, e sei que ele levava esse desejo a sério pelo modo como liderava a empresa. Larry fazia de tudo para evitar que os chefes destruíssem as ideias e as ambições de seus subordinados. E eu adorava isso no Google.

Agora vamos dar uma olhada em minha história de chefe em trajetória de crescimento acelerado que insistia para que todos tivessem as mesmas ambições e em como minhas experiências na Apple me abriram os olhos para meu erro.

Infelizmente, passei muito tempo acreditando que impelir todas as pessoas a crescer rápido era a "melhor prática" para desenvolver uma equipe de alto desempenho. Eu estava sempre em busca dos melhores, dos mais talentosos, impetuosos e ambiciosos. Durante os primeiros 20 anos de minha carreira, jamais me ocorreu que algumas pessoas simplesmente não queriam o próximo cargo, a próxima promoção. Uma primeira versão do curso Managing at Apple, que eu elaborei, encorajava os gestores a dedicar a maior parte da atenção e dos recursos às pessoas mais ambiciosas da equipe, muitas vezes em detrimento daquelas que também faziam um bom trabalho e que estavam satisfeitas com isso, em outras palavras, a espinha dorsal de uma equipe forte – e, por ironia, exatamente o tipo de pessoa que eu tinha me tornado naquele estágio de minha carreira.

Scott Forstall, que foi responsável pelo desenvolvimento da equipe do iOS e trabalhou diretamente com Steve Jobs, me ajudou a entender que aquela abordagem não tinha nada a ver com a cultura da Apple e que, além disso, não contribuía para criar a equipe ideal. Falávamos sobre a "matriz de desempenho e potencial" que muitas empresas usam no planejamento de sucessão ou sobre a "gestão de talentos". A consultoria McKinsey originalmente desenvolveu a matriz para ajudar a General Electric a decidir em quais unidades investir, e departamentos de RH de milhares de organizações a adaptaram para a gestão de talentos.[1] A matriz requer que os gestores avaliem o desempenho e o potencial de todos os funcionários e os enquadrem em uma de nove categorias, sendo "alto desempenho/alto potencial" a melhor e "baixo desempenho/baixo potencial" a pior.

"'Potencial' não me parece a palavra certa...", comentei. "Não acho que seja possível falar de um ser humano de 'baixo potencial'." Minha abordagem vigorosa ao desenvolvimento de equipes tinha um quê de idealismo.

"As palavras fazem grande diferença", disse Scott. "Vale a pena discutir o assunto."

Passamos um tempo falando a respeito disso. Um dos problemas era que "potencial" não parecia permitir uma avaliação positiva de pessoas que eram excelentes no que faziam e queriam continuar na mesma função. Scott precisava mantê-las felizes e produtivas e esperava que todos os gestores de sua organização fizessem o mesmo.

Ele propôs utilizarmos "crescimento" em vez de "potencial", para ajudar os gestores a decidir quais oportunidades dar a quais pessoas. Mudar uma palavra fez toda a diferença. Encorajamos os gestores a evitar perguntas contendo um julgamento de valor nas entrelinhas, do tipo "A pessoa tem alto ou baixo potencial?", e a tentar responder a questões como "Em qual trajetória de crescimento cada pessoa de minha equipe gostaria de estar neste momento?", ou "Estou dando a todos oportunidades alinhadas com o que eles realmente querem?", ou "Em qual trajetória de crescimento meus subordinados diretos acreditam que estão? Eu concordo com isso? Se não, por quê?". Em algumas situações, as pessoas podem realmente querer crescer e são capazes de contribuir mais do que seu cargo atual lhes permite; em outras, elas só querem um aumento de salário ou mais reconhecimento, mas sem mudar de cargo nem assumir mais responsabilidades. Cabe a você, o chefe, conhecer seus subordinados diretos a ponto de fazer essas distinções e propor conversas assertivamente empáticas com eles quando perceber que vocês não estão falando a mesma língua.

As questões para investigar a trajetória de crescimento lhe serão mais úteis para descobrir o que motiva cada pessoa do que perguntas voltadas ao "potencial" ou ao "talento", e os insights gerados contribuirão para evitar estafar as rochas e entediar as estrelas. Essas questões o farão lembrar que as trajetórias mudam com o tempo e que você não pode rotular permanentemente as pessoas. Elas o ajudarão a criar equipes estáveis, capazes de obter resultados surpreendentes.

Scott tinha razão. As palavras fazem grande diferença.

Gestão do crescimento
A ideia é melhorar sempre

Ao passar da "gestão de talentos" tradicional à abordagem da "gestão do crescimento", você ajudará todas as pessoas de sua equipe a realizar os sonhos deles, o que garantirá que a equipe como um todo se mantenha sempre melhorando com o tempo. A criatividade corre solta, a eficiência aumenta, as pessoas curtem trabalhar juntas.

Você pode usar esse modelo da "gestão do crescimento" para gerenciar melhor os dois tipos de pessoas de alto desempenho: as que se colocam em uma trajetória de crescimento acelerado e as que se colocam em uma trajetória de crescimento gradual. A ideia é levar os funcionários a direcionar a carreira do modo como eles querem, não do modo como você acha que eles deveriam querer. Você também pode utilizar o modelo para que todas as pessoas de sua equipe melhorem o desempenho e também para decidir quem contratar, quem demitir e quando você, o chefe, é o culpado pelo desempenho insatisfatório de alguém.

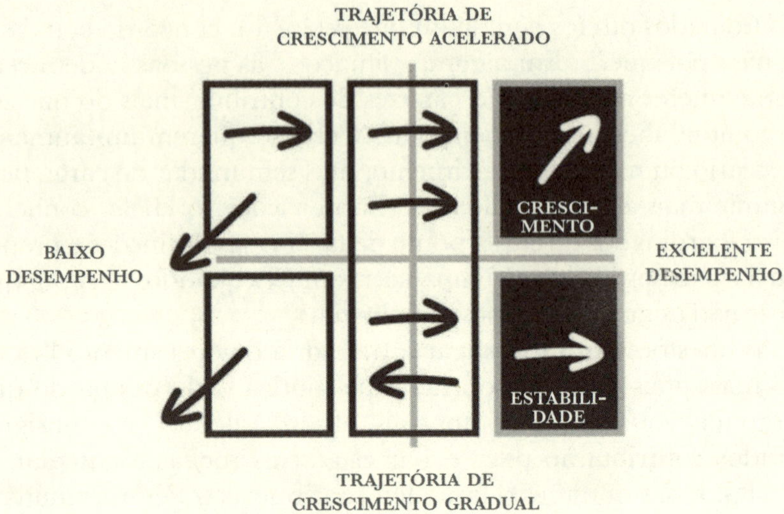

A coisa mais importante que você pode fazer por sua equipe é saber em qual trajetória de crescimento cada pessoa quer estar em determinado momento e se esse desejo corresponde às necessidades e oportunidades da equipe. Para tanto, você terá de conhecer todos os seus subordinados diretos no nível pessoal. Também precisará ter algumas das conversas mais difíceis que já teve no trabalho e até mesmo demitir pessoas.

Os eixos do modelo são "desempenho passado" e "trajetória de crescimento futuro". A avaliação do desempenho passado no eixo horizontal vai de "ruim" a "bom", mas isso não se aplica ao eixo vertical. É tão bom se posicionar no quadrante inferior direito quanto no superior direito. As rochas são tão importantes para o desempenho de uma equipe quanto as estrelas. A estabilidade é tão importante quanto o crescimento. A proporção certa deve mudar com o tempo, mas você sempre vai precisar dos dois.

Ao avaliar o desempenho passado de uma pessoa, é interessante levar em consideração não só os resultados dela, como também fatores mais intangíveis, como "trabalho em equipe". O ideal é o próprio funcionário determinar os resultados esperados para certo trimestre ou ano, que devem ser o mais objetivos e mensuráveis possível. Os fatores intangíveis em geral são impossíveis de mensurar, mas não muito difíceis de descrever, de modo que é bom definir expectativas claras para eles também. O desempenho não deve ser um rótulo permanente. Ninguém consegue manter um "excelente desempenho" o tempo todo. Uma pessoa, por exemplo, apresentou um excelente desempenho no último trimestre... e só.

É muito mais fácil conhecer o passado do que o futuro. É melhor descrever o futuro em termos da "trajetória de crescimento" atual de cada um. Antes de decidir como gerenciar cada tipo de pessoa para garantir a coesão da equipe, vale a pena reservar um tempo para entender exatamente o que quero dizer com "trajetória de crescimento" e por que esse fator é tão importante.

O QUE IMPORTA E POR QUÊ

Para ser um bom gestor do crescimento, você precisa saber o que motiva cada pessoa de sua equipe, quais são suas ambições no longo prazo e como as circunstâncias atuais se encaixam em suas motivações e seus objetivos de vida. E só quando você desenvolver um bom conhecimento de seus subordinados diretos, descobrindo por que gostam do trabalho, o que esperam dele e como se posicionam no presente momento, é que você poderá colocar as pessoas certas nas funções certas e alocar os projetos certos às pessoas certas. (Para ver uma técnica específica, consulte a seção "Conversas sobre a carreira", no capítulo 7.)

O crescimento acelerado em geral é caracterizado por mudanças velozes, aprendendo novas habilidades ou aprofundando as já existentes rapidamente. Nem todo mundo precisa ser um gestor. Muitos colaboradores passam a vida profissional inteira em uma trajetória de crescimento acelerado, e muitos gestores se posicionam em uma trajetória de crescimento gradual. E o crescimento acelerado não tem necessariamente de envolver uma "promoção"; a ideia é poder colaborar cada vez mais com o tempo.

Já o crescimento gradual é caracterizado pela estabilidade. As pessoas que se colocam em uma trajetória de crescimento gradual e apresentam bom desempenho normalmente dominam o trabalho e estão voltadas a melhorias incrementais, não repentinas e drásticas. Algumas funções podem ser mais adequadas para uma rocha, por envolver constância, conhecimento acumulado e uma atenção aos detalhes que uma estrela pode não ter o foco nem a paciência para manter.

As estrelas não se dão bem em funções características das rochas e as rochas vão odiar trabalhar em uma função mais adequada às estrelas. A equipe de lapidadores de diamantes que liderei na Rússia (aqueles sujeitos sobre os quais escrevi no capítulo 1 e que me ensinaram a "me importar pessoalmente") era mestre em sua arte e se incluía entre as melhores do mundo. Eles eram rochas e não tinham pretensão alguma de assumir meu cargo de chefia. De outro lado, meu chefe na época, Maurice Tempelsman, me contou que, em sua juventude, foi extremamente ambicioso e inquieto. Pouco tempo depois de fundar sua empresa, decidiu tentar lapidar diamantes ele mesmo. Um dia atendeu o telefone, começou a negociar um grande acordo e, distraído com a conversa, destruiu um diamante de US$ 1 milhão. História verídica. É por isso que você deve evitar alocar uma pessoa que está em uma trajetória de crescimento acelerado a um trabalho mais adequado a uma pessoa em uma trajetória de crescimento gradual.

Em geral, as pessoas passam de uma trajetória de crescimento a outra em diferentes etapas da vida pessoal e profissional, de modo que é importante evitar rotulá-las permanentemente. Por exemplo, eu tinha duas aspirantes a atletas olímpicas em minha equipe do Google. Elas faziam um excelente trabalho, mas logo que se formaram, quando estavam no auge de sua forma física, dedicavam tanta energia ao treinamento quanto ao trabalho. Estavam em uma trajetória de crescimento gradual no trabalho e em uma trajetória de crescimento acelerado no esporte. Cinco anos depois, as duas pivotaram, passando a dedicar menos energia e motivação ao trabalho do que à carreira esportiva, e a trajetória profissional das duas decolou.

É bem verdade que nem todo mundo é aspirante a atleta olímpico. Posso dizer que estou bem longe disso. Várias razões podem levar as pessoas a passar de uma trajetória acelerada a uma trajetória gradual e vice-versa, e circunstâncias que impelem uma pessoa a um caminho podem levar outra a seguir o caminho exatamente oposto. Por exemplo, o nascimento de um filho pode estimular a ambição da pessoa por causa das despesas extras ou o desejo de ter horários mais previsíveis para voltar logo para casa e ficar com o bebê. Uma doença na família pode impelir o funcionário a uma trajetória de crescimento gradual, mas, quando a doença é curada, ele pode retomar sua ambição. Em geral, uma ambição ou um comprometimento fora do trabalho aumentam o valor da pessoa na equipe. Se, digamos, você contratar um excelente artista para ser seu designer gráfico, não deve esperar que ele queira avançar rapidamente na carreira.

O PROBLEMA DA "PAIXÃO"

Dizem que as pessoas têm melhor desempenho quando veem um senso de propósito no trabalho. Não concordo com essa premissa. O problema é que os chefes que acham que cabe a eles proporcionar esse senso de propósito tendem a passar dos limites. Insistir para que as pessoas tenham paixão pelo trabalho pode impor uma pressão desnecessária tanto ao chefe como aos funcionários. Tive essa dificuldade no Google, quando contratamos um grupo de recém-formados para se encarregar do maçante atendimento ao cliente. Tentei convencê-los de que estávamos "financiando a criatividade um centavo por vez". Uma jovem, formada em filosofia, percebeu imediatamente que meu discurso não passava de uma grande cascata. "Olhe só, o trabalho é meio chato", disse ela. "É melhor a gente admitir isso de cara. Mas tudo bem. Plutarco assentava tijolos. Spinoza polia lentes. O tédio faz parte da vida." Adorei a abordagem dela para encontrar um sentido no trabalho, apesar de ser um tanto específica demais. Um slogan como "Spinoza polia lentes" não inspiraria os membros da equipe que não fossem fãs de filosofia.

Em uma explosão de empatia assertiva, Lucy Kellaway, colunista do *Financial Times*, explicou as razões que a levaram a escolher onde trabalhar: "Fui trabalhar no J. P. Morgan e depois no *Financial Times* por serem as únicas empresas que me ofereceram emprego. Na ocasião, me pareceu uma excelente razão para escolhê-las. E continua sendo uma excelente razão até hoje".[2]

Não há nada de errado em dar duro por um salário que banque o estilo de vida que você deseja. Não falta senso de propósito em um trabalho como esse. Um homem sábio um dia me disse:

"Apenas cerca de 5% das pessoas têm uma verdadeira vocação na vida, e todo o resto fica muito confuso com isso". Tentar descrever um trabalho em termos imponentes e grandiosos tende a nos fazer soar ridículos, como Gavin Belson, CEO da Hooli no seriado cômico *Silicon Valley*. E isso nos traz de volta ao principal ponto deste capítulo: seu trabalho não é proporcionar um senso de propósito, mas conhecer cada um de seus subordinados diretos o suficiente para saber que sentido cada um vê em seu trabalho.

Uma história sobre Christopher Wren, o arquiteto responsável pela reconstrução da St. Paul's Cathedral depois do Grande Incêndio de Londres, em 1666, explica o que quero dizer. Wren percorria a catedral parcialmente reconstruída quando perguntou a três pedreiros o que eles estavam fazendo. O primeiro pedreiro respondeu: "Estou trabalhando". O segundo disse: "Estou levantando uma parede". O terceiro fez uma pausa, olhou para cima e respondeu: "Estou construindo uma catedral para o Todo-Poderoso".

Muitas pessoas usam essa história para enaltecer o pedreiro que tinha uma visão e era capaz de ver suas ações individuais como parte de uma grande empreitada coletiva. Hoje em dia, no Vale do Silício, slogans inspiradores seguem mais a linha de "deixar uma marca no universo", nas palavras de Steve Jobs. No entanto, as motivações são extremamente pessoais. Embora eu admire Jobs, parece-me que o universo, ou pelo menos nosso mundo, já está cheio de marcas. Por isso, eu particularmente não fico muito inspirada com a ideia de "deixar uma marca no universo", como outras pessoas parecem ficar. Naturalmente, é o chefe que contextualiza o trabalho da equipe, e, se você explicar para as pessoas qual é o sentido do trabalho para *você*, pode ajudá-las a encontrar a própria fonte de inspiração. Contudo, é importante lembrar que o mundo não gira em torno de seu umbigo.

Para mim, a parte mais instrutiva da história de Wren é que não foi ele quem bolou um senso de propósito e tentou impô-lo a sua equipe. Cada pedreiro se importava com um aspecto diferente do trabalho, apesar de os três estarem trabalhando na mesma coisa. Cabia a Wren ouvir, reconhecer a importância do que ouviu e criar condições de trabalho que permitissem a todos encontrar o próprio sentido.

EXCELENTE DESEMPENHO

Mantenha seus funcionários de melhor desempenho sempre em mente

Antes de investigar as diferenças entre gerenciar as rochas e as estrelas, vale a pena descobrir em que esses dois tipos de funcionários precisam de você. Seu trabalho é se concentrar neles e garantir que recebam todos os recursos de que precisam para continuar fazendo um excelente trabalho.

Seja um parceiro, não um gestor ausente ou um microgestor

Um dos erros mais comuns cometidos pelos chefes é ignorar as pessoas que estão fazendo um excelente trabalho porque "elas não precisam de mim" ou "não quero microgerenciar". Ignorar uma pessoa é uma péssima maneira de desenvolver um relacionamento.

Alguns gurus da gestão aconselham simplesmente contratar as pessoas certas e sair do caminho delas. Dick Costolo, CEO do

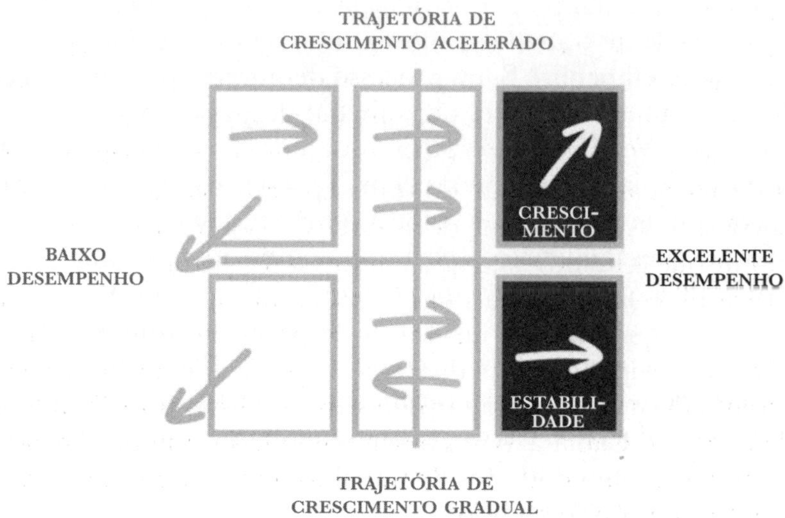

Twitter de 2010 a 2015, explicou por que achava que esse conselho não passava de um grande contrassenso. "É como dizer que, para ter um bom casamento, deve-se casar com a pessoa certa e nunca passar tempo com ela. Seria ou não ridículo dizer isso?", exclamou ele. "Imagine se eu chegasse em casa e dissesse a minha mulher: 'Eu não quero microgerenciar vocês, por isso não vou passar nenhum tempo com você nem com nossos filhos este ano'."

A estratégia de "escolher e ignorar" é tão maluca para o casamento quanto para a gestão. Se você não se empenhar em conhecer as pessoas que obtêm os melhores resultados, não terá como saber o que elas querem e do que precisam para continuar crescendo no trabalho em cada momento específico. Você atribuirá as tarefas erradas às pessoas erradas. Promoverá as pessoas erradas. Além disso, se ignorar seus funcionários de melhor desempenho, não lhes dará o feedback necessário. Cada minuto que você passa com um colaborador que faz um excelente trabalho se paga muito mais em termos de resultados da equipe que o tempo gasto com alguém que não está conseguindo realizar um bom trabalho. Se você ignorar suas melhores pessoas, simplesmente não estará gerenciando.

Você não quer ser um gerente ausente da mesma forma que não quer ser um microgestor. Você quer ser parceiro, um chefe que dedica seu tempo para ajudar as pessoas que estão realizando um excelente trabalho a superar obstáculos e melhorar ainda mais seu desempenho. É um processo demorado, pois implica conhecer detalhes suficientes do trabalho da pessoa para entender as nuances. Você não raro precisará ajudá-la a fazer o trabalho, em vez de se limitar a dar conselhos. Terá de fazer muitas perguntas, confrontar as pessoas e colocar a mão na massa.

Os gestores tendem a dedicar mais tempo aos funcionários que enfrentam dificuldades do que aos que estão tendo sucesso. No entanto, essa atitude não é justa para os que fazem um bom trabalho nem beneficia a equipe como um todo. Passar do excelente ao quase perfeito deve inspirar mais sua equipe do que passar do ruim ao medíocre. E ver de perto um desempenho realmente excepcional vai ajudar as pessoas em dificuldades a saber com mais clareza o que se espera delas.

EXCELENTE DESEMPENHO/TRAJETÓRIA DE CRESCIMENTO GRADUAL

Reconheça, recompense, mas não promova

Passei a maior parte de minha vida profissional focada em encontrar e recompensar as pessoas que rompiam a barreira do som das realizações. Até que um dia, em 2008, percebi que era eu quem estava em uma trajetória de crescimento gradual no trabalho. Um membro do conselho do Twitter veio me perguntar se eu não tinha interesse em participar do processo de seleção para ser a nova CEO da empresa. Era o tipo de trabalho pelo qual eu teria dado meu braço esquerdo alguns anos antes. Contudo, naquele ponto de minha vida, me interessava um tipo diferente de crescimento. Eu estava com 40 anos e grávida de gêmeos, em uma gestação de alto risco. Quando consultei minha médica sobre essa nova e estressante oportunidade, ela me aconselhou: "Basta se perguntar o que é mais importante para você: esse novo emprego ou o coração e os pulmões de seus filhos?".

Ela não precisou dizer mais nada. O que mais me importava naquele momento não era o crescimento no Twitter nem minha

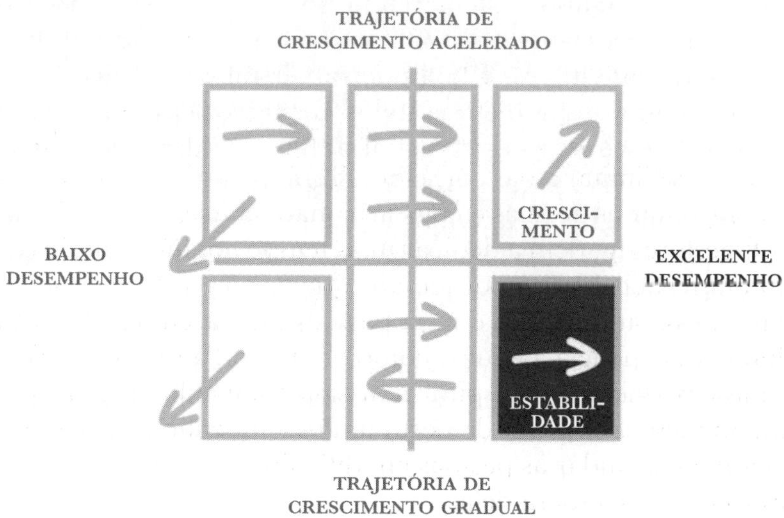

ascensão no Google, mas as minúsculas criaturas que cresciam dentro de mim. E, com um refeitório oferecendo uma comida saudável e deliciosa, uma massagista especializada em gestantes no andar de cima e uma piscina para os exercícios que minha médica recomendou, o Google era o lugar perfeito para uma gravidez de alto risco. Eu não precisava parar de trabalhar, mas tinha de me posicionar em uma trajetória de crescimento mais gradual no trabalho. Pude continuar liderando as equipes do AdSense, do DoubleClick e do YouTube, porém não consegui avançar ao próximo emprego. Desse modo, fiquei onde estava, levei a gravidez até o fim e dei à luz dois bebês saudáveis. Serei grata ao Google pelo resto da vida por me possibilitar essa oportunidade.

Não estou dizendo que outras mulheres grávidas não consigam ser CEOs 100% comprometidas; afinal, muitas já provaram ser possível. Só estou dizendo que eu não consegui. Apenas quando os gêmeos fizeram 7 anos me senti capaz de voltar à trajetória de crescimento acelerado e fundar uma empresa. Também não estou dizendo que mães e pais de crianças pequenas não tenham como fundar uma empresa ou se posicionar em uma trajetória de crescimento superacelerado, nem que eu não tive essa possibilidade. Só estou dizendo que eu não quis. Tampouco estou dizendo que ter filhos é a razão mais comum para passar a uma trajetória de crescimento mais gradual. Seu pessoal talvez não tenha nada a ver comigo. Eles podem ser mais como Einstein trabalhando no escritório de patentes ou T. S. Eliot trabalhando no banco.

O que estou dizendo é que todos nós temos fases na vida em que nosso crescimento profissional acelera ou desacelera. A recreação é essencial para a criação. Assim como não há nada de inerentemente ignóbil na ambição, ninguém precisa se envergonhar de passar um bom tempo fazendo o mesmo trabalho. Todos nós precisamos de um pouco de crescimento e um pouco de estabilidade na vida e em nossa equipe. Infelizmente, mesmo vivendo na pele essa realidade, eu ainda não a respeitava por completo. Em vez de expandir minha visão depois de ter filhos, passei a me desprezar da mesma forma como eu via com desprezo, no início de minha carreira, outras pessoas em situação parecida. "O que não cresce apodrece", declarou Catarina, a Grande. Em vez de reconhecer a pessoa como um todo – a *minha* pessoa como um todo, que crescia e mudava todos os dias, junto com os gêmeos –, eu morria de medo de estar começando a apodrecer.

Em outras palavras, no fundo eu ainda acreditava que impelir todas as pessoas a crescer era a melhor maneira de criar uma equipe vencedora. Como descrevi antes, quando saí do Google e fui para a Apple, tanto a empresa em geral como Scott Forstall em particular me ajudaram a mudar de opinião. E nem assim aceitei plenamente a ideia. Foi em um dia em que não fui trabalhar e fiquei em casa cuidando de meu filho que a ficha por fim caiu de vez. Ele estava com febre de 40 graus e se mostrava apático demais para fazer qualquer outra coisa além de ver *O Lorax: em busca da trúfula perdida*, adaptação do livro do Dr. Seuss para o cinema. Finalmente entendi a lição quando ouvi o conselho do Lorax ao Umavez-ildo na canção do "aumentar":

> Estou querendo aumentar!
> Mas esse aumentar só está levando a mais aumentar!

Quando a febre de meu filho passou, me dei conta de que minha obsessão cega pelo crescimento não só não estava alinhada com meu lado pessoal e humano, como nem era a melhor maneira de criar uma excelente equipe. Quando analisei bem minhas decisões como chefe até então, pensei, envergonhada, em todas as pessoas que eu tinha subestimado ou descartado. Aquele momento mudou radicalmente minha abordagem pessoal para o resto de minha vida profissional.

Em uma virada do destino quase poética, foi Dick Costolo, o CEO que abriu o capital do Twitter, quem me deu a oportunidade que me possibilitou escrever este livro e passar mais tempo com meus filhos pequenos. Ele me pediu para ajudá-lo a criar um curso, Managing at Twitter, para ensinar como ser gestor na empresa. Aceitei a tarefa, e, depois de trabalharmos juntos na elaboração do curso, ele me perguntou se eu não gostaria de ser entrevistada para um grande cargo operacional em sua equipe. Percorrendo o processo de seleção, ficou claro para nós dois que eu não teria, naquele momento de minha vida, energia suficiente para me encarregar da função. Ele então me perguntou se eu teria interesse em atuar como coach dele, um freela confortável que só me tomaria uma hora cada 15 dias. A capacidade de Dick de me ajudar a identificar a função perfeita para mim naquela fase de minha vida fez uma enorme diferença em minha carreira. Tive a oportunidade de me posicionar em uma trajetória de crescimento gradual no trabalho, em um momento em que eu queria escrever e passar mais tempo com meus filhos, e também de me preparar perfeitamente para quando estivesse pronta para voltar a acelerar.

Qual é o melhor modo de gerenciar as rochas, as pessoas capazes de proporcionar excelentes resultados ano após ano? Você precisa lhes dar algum tipo de reconhecimento para mantê-las satisfeitas no trabalho. Para vários chefes, "reconhecimento" significa necessariamente "promoção". No entanto, na maioria dos casos, é um grande erro pensar assim. Uma promoção muitas vezes força as pessoas a aceitar funções que não lhes são adequadas ou que elas não querem. O segredo é reconhecer a contribuição delas de outras maneiras. Pode ser com um bônus ou um aumento de salário. Se elas gostarem de falar em público, ofereça-lhes a oportunidade de fazer uma apresentação nas reuniões da equipe ou em outros grandes eventos. Se gostarem de ensinar, coloque-as para ajudar os novos funcionários a aprender o trabalho com mais rapidez. Se forem tímidas, dê um jeito de você e as outras pessoas de sua equipe lhes agradecer em particular pelo trabalho bem-feito. Considere dar um bônus por tempo de casa. Se sua empresa aplica avaliações de desempenho e/ou bônus, nunca deixe de ser justo com suas rochas.

Avaliações de desempenho justas

Em algumas empresas, as rochas não recebem a avaliação de desempenho que merecem porque o processo tradicional se concentra em pessoas que se posicionam para uma promoção. Muitas organizações impõem um limite ao número de funcionários que ganharão bônus. É interessante evitar dar pontuações altas demais para forçar um bônus. No entanto, o que muitas vezes acaba acontecendo é que as rochas recebem pontuações mais baixas do que deveriam. Na verdade, *todos* os seus funcionários de alto desempenho deveriam receber altas pontuações. A avaliação de desempenho é especialmente importante quando afeta o salário. Se a pessoa estiver fazendo um trabalho muito melhor do que os colegas da equipe, parece natural que ela deva receber uma pontuação mais alta e um bônus maior. Entretanto, quando as pontuações são usadas principalmente para justificar promoções futuras em vez de reconhecer o desempenho passado, não é isso que acontece.

Reconhecimento

Além de boas pontuações na avaliação, uma excelente maneira de reconhecer as pessoas que estão no estágio de rocha é colocá-las para atuar como "gurus" ou "consultores especializados" da equipe. Se suas rochas demonstrarem esse tipo de aptidão, você poderá encarregá-las de ensinar os colegas menos experientes. Alguns chefes relutam em usar seus melhores talentos dessa maneira e tendem a incumbi-los de fazer o trabalho em vez de ensinar os outros. No entanto, essa atitude impede a empresa de alavancar ao máximo seus especialistas.

Na Segunda Guerra Mundial, a Força Aérea dos Estados Unidos retirou os melhores pilotos da linha de frente e os mandou para casa para treinar os novos pilotos. A estratégia melhorou acentuadamente a qualidade e a eficácia da Força Aérea. Os alemães perderam a superioridade aérea por alocarem todos os seus melhores pilotos à batalha até serem abatidos, e nenhum deles treinou novos recrutas. Em 1944, os novos pilotos alemães só tinham cerca da metade das 300 horas que um piloto norte-americano havia voado em treinamento.

Muitas empresas contratam, para dar treinamento, pessoas que jamais contratariam para fazer o trabalho. Ou, pior, em vez de demitir pessoas que não apresentam bom desempenho em uma função, as encarregam de ensinar outras a desempenhar a função. Pode parecer absurdo, mas vi isso acontecer até em grandes organizações. Esse tipo de prática do cego conduzindo o cego só ajuda a destruir a eficácia do treinamento. Em geral, quem que se destaca em um trabalho gosta de ensinar os outros, o que pode não só melhorar o desempenho da equipe como um todo, mas também dar às rochas um tipo diferente de reconhecimento.

É bem verdade que algumas pessoas odeiam ensinar e não são boas nisso: a função deveria ser uma honra, não um requisito. E, se a pessoa não curtir passar o dia inteiro sendo interrompida para resolver dúvidas dos colegas, atuar como consultora especializada pode levá-la a se afastar da equipe. Fique de olho nessas possibilidades. Contudo, se a pessoa gostar de ensinar e resolver dúvidas, não deixe de encorajá-la e de recompensá-la por isso.

De todas as empresas que conheço, foi a Apple que criou o melhor ambiente para as rochas. A estrutura organizacional da empresa era otimizada para promover um profundo conhecimento especializado. Ela não incluía "gerentes-gerais". Não tinha uma divisão dedicada ao iPhone, e sim programadores de sistema operacional, especialistas em câmeras, audiófilos e gurus de telas sensíveis ao toque trabalhando no iPhone. Na equipe sempre havia pessoas que conheciam algum aspecto funcional do produto melhor que todas as outras e que eram reverenciadas por isso.

Fiquei impressionada com o respeito dedicado àqueles que passavam anos fazendo o mesmo trabalho na Apple. No Google e em muitas outras companhias do Vale do Silício, ficar muito tempo na mesma função era motivo de vergonha. Algumas chegam a adotar a política do "subir na empresa ou cair fora" e simplesmente demitem essas pessoas. Steve Jobs, por sua vez, dava muita atenção à retenção de seus talentos e falava com carinho das pessoas que tinham muito tempo de casa.

Tive dificuldade, no começo, de entender esse foco da Apple, por achar que bônus por tempo de casa era um recurso típico de organizações tradicionais ou do mundo acadêmico e não se adequava a empresas de tecnologia de rápido crescimento. No entanto, acabei percebendo que valorizar o tempo de casa era uma alternativa importante às promoções para aqueles que passavam anos fazendo o mesmo trabalho. A Apple dava certificados emoldurados às pessoas que atingiam a marca dos cinco, dez, quinze e vinte anos. E Jony Ive, seu diretor de design, criou uma placa de vidro com um belíssimo acabamento e com o logotipo da Apple gravado. Todos os colaboradores com mais de dez anos de casa ganhavam uma. Muitos blogueiros zombaram do prêmio, mas vários fatores levaram a sua eficácia na Apple. A placa refletia a estética da empresa e representava muito mais que um relógio de ouro qualquer que outras companhias gostam de dar nessas ocasiões. Os líderes da Apple se envolviam pessoalmente na premiação. Os prêmios eram concedidos por líderes que conheciam bem o trabalho do funcionário em uma reunião de equipe ou em algum evento que possibilitasse à pessoa ser reconhecida em público. Para a maioria dos que o receberam, o prêmio teve uma profunda importância pessoal.

Respeito

Antes de começar a ganhar a vida como editor, T. S. Eliot trabalhou como escriturário no Lloyd's Bank. Um dia, seu chefe lhe disse, em tom condescendente, que, se ele se empenhasse, até poderia se tornar gerente de uma agência. Eliot, naturalmente, estava mais concentrado em compor as poesias que acabariam por lhe render um Prêmio Nobel do que em ser gerente de banco. O que ele precisava era de uma renda fixa e de um emprego estável para poder passar o tempo livre escrevendo. Se seu chefe quisesse mantê-lo no banco, devia ter dado um jeito de reduzir sua jornada de trabalho em vez de encorajá-lo a trabalhar mais para ganhar uma promoção.

É muito melhor quando as pessoas curtem o trabalho e têm um desempenho excelente. Muita gente não vê inspiração alguma na ideia de subir pela hierarquia corporativa. Mesmo assim, aqueles que se posicionam em uma trajetória de crescimento gradual não raro são considerados colaboradores "de segunda categoria" que atingiram o máximo de seu potencial.

Para gerenciar bem tais funcionários, é importantíssimo rejeitar esse tipo de imagem depreciativa. Quem encontra um trabalho que consegue curtir por cinco, dez ou trinta anos, mesmo sem um avanço visível na carreira, tem muita sorte. E a equipe e o chefe dessas pessoas têm sorte de poder contar com elas. Os melhores chefes nunca acham que os colaboradores que estão realizando um trabalho excelente atingiram o teto de seu potencial. Ao contrário, eles os tratam com o respeito que lhes é devido e fazem questão de reter quem é capaz de promover a estabilidade, a coesão e a produção da equipe.

Os perigos da obsessão pela promoção

Vejamos o que acontece quando os chefes dão promoções indevidas. Um dos resultados é descrito com muito humor no livro *O Princípio de Peter*, de Laurence J. Peter. De acordo com o Princípio de Peter, também chamado de Princípio da Competência, quanto mais incompetente a pessoa for, mais ela será promovida e todos ficarão infelizes, especialmente quem ganhou a promoção.

Outro tipo de promoção equivocada ocorre quando as pessoas são qualificadas ao próximo cargo, mas não querem ser promovidas nesse momento específico de sua vida. Tive um colega que planejou sua carreira de tal modo que, quando tivesse o primeiro filho, pudesse voltar para casa para passar mais tempo com o bebê. Seu chefe, contudo, tinha planos diferentes para ele: queria promovê-lo. Ao ser informado da promoção, meu colega a recusou. Quando o chefe lhe disse que ele não tinha outra opção a não ser aceitá-la, meu colega pediu a demissão. Que desperdício de talento!

Jamais faça isso com suas rochas!

***

Criar uma equipe coesa é desenvolver uma cultura que reconheça e recompense as rochas. Temo ter passado a maior parte de minha carreira tratando as rochas de minhas equipes como cidadãos de segunda categoria. E tive muita sorte de aprender minha lição na Apple.

Excelente desempenho/trajetória de crescimento acelerado

Não deixe suas estrelas entediadas

Quando penso em pessoas que estão no "modo estrela", lembro-me de Catharine Burhenne e David Sanderson.

Conheci Catharine quando a entrevistei para ser babá dos gêmeos. As crianças pareceram adorá-la, e eu a contratei imediatamente. No entanto, o que ela queria mesmo não era um bico de baby-sitter, e sim um emprego no Google. Eu adoraria poder contar com Catharine para cuidar de meus filhos, mas sabia que

tinha de incentivá-la a realizar seus sonhos e não tentar mantê-la em seu trabalho atual. Ajudei Catharine a entrar em um processo de seleção no Google, e ela foi aceita. Depois disso, ela saiu do Google para trabalhar no Facebook, e então saiu do Facebook para trabalhar no Twitter.

Conheci David, namorado de Catharine, quando ele a estava ajudando a tomar conta dos gêmeos. Ele tinha ido passar as férias no Vale do Silício, meio que sem saber o que fazer da vida. Quando lhe perguntei o que mais gostava de fazer, ele se pôs a falar de música. Catharine tinha me dito (ele mesmo era modesto demais para me contar) que David não só adorava música, como era um dos melhores pianistas do Canadá em sua faixa etária. Perguntei se ele não gostaria de ser um músico profissional, e ele respondeu que não, devido aos enormes sacrifícios financeiros que a carreira envolvia. Eu queria lhe dizer que lutasse por sua paixão, mas acabei entendendo. Afinal, adoro escrever romances, porém jamais tentaria sustentar minha família com uma carreira de escritora.

De repente, nosso sistema de irrigação do quintal se descontrolou. Eu jamais esperaria que David fosse capaz de fazer reparos hidráulicos tão bem quanto cuidava das crianças; eu mesma muitas vezes não conseguia achar um tempo para tomar um banho rápido quando cuidava delas no fim de semana. No entanto, David foi à loja de material de construção depois do trabalho e deu um jeito de consertar tudo no dia seguinte, enquanto os gêmeos dormiam. Eu estava começando a sacar qual era a dele. David tinha a capacidade de identificar os problemas e botava a mão na massa para resolvê-los, mesmo que a tarefa não estivesse incluída em sua descrição de cargo. Perguntei se ele já tivera algum trabalho do qual tivesse gostado. Ele disse que tinha adorado todos os trabalhos que tivera. Quando trabalhou em uma loja em Vancouver, não só se tornou o melhor vendedor, como também aperfeiçoou o sistema de controle de estoque da loja, reduzindo o tempo de espera, melhorou a satisfação do cliente e aumentou as vendas de todos os vendedores, não só as dele. Ficou claro que David sempre buscaria a excelência, não importando qual fosse o trabalho. Ele não só faria mais do que o esperado, como faria coisas que qualquer outra pessoa consideraria impossível. David era um exemplo vivo da recomendação do Eclesiastes: "Tudo quanto te vier à mão para fazer, faze-o conforme as tuas forças".

Também percebi que, por mais que adorasse tê-lo por perto, precisava ajudá-lo a continuar crescendo. Eu o apresentei a alguns potenciais empregadores, editei seu currículo e pratiquei entrevistas de emprego com ele. David conseguiu um cargo no Facebook, e ninguém se surpreendeu quando ele recebeu o maior número de promoções em tempo recorde.

Catharine e David acabaram realizando o "sonho do Vale do Silício". Eles abriram uma empresa, a ReelGood, cuja missão é ajudar os usuários a decidir a qual filme ou programa de TV assistir.

Veja alguns conselhos para o que fazer quando você tiver a sorte de ter pessoas como Catharine e David em sua equipe:

Evite que eles se entediem (e já deixe escolhido alguém para substituí-los quando eles avançarem)

A melhor maneira de manter as estrelas satisfeitas é lhes proporcionar uma dose constante de desafios e se certificar de que possam continuar sempre aprendendo. Não deixe de lhes dar novas oportunidades, mesmo que pareça trabalho demais para uma pessoa só. Pense na próxima função para elas. Firme uma parceria intelectual com elas. Encontre para elas mentores fora de sua equipe ou organização, pessoas que tenham ainda mais a oferecer do que você. Mas cuidado para não depender demais delas. Peça-lhes que ensinem outras pessoas da equipe a fazer o trabalho, sabendo que elas não devem ficar muito tempo naquela função. Costumo pensar nessas pessoas como "estrelas cadentes": minha equipe e eu temos a sorte de ter algumas delas em nossa órbita por um tempo, porém não passa de um exercício de futilidade tentar mantê-las conosco.

Não reprima suas estrelas nem impeça seu avanço

É fundamental não reprimir essas pessoas. Saiba que provavelmente é você quem vai trabalhar para elas um dia e receba esse fato de braços abertos. Quando contratei Jared Smith para atuar como gerente de produto na Juice, não demorei para me dar conta de que eu teria sorte se um dia ele pudesse me retornar o favor. E, de fato, uma década depois, ele me contratou para atuar como coach executiva e membro do conselho da Qualtrics, empresa que ele fundou com o irmão. Hoje, trabalho não só para Jared, como para toda a família dele.

Entre as organizações nas quais trabalhei, nenhuma se mostrou melhor que o Google em garantir que os gestores não reprimissem as ambições de seus subordinados. Essa postura era diretamente vinculada às iniciativas da empresa para restringir o poder dos gestores de refrear em vez de acelerar a carreira das pessoas que estivessem em uma trajetória de crescimento acelerado. Vejamos, por exemplo, o processo de promoção criado por Shona Brown, vice-presidente sênior de operações comerciais do Google. No Google, os chefes não podem simplesmente sair promovendo seu pessoal a torto e a direito, sem critério algum. No departamento de programação, os gestores podem encorajar ou não as pessoas a encontrar outro cargo, mexer ou não os pauzinhos para ajudá-las a avançar, mas são os próprios funcionários que se candidatam para uma promoção, e a decisão é tomada por um comitê. O colaborador monta seu "pacote de promoção", que inclui uma lista de realizações e recomendações, e é avaliado por um comitê, que decide se ele merece ser promovido. O chefe desse funcionário não participa do comitê e pode recorrer de uma decisão, mas não cabe a ele decidir. Desse modo, os gestores não têm como reprimir as ambições de seus subordinados diretos e não podem promovê-los para recompensar algum tipo de lealdade pessoal, em vez de um excelente trabalho.

O Google também facilita para as pessoas buscar novas oportunidades passando de uma equipe a outra. Nenhum chefe tem o poder de "bloquear" uma transferência de equipe. Em uma ocasião, aceitei em minha equipe uma pessoa que me convenceu de que tinha excelente desempenho, mas alegava que seu chefe pegava no pé dela – talvez porque sua avaliação de desempenho tivesse sido péssima. Ninguém tentou impedir a transferência. E foi ótimo, pois, em nossa equipe, a pessoa teve um enorme sucesso. Permitir transferências entre equipes é importante porque, além de evitar que os chefes impeçam o avanço de funcionários que queiram mudar de equipe, às vezes duas pessoas simplesmente não trabalham bem juntas.

No entanto, nem o Google fazia tudo certo. A empresa tinha uma regra insanamente rigorosa que exigia que a pessoa tivesse formação em ciência da computação para entrar na equipe de gestão de produto. Muitos queriam trabalhar nessa área por terem uma ideia que gostariam de desenvolver, mas não tinham a formação certa. Um deles foi Biz Stone, que, desencantado com a regra, saiu do Google para cofundar o Twitter. Outro foi Ben Silbermann, que, ao se ver impedido, deixou o Google para fundar o Pinterest. Kevin Systrom também não conseguiu entrar na equipe de gestão de produto por não ser formado em ciência da computação e pediu demissão do Google para cofundar o Instagram.

Nem toda estrela quer virar chefe

Uma pessoa que não tem interesse em assumir um cargo de chefia não está necessariamente em uma trajetória de crescimento gradual, assim como uma pessoa que se interessa em chefiar não está necessariamente em uma trajetória de crescimento acelerado. Chefia e crescimento são coisas diferentes.

Imagine se Albert Einstein, quando estava desenvolvendo sua teoria da relatividade, tivesse sido informado de que não poderia mais trabalhar sozinho e precisaria assumir a chefia de uma equipe. O resultado teria sido um Einstein frustrado, uma equipe desmoralizada e malgerenciada e uma grande perda para a humanidade, que acabaria com um menor entendimento do universo.

No entanto, situações como essa ocorrem todos os dias. Muitos especialistas de diversas áreas afundam na carreira quando são promovidos à chefia. Isso porque a empresa desconhece qualquer outro tipo de promoção capaz de reconhecer qual a trajetória de crescimento preferencial dessas pessoas.

Esse fato revela outro problema do palavreado utilizado na matriz tradicional de desempenho e potencial. A matriz muitas vezes é usada para analisar não apenas o "potencial" como um todo, mas o "potencial de liderança". O que acaba acontecendo é que as empresas impõem um teto para a carreira de quem está em uma trajetória de crescimento acelerado, mas não quer assumir um cargo de chefia. Isso, por sua vez, impõe sistematicamente um teto às recompensas que podem ser concedidas às pessoas mais interessadas em aprofundar sua expertise e expandir o conhecimento humano em vez de atuar como chefes. Não me entenda mal. Sei muito bem da importância de uma excelente gestão. Contudo, a chefia está longe de ser o único caminho para um colaborador aumentar seu impacto na organização.

As equipes de programadores do Google resolveram esse problema criando um plano de carreira para os "colaboradores técnicos" mais prestigioso que o plano de carreira dos gestores e que evita totalmente os cargos de chefia. A medida foi ótima para o crescimento dos programadores e também beneficiou as pessoas que eles teriam sido forçados a gerenciar. Quando alguém é promovido à chefia só para "avançar" na carreira e não porque quer ser chefe, na melhor das hipóteses acaba fazendo um trabalho meramente pro forma e não raro transforma a vida de seus subordinados em um inferno.

Quando a chefia é o único caminho para um aumento de salário, a qualidade da gestão sai prejudicada e a vida das pessoas que trabalham para esses gestores relutantes se torna um verdadeiro mar de infelicidade.

Como gerenciar o mediano

Eleve os padrões: não existem colaboradores de segunda categoria

Como eu já disse, não acredito na existência de colaboradores de segunda categoria ou de seres humanos medíocres. Todos podem se destacar em *alguma coisa*. Isso é muito diferente de dizer que qualquer indivíduo pode se destacar em qualquer coisa, o que definitivamente não é verdade. E essa ideia nos leva às pessoas que simplesmente não são boas em seu trabalho ou que, por mais que se empenhem, nunca conseguem melhorar.

Infelizmente, muitos jamais encontram um trabalho no qual possam verdadeiramente se destacar por passarem tanto tempo no emprego errado que qualquer mudança exigiria um ou dois passos para trás. Eles podem ficar dependentes do prestígio e do salário que seu cargo atual lhes proporciona e ter suas ambições de encontrar outro trabalho refreadas por suas responsabilidades

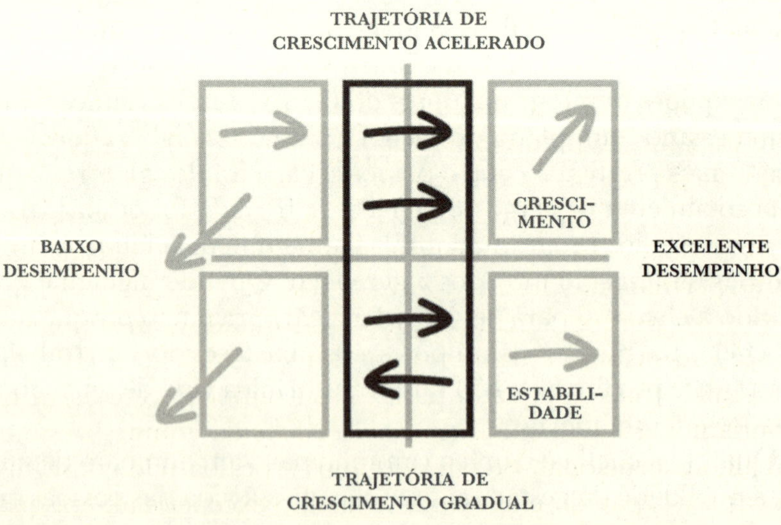

familiares. Os chefes mantêm esse tipo de colaborador por vários motivos: eles não sabem se vão conseguir encontrar alguém melhor; o treinamento de um novo funcionário demandaria tempo e esforço; e eles gostam da pessoa e acham que seria injusto encorajá-la a encontrar um emprego mais adequado.

Essa falta de coragem e energia leva a uma tremenda perda de potencial humano e a uma vida de desespero silencioso. Presumir que as pessoas não estão progredindo porque são "medíocres" e incapazes de melhorar é injusto e pouco compassivo. Permitir que elas continuem por esse caminho pode ser o pior caso de empatia nociva de um gestor e uma enorme fonte de possibilidades desperdiçadas. Naturalmente, dar um tratamento justo a essas pessoas requer conhecê-las o suficiente para saber por que não estão avançando. Se elas só estiverem passando por uma fase difícil, seria melhor lhes dar tempo e espaço para se recuperar do que forçá-las a fazer mais do que seriam capazes no momento.

Uma das decisões menos populares que tomei no Google foi insistir para que aqueles que passaram mais de dois anos sem entregar um trabalho excepcional tivessem a oportunidade de participar de um projeto que lhes permitisse brilhar. Se o trabalho continuasse aquém do esperado, começávamos a encorajar essas pessoas a procurar emprego em outro lugar.

Não foi fácil executar a política, que gerou muito estresse na equipe. Os gestores foram os mais resistentes à iniciativa, sabendo que seriam forçados a ter muitas conversas difíceis com seus subordinados e a pressioná-los bastante para que realizassem um bom trabalho. E, naturalmente, também foi difícil para as pessoas que vinham fazendo um trabalho razoável nos dois últimos anos e de repente se viram pressionadas a sair de sua zona de conforto. No entanto, ainda acho que para elas foi melhor do que ganhar o rótulo permanente de "medíocres".

Fiz isso porque acreditava que todo mundo tem o potencial de ser excepcional e cabia a mim ajudar cada um a encontrar o trabalho mais adequado para si. Eu também acreditava que deveríamos nos empenhar para que 100% da equipe fizesse um trabalho excepcional. Se em dois anos a pessoa não conseguisse provar ser capaz de realizar um trabalho excepcional, era quase certo que ela nunca chegaria lá. Nesse caso, era mais interessante ajudá-la a encontrar um emprego no qual ela pudesse brilhar e começar a procurar alguém capaz de brilhar em nossa equipe para substituí-la. Alguns perceberam que era melhor deixar o Google para fazer um trabalho mais alinhado com seus sonhos, como dar aula, lidar com paisagismo ou abrir um café. Outros saíram para fazer um trabalho parecido, mas em uma empresa menor, onde pudessem atuar mais como um faz-tudo. Às vezes, as pessoas só precisaram ser empurradas para fora do ninho para abrir as asas e voar. Todas, porém, acabaram muito mais felizes, apesar da dificuldade de mudar.

Em muitos aspectos, o trabalho do chefe é definir um padrão de qualidade e garantir que ele seja respeitado. No começo pode parecer difícil, mas com o tempo vai ficar claro que é crueldade reduzir os padrões. Não caia na armadilha da empatia nociva ao gerenciar pessoas que têm um desempenho razoável e não excelente! Todo mundo pode se destacar em alguma coisa. E, para criar uma equipe excelente capaz de atingir resultados excepcionais, todo mundo precisa fazer um excelente trabalho. Aceitar a mediocridade não ajuda ninguém.

BAIXO DESEMPENHO/TRAJETÓRIA DE CRESCIMENTO NEGATIVO

O melhor a fazer nesse caso é cada um seguir o próprio caminho

Quando uma pessoa tem um desempenho insatisfatório e, mesmo depois de uma conversa clara sobre a natureza do problema, não demonstra sinais de melhoria, você deve demiti-la. A maneira como você decide fazer isso tem o poder de definir seu sucesso ou seu fracasso na chefia, pois envia uma mensagem clara para o resto da equipe, revelando se você realmente se importa com as pessoas ou se só se interessa pelo desempenho delas.

Desnecessário dizer que ser demitido é um dos eventos mais difíceis da vida de uma pessoa. Uma demissão não só afeta a própria pessoa, como seus efeitos se propagam para a família na forma de dificuldades financeiras, perda do seguro-saúde, problemas conjugais e, pior ainda, toda a pressão de ver alguém querido sofrendo.

Não é tarefa fácil demitir um funcionário sabendo que você está prestes a infligir muito sofrimento a uma pessoa da qual pode gostar muito. Um dia desses, tive uma conversa com um nova-iorquino que estava no auge da carreira. Pelo jeito meio arrogante dele, tive a impressão de que demitia as pessoas com muito mais frieza do que compaixão. No entanto, ele me contou que, quando sabia que precisaria demitir alguém, sempre acordava suando frio de manhã. Nunca imaginei que aquele sujeito pudesse saber o que era suar frio! Se até ele se sentia mal com a situação, não era de admirar que eu me sentisse mal e, imagino, você também. É por isso que evitamos a todo custo demitir alguém... com consequências negativas para todos. O que você precisa fazer é abordar as demissões de maneira ponderada e deliberada.

Como saber se chegou a hora de demitir alguém?

Digamos que uma pessoa de sua equipe, vamos chamá-la de "Peggy", faz um trabalho terrível, não mostra sinais de melhoria e

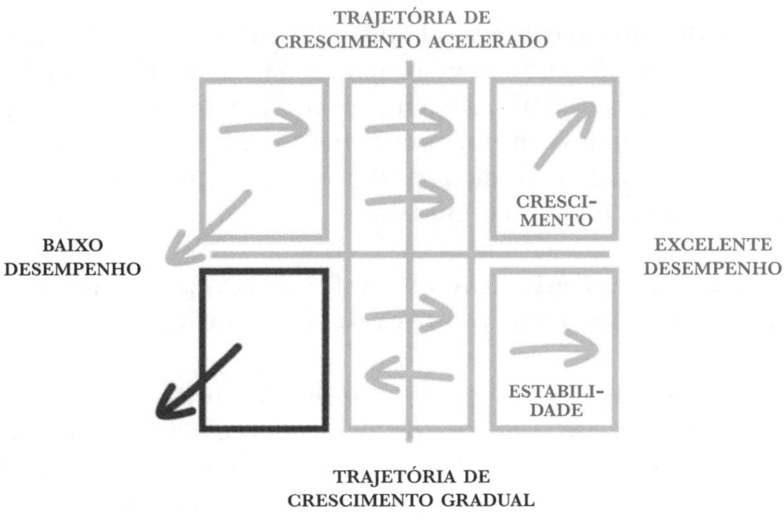

está até piorando. É hora de demiti-la? Cada caso é um caso, mas seria interessante levar em consideração as três questões a seguir:

Você teve uma conversa assertivamente empática com Peggy? Você mostrou a Peggy que se importa pessoalmente com o trabalho e com a vida dela e deixou claro que é importante para ela melhorar? Fez elogios concretos e específicos aos acertos dela em vez de simplesmente massagear seu ego? Fez críticas úteis e diretas, oferecendo-se para ajudá-la a encontrar soluções em vez de atacá-la pessoalmente? E fez tudo isso em várias ocasiões ao longo do tempo? Se a resposta for sim e Peggy não melhorou ou não melhorou o suficiente, então chegou a hora. Lembre-se de que uma definição de loucura é continuar fazendo a mesma coisa esperando resultados diferentes.

Como o desempenho insatisfatório de Peggy está afetando a equipe? As deficiências de Peggy não são um problema só seu. Faz parte do trabalho do chefe conhecer a perspectiva de todos os membros de sua equipe e saber como o desempenho de cada um afeta os outros. Em geral, quando você percebe o desempenho insatisfatório de um subordinado direto, os colegas dele já estão se incomodando com isso há um bom tempo.

Você buscou uma segunda opinião, conversou com uma pessoa de confiança sobre o problema? Você pode achar que deu um feedback claro mesmo que não seja o caso. É importante ter uma visão de fora para saber se de fato você está sendo justo. Se nunca demitiu um funcionário, converse com alguém que tenha experiência com isso. Hoje em dia, a maioria das empresas tem normas rígidas que devem ser seguidas em um processo de demissão, e um grande número de detalhes jurídicos pode consumir muito tempo mais adiante se você não tomar cuidado.

Mentiras comuns que os chefes usam para evitar demitir uma pessoa que tem de ser demitida

Os chefes quase sempre esperam demais antes de demitir alguém. Pode ser preferível pecar pela cautela, mas eu diria que a maioria dos chefes espera tanto porque se ilude achando que a demissão não é realmente necessária. Veja a seguir quatro "mentiras" comuns que os chefes usam para se enganar e evitar demitir uma pessoa:

1. *As coisas vão melhorar.* **Naturalmente, a situação não vai melhorar por si só. Então, pare e pergunte a si mesmo:** *como*, **exatamente, a situação vai melhorar? O que você pretende mudar? O que a pessoa vai precisar mudar? Como as circunstâncias podem mudar? Mesmo que a situação tenha melhorado um pouco, será que a melhoria foi suficiente? Se você não tiver uma resposta bem clara para essas perguntas, as coisas provavelmente não vão melhorar.**
2. *Ainda é melhor que nada.* **Outra razão que costuma levar os chefes a relutar em demitir um funcionário de baixo desempenho é o fato de eles não quererem ter um "buraco" na equipe. Se você demitir "Jeffrey", quem vai fazer o trabalho dele? Quanto tempo vai levar para encontrar um substituto? O fato é que os funcionários de baixo desempenho normalmente dão mais trabalho para os colegas do que se não fizessem parte da equipe, porque não realizam suas tarefas ou as fazem de maneira negligente, obrigando os outros a compensar suas deficiências. Steve Jobs resumiu bem a ideia quando disse: "É melhor ter um vazio na equipe do que um incompetente".**
3. *A solução é transferir a pessoa.* **Por ser tão difícil demitir uma pessoa, muitos chefes caem na tentação de transferi-la para outra equipe e repassar o problema a outro chefe, que não suspeita de nada, mesmo que a pessoa não tenha as habilidades necessárias ou não se encaixe na cultura da empresa. Parece "mais compassivo" do que demiti-la. Só que essa "solução" não é nada compassiva para seu pobre colega, que vai ser deixado com a bomba nas mãos, e em geral também acaba prejudicando a pessoa com quem você está tentando ser tão "bonzinho".**
4. **Não vai ser bom para o moral da equipe. Também é importante evitar a tentação de se iludir achando que**

você decidiu não demitir a pessoa porque isso desencorajaria a equipe. Manter alguém incapaz de dar conta do trabalho é muito pior para o moral de todos: o seu, o de quem está fazendo um péssimo trabalho e o de todas as outras pessoas da equipe que estão fazendo um excelente trabalho. Como já vimos, tudo depende de sua capacidade de desenvolver um bom relacionamento com a pessoa que deve ser demitida e com o resto da equipe. E, com a demissão, você terá demonstrado que se importa pessoalmente com todos.

Seja assertivamente empático com a pessoa que você está demitindo

Sua atitude ao demitir alguém faz uma enorme diferença e, para realizar bem essa difícil tarefa, é importante não se afastar da pessoa que você está prestes a demitir. Se tentar evitar a dor inevitável, especialmente para a pessoa que será demitida, você só vai causar uma enorme confusão. Para entrar no espírito da coisa, reflita sobre os seguintes fatos:

1. ***Tente se lembrar de um emprego no qual você fez um péssimo trabalho e pense em sua alegria quando não precisou mais voltar a ele.* Na adolescência, fiz um bico como caixa de banco nas férias. Nunca fui boa em cálculos mentais e não raro errava no troco. Como os clientes em geral apontavam meus erros quando eu dava o troco a menos, mas nem sempre eram honestos quando eu dava o troco a mais, eu desperdiçava um bom dinheiro do banco. Minha chefe não me demitiu, mas tentou me animar: "Estou certa de que você consegue! Basta tentar. Se ao menos você se concentrar, sei que vai ser capaz de fechar o caixa todos os dias sem dinheiro sobrando nem faltando!". Com essa abordagem, o que não passava de uma dificuldade de fazer contas de cabeça virou uma falha fundamental de minha pessoa. E, quanto mais eu tentava,**

pior ficava. Mesmo assim, minha chefe continuava tentando me animar. Foi uma experiência terrível. Teria sido melhor eu ter largado aquele bico e ido cortar a grama dos vizinhos. Se minha chefe tivesse simplesmente me demitido dizendo: "Está claro que você não tem interesse por este trabalho. Por que não tenta um diferente?", ela teria me feito um enorme favor... e poupado um bom dinheiro ao banco. Só que eu acabei sofrendo e penando até o fim das férias. E se fosse um emprego fixo e eu tivesse ficado lá indefinidamente?

Quando demite uma pessoa, você lhe dá a possibilidade de se destacar e encontrar a felicidade fazendo um bom trabalho em outro lugar. Para conseguir um bom emprego, você precisa largar um ruim ou pelo menos um ao qual não se encaixa. Como minha avó costumava dizer: "Toda panela tem sua tampa". Só porque a pessoa não é boa no trabalho atual não significa que ela não possa se dar bem em outro. Sei que tudo isso pode soar meio Poliana, então, antes de conversar com a pessoa, tento imaginar especificamente como seria esse outro trabalho. Também tento reformular o problema, tanto para mim como para quem estou demitindo: o problema não é a pessoa, mas o emprego... pelo menos para ela. Qual trabalho seria um encaixe perfeito para ela? Será que conheço alguém que esteja oferecendo um emprego como esse?

2. *Manter pessoas que não estão fazendo um bom trabalho penaliza as que fazem um excelente trabalho.* Negligenciar um problema de desempenho não é justo para a equipe. As pessoas de melhor desempenho em geral são forçadas a consertar ou refazer o trabalho malfeito do colega e ficam sobrecarregadas. Por experiência, o moral da equipe sempre melhora quando demito alguém de baixo desempenho, e já perdi alguns excelentes talentos porque protelei a demissão de uma pessoa de baixo desempenho por muito tempo. Manter um chefe ruim é especialmente nocivo,

porque os chefes ruins têm um impacto muito danoso sobre seus subordinados. É o contrário da alavancagem gerencial.

Neste exato momento, enquanto escrevo estas palavras, um líder sênior que conheço está postergando a demissão de um chefe ruim que, em vez de se inteirar dos fatos, prefere sair gritando com sua equipe. Um subordinado dele está com urticária; outro não consegue dormir direito faz meses. E o processo de demissão se arrasta. O chefe suspeita que é só uma questão de tempo para ele ser demitido, e a situação toda se transformou em um jogo bizarro de gato e rato. Não há nada de "compassivo" nisso, para nenhuma pessoa envolvida!

Baixo desempenho/trajetória de crescimento acelerado

Dê uma boa olhada no espelho!

Um dos dilemas de gestão mais desconcertantes é quando uma pessoa que deveria estar assumindo cada vez mais responsabilidades e melhorando dia após dia só pisa na bola ou faz tudo com negligência. Já vi isso acontecer por quatro razões, e acho que vale a pena analisar todas elas.

Função errada

Pode acontecer de você alocar um excelente funcionário à função errada. É por essa razão que chamo esse quadrante de "dê uma olhada no espelho". Afinal, se você alocou a pessoa à função errada, você é o culpado pelo mau desempenho dela. Nesse caso, é interessante mudá-la de função.

Por exemplo, uma vez incumbi "Mareva", uma das melhores líderes com quem trabalhei, de solucionar o problema mais complicado que nossa equipe já havia enfrentado. A decisão parecia clara: pegar o melhor funcionário para resolver os maiores pepinos. Certo? Não naquele caso. Mareva era uma excelente líder e se destacava na gestão de grandes equipes. No entanto, sua nova

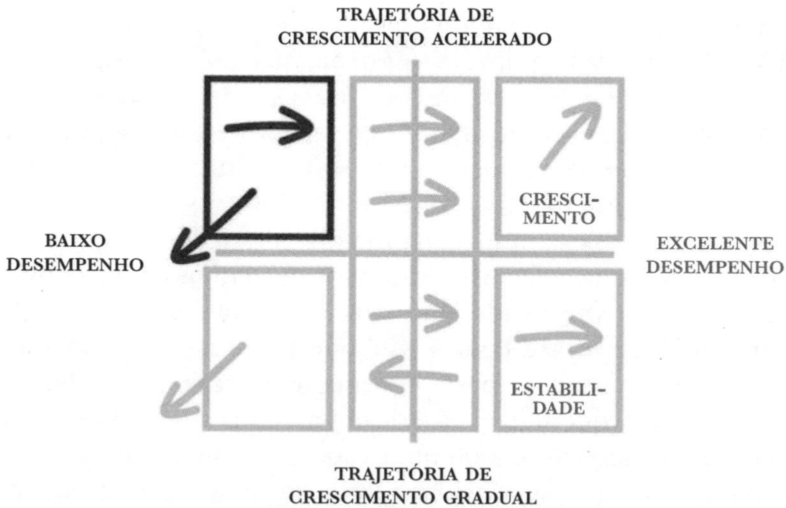

função era gerenciar uma equipe minúscula. O potencial parecia enorme, mas a realidade era pequena demais. O tempo passou, e a equipe não conseguia solucionar o problema. As pessoas pareciam desmoralizadas, e Mareva, entediada e distante. Perguntei-lhe se estava com algum problema pessoal. Ela disse que não. Insisti para que se empenhasse mais. Nada mudou. Então, na próxima avaliação de desempenho, eu lhe dei a pior nota de sua carreira e, no trimestre seguinte, uma nota ainda pior. Tive uma longa conversa com Mareva para tentar entender o que estava acontecendo. Ela não discordou de mim, mas também não soube me dar uma boa explicação. Fui ficando cada vez mais frustrada e comecei a me preocupar com as perspectivas profissionais dela.

Foi então que a ficha caiu: o problema que eu queria que Mareva resolvesse era um problema analítico. A pessoa ideal para resolver o problema passaria 75% de seu tempo trancada em uma sala sozinha, debruçada sobre a mesa analisando os números. Contudo, o grande talento de Mareva era o fato de ela ser uma chefe espetacular, e eu a havia obrigado a se trancar sozinha em uma sala cercada de planilhas em vez de cercada de pessoas. Quando lhe contei meu insight, o alívio dela foi palpável. Mareva no fundo sempre soube qual era o problema, mas não queria dar desculpas nem me culpar por seu mau desempenho. Por sorte, tínhamos, em outra equipe, um enorme abacaxi de gestão, envolvendo centenas de pessoas, que precisava ser descascado. Aloquei Mareva à função e, como era de esperar, ela voltou a ser uma das líderes de melhor desempenho não só de minha equipe, mas da empresa como um todo.

Vejamos outro exemplo. Em um país estrangeiro, que vou chamar de "Atlântida", "Clay" liderava uma equipe com extrema eficácia e tinha conseguido aumentar a receita com mais rapidez do que qualquer outra pessoa. Ele queria uma oportunidade de crescer, e eu o encarreguei de outra equipe, maior, na Atlântida. Mas o que Clay queria na verdade era assumir a região toda e me procurou quando soube que uma vaga tinha sido aberta em minha equipe. Tive sérias dúvidas sobre sua capacidade de assumir a função, que exigia um grande talento político, habilidade que ele não parecia demonstrar, pelo menos de meu ponto de vista. Falei abertamente sobre minhas dúvidas com Clay, mas ele insistiu até eu ceder. Tão logo assumiu a nova função, contudo, uma bomba política caiu em seu colo e explodiu.

Nem sempre é possível saber ao certo se você está dando às pessoas uma oportunidade de crescer ou se as está empurrando para a cova do leão, porém, nesse caso, sei que tomei uma péssima decisão: aloquei Clay à função errada. Infelizmente, saí da empresa e Clay foi demitido. Por não ter tido a oportunidade de me olhar no espelho, Clay acabou pagando por meu erro, e sempre me sinto mal quando me lembro desse incidente. (Para meu alívio, Clay se tornou um empresário de enorme sucesso na Atlântida.)

Pouca experiência na função, assumindo responsabilidades demais, rápido demais

Quando você contrata uma pessoa que não tem experiência alguma na função e precisa aprender do zero, ela pode levar mais tempo do que o esperado para progredir. Se a pessoa lhe der motivos para acreditar que poderia se destacar na função, se mostrar sinais de rápido avanço, vale a pena investir mais. No entanto, isso nem sempre é evidente.

Nesses casos, pode ser interessante perguntar-se: as expectativas ficaram bem claras? A qualidade do treinamento foi boa? Se você não explicou claramente a função ou as expectativas, deve dedicar mais tempo a isso se acreditar que a pessoa pode se tornar um grande talento.

Outro erro que os chefes às vezes cometem é jogar responsabilidades demais nos ombros de um funcionário, levando-o ao fracasso. Os chefes podem simplesmente ter expectativas absurdas sobre o que um ser humano é capaz de fazer ou achar que todos os seus subordinados são tão capazes quanto eles, esquecendo que uma pessoa com dez anos de experiência a menos não tem como saber certas coisas.

Problemas pessoais

Uma pessoa pode estar com um problema pessoal e parar de progredir de repente. Se o problema for temporário, basta dar um tempo para que ela se recupere.

Quando Sheryl Sandberg era minha chefe, tive uma crise na família. E serei eternamente grata pela reação dela: "Pegue um avião e fique lá o tempo que for necessário. Não se preocupe com nada no Google e não use seus dias de férias. Leve o tempo que precisar. Pode deixar que a gente cuida de tudo aqui". Senti que era um enorme privilégio fazer parte da equipe dela, e posso dizer que sem dúvida voltei muito mais motivada.

A pessoa não se encaixa na função

Uma pessoa que parece perfeita para a função, considerando sua experiência e conhecimento, pode simplesmente ser incapaz de progredir em determinada empresa ou equipe em razão de um problema de alinhamento entre a cultura do grupo e a personalidade dela. Quando um grande talento entra em uma empresa e não há um bom encaixe, todos podem sair perdendo. Se for impossível mudar a cultura e a pessoa, é melhor cada um seguir o próprio caminho. Em geral você não vai ter como resolver um problema de ajuste cultural.

Por exemplo, um conhecido meu tinha uma abordagem de "lançamento e iteração" que o catapultou a um sucesso estrondoso no Google. Afinal, a essência da cultura do Google é a experimentação. Quando foi trabalhar na Apple, que tinha uma cultura de aperfeiçoar e lapidar as ideias antes de lançá-las, ele tentou repetir sua fórmula de sucesso no Google, o que destruiu sua credibilidade na nova empresa. Não havia nada de errado com meu conhecido nem com a Apple, só que os dois não se encaixavam.

Use lápis, não caneta

As pessoas mudam, e você precisa mudar com elas

É difícil nos desapegarmos da imagem que formamos das pessoas. "Jane é uma estrela. Uma vez estrela, sempre estrela." "Sean é minha rocha. Não sei o que eu faria sem ele." Minha maior preocupação com os termos "rocha" e "estrela" é nossa tendência de usá-los para rotular permanentemente os outros. Tome muito cuidado para não fazer isso! É sempre uma tentação achar que determinadas pessoas só vão se encaixar em determinadas funções ou que possuem pontos fortes e fracos que nunca vão mudar. A verdade é: as pessoas mudam. Quem passou anos em uma trajetória de crescimento gradual pode ficar inquieto de repente e desejar novos desafios no trabalho. Quem passou um bom tempo em uma trajetória de crescimento acelerado talvez precise de um período de estabilidade. Também é por isso que você *tem de gerenciar*. Ser um excelente chefe requer ajustar-se constantemente à nova realidade do dia, da semana ou do ano, à medida que a situação evolui. Mas você não conseguirá se ajustar se não prestar atenção ou se não conhecer bem as pessoas a ponto de notar as mudanças.

É importante lembrar que ninguém passa a vida toda em uma trajetória de crescimento acelerado e que o desempenho também muda com o tempo. Tome cuidado para não usar rótulos como "pessoas de alto desempenho". Todo mundo tem um período de baixa produtividade de vez em quando. Para combater os rótulos permanentes, Jared Smith, cofundador da Qualtrics (e meu colega na Juice e no Google), criou as categorias de desempenho “trimestre não muito bom”, “bom trimestre” e “trimestre excepcional”.

É especialmente difícil fazer esse tipo de ajuste quando você precisa transferir pessoas que facilitam sua vida para novas funções que dificultarão sua vida... pelo menos por um tempo. “Jean” tem feito muito bem determinado trabalho ao longo dos anos e agora quer uma nova função. “Andrea” passou anos enfrentando novos desafios e agora quer dar uma estabilizada, e você se vê forçado a entregar a antiga função dela a uma pessoa sem tanta experiência. Não é fácil!

Passamos por altos e baixos no decorrer de nossa vida profissional. Algumas vezes, estamos em modo de aprendizagem; outras, em modo de transição. Nossas prioridades podem mudar: o cônjuge é promovido no trabalho e precisamos passar mais tempo em casa, ou queremos dedicar mais tempo a um novo hobby. É importante que o chefe e o subordinado saibam com clareza em que trajetória este está a cada momento para que tanto o funcionário como a empresa possam se beneficiar.

Por isso, é interessante utilizar o modelo que proponho neste livro, mas não abuse dele. Não deixe de ver cada membro de sua equipe com novos olhos a cada dia. As pessoas mudam, e seus relacionamentos devem mudar com elas. Importe-se pessoalmente. Não se limite a rotular as pessoas sem jamais rever os rótulos.

CAPÍTULO QUATRO

TRABALHE EM COLABORAÇÃO PARA ATINGIR RESULTADOS

NÃO DIGA ÀS PESSOAS O QUE FAZER

NÃO DEU CERTO DIZER ÀS PESSOAS O QUE FAZER NO GOOGLE

À primeira vista, pode parecer que, para atingir resultados, é melhor confrontar diretamente do que importar-se pessoalmente. No entanto, o principal objetivo da empatia assertiva é atingir, em colaboração, resultados que você jamais conseguiria atingir sozinho, e, para tanto, é preciso se importar com as pessoas que trabalham com você.

Steve Squyres, que liderou a missão Mars Exploration Rovers, cuja finalidade é explorar o terreno de Marte utilizando veículos robóticos (os *rovers*), descreveu perfeitamente o "barato" da colaboração: "Mais de 4 mil pessoas já trabalharam na missão. Ninguém sozinho podia dizer que sabia tudo sobre esses veículos, mas todas as mentes, juntas, formavam uma mente coletiva muito mais poderosa". Eu estava vendo o documentário com Larry Page, que se virou para mim e disse: "Uau! Dá a impressão de que nada é impossível, não é mesmo?". De um lado, concordei, sem sombra de dúvida. De outro, me pareceu uma loucura que o sujeito que cofundou o Google precisasse assistir a um documentário para sentir que nada é impossível.

Se quiser que sua equipe atinja resultados que você jamais conseguiria atingir sozinho, se quiser criar uma mente coletiva muito maior que a soma dos cérebros individuais, você vai ter de se importar com as pessoas. Você conseguirá fazer muito mais se reservar um tempo para incorporar seu modo de pensar ao de sua equipe.

Não deixe que seu foco nos resultados o impeça de se importar com as pessoas com quem você trabalha. Confesso que cometi esse erro quando entrei no Google. Meu único interesse era fazer acontecer, e rápido. No final, esse foco mais atrapalhou do que ajudou.

Minha equipe do AdSense era responsável pelas vendas e pelo suporte técnico a clientes de pequeno e médio portes. Nossas cinco principais tarefas eram: aprovar novos clientes, oferecer treinamento, vender o produto (gestão de contas), fornecer suporte técnico e garantir a execução das políticas da empresa. A equipe tinha crescido a uma velocidade alucinante; quando ingressei na empresa, havia umas cem pessoas trabalhando em esquema de "vale tudo", com todo mundo fazendo um pouco de cada coisa. Se alguém notava que o gargalo estava nas aprovações, enviava um e-mail para todas as cem pessoas da equipe dizendo: "Parem o que estão fazendo e cuidem das aprovações". Se ninguém notasse, o processo inteiro atrasava. O Google era obcecado por dados, e tudo era monitorado. Entretanto, quando os números ficavam aquém do esperado, todo mundo se sentia meio culpado, mas ninguém elaborava um plano claro para resolver o problema, já que ninguém era responsável por nada. Nossa execução era falha, e a equipe toda estava estressada.

Um de meus mentores me disse em uma ocasião: "É muito tênue a linha entre o sucesso e o fracasso". E, naquela situação, entendi bem o que ele quis dizer. Estávamos crescendo a uma excelente velocidade, porém logo ficou claro que nossos resultados seriam muito melhores se nossa execução fosse menos parecida com a de um time de futebol infantil: todos correndo atrás da bola sem ninguém em posição. Por exemplo, depois de fazer um monte de perguntas, percebi que não tínhamos uma gestão de contas de verdade, ou seja, não estávamos trabalhando com nossos maiores clientes para ajudá-los a ganhar mais dinheiro e, em consequência, fazer o Google ganhar mais dinheiro. Quando questionei por quê, a resposta foi: "Não seria o estilo do Google! Tratamos igualmente todos os nossos clientes, não importa o tamanho". Minha sugestão de priorizar os clientes de acordo com o porte foi recebida com olhares de suspeita sobre minha moralidade.

A estrutura de reporte também era falha e ninguém se responsabilizava por nada. Quando um novo funcionário entrava na equipe, era alocado automaticamente ao gestor que tivesse o menor número de subordinados diretos. Só que não havia relação alguma entre o trabalho que a pessoa fazia e a quem ela respondia. E, de acordo com a cultura do Google, a única razão para ter chefes era dar àqueles que ocupassem o cargo a oportunidade de acumular uma "experiência de liderança" para que pudessem fazer um MBA. Ter um chefe, mesmo que simbólico, era um mal necessário que as pessoas precisavam suportar para que também um dia pudessem se tornar chefes e fazer um MBA.

Era um verdadeiro caos! Como um ambiente tão absurdo pôde levar a todo o sucesso da empresa? Uma amiga não acreditou em minha história. Na revista *The New Yorker*, contou ela, o pessoal de checagem de fatos nunca reporta ao chefe do departamento de edição, porque só o chefe do departamento de checagem de fatos é capaz de entender o que eles fazem. O que estava acontecendo no Google? Na verdade, vi maluquices ainda maiores em outros "unicórnios" do Vale do Silício.[1] Quando uma empresa liderada por pessoas extremamente talentosas, porém inexperientes, decola, tudo pode acontecer. Mas adorei ver aquele caos, já que foi justamente para botar ordem na casa que eu tinha sido contratada. Aos 37 anos, eu era mais velha que minha chefe e tinha pelo menos uma década a mais que a idade média dos funcionários do Google. Eu era "a adulta do pedaço".

E sabia exatamente o que fazer. Em vez de ter uma grande equipe de cem pessoas na qual todo mundo fazia um pouco de cada coisa com uma estrutura de gestão aleatória, resolvi criar cinco equipes menores. Fiz com que cada um de meus gestores prestasse contas por apenas uma tarefa: aprovação de novos clientes, treinamento, gestão de contas, suporte técnico ou políticas. Reorganizei as pessoas de modo que as mais voltadas às vendas trabalhassem em uma única equipe, reportando ao gestor responsável pela gestão de contas, as mais técnicas trabalhassem em outra equipe, reportando ao gestor responsável pelas políticas; e assim por diante. Assim, os gestores saberiam com clareza o que era e o que não era de sua alçada e poderiam ajudar seus subordinados diretos a atingir resultados melhores e prestar contas pelos resultados de sua equipe.

As mudanças propostas eram bastante razoáveis, você não acha? Só que que três de meus cinco subordinados diretos foram reclamar para minha chefe, Sheryl Sandberg, que eles não suportavam trabalhar para mim, porque eu era autocrática demais e não incluía as pessoas em decisões importantes. Um deles chegou a dizer que estava se sentindo "triste, mal e excluído". Os três se transferiram para outras equipes do Google sem minha permissão (a política da empresa permite isso). Onde que eu tinha errado? Parecia muito claro o que precisava mudar. Fui ver Sheryl para saber sua opinião.

Ela concordou com a ideia da reestruturação da equipe, mas não com a maneira como eu havia feito as mudanças. "Kim, você está indo rápido demais. É como se você fosse um vaqueiro girando um laço no ar", disse ela, girando uma corda imaginária em um grande círculo sobre a cabeça. "Para você, não parece que a corda está indo tão rápido, porque você está no centro só girando o pulso para criar o movimento. Mas, para a pessoa que está na outra ponta da corda, é aterrorizante. Você não pode fazer isso com as pessoas e achar que elas não vão se afastar."

Enfim, não funcionou dizer às pessoas o que fazer no Google. Naquela situação, que claramente demandava grandes mudanças, meu plano parecia ser o jeito mais rápido de avançar, porém não foi. Para começar, tomei as decisões sozinha e não envolvi minha equipe no processo decisório. Em segundo lugar, não me dei o trabalho de explicar minhas decisões nem de convencer as pessoas de que aquele seria o melhor caminho a tomar. E, em vez de executar as decisões das quais discordava ou que nem havia entendido, minha equipe se dissolveu, e fiquei em uma situação em que só poderia melhorar os resultados depois de me acertar com o pessoal.

A grande vantagem de trabalhar no Google foi que a empresa me deu a chance de corrigir meu erro. Minha chefe me explicou exatamente o que eu tinha feito de errado e me autorizou a contratar pessoas para substituir as que eu havia perdido. Pude levar ao Google muita gente que tinha trabalhado para mim na Juice. Foi uma lição dolorosa, porém instrutiva: para gerar resultados no Google, fui forçada a aprender a ser mais colaborativa.

No Google, as decisões não eram tomadas autoritariamente; nem mesmo os fundadores faziam isso. Um dia, os programadores decidiram refazer a interface do AdWords[2] a fim de facilitar para os anunciantes a escolha entre diferentes formatos de anúncios. Como a maior parte da receita do Google provinha do AdWords, era importante realizar bem a tarefa. Em uma reunião, vi ninguém menos que Sergey Brin, cofundador do Google, tentando convencer uma equipe de programadores a experimentar a solução que ele estava propondo para o problema: apresentar aos anunciantes todas as opções disponíveis (diferentes formatos de anúncios, diferentes formas de fazer com que os anúncios fossem exibidos quando e onde eles quisessem etc.) da maneira mais simples possível. A equipe apresentou uma solução diferente. Sergey sugeriu, então, que uma ou duas pessoas fossem alocadas para trabalhar na abordagem dele e o resto da equipe se dedicasse à outra solução. Os programadores rejeitaram a ideia.

Sergey, em uma rara explosão de frustração, esmurrou a mesa e disse: "Se esta fosse uma empresa qualquer, vocês todos fariam do meu jeito. Tudo o que peço é que uma ou duas pessoas tentem minha ideia!". Ele estava claramente exasperado, mas seu sorriso mostrava que também se orgulhava de ter um pessoal capaz de questionar sua autoridade. No fim, a equipe o convenceu de que a solução dela era melhor.

É claro que nem todas as empresas *insistem* na colaboração ou permitem que uma pessoa descontente com o chefe simplesmente mude de equipe. Mas, vez após vez, tenho constatado que, mesmo que a empresa permita uma postura mais autoritária do chefe, ele só obterá resultados melhores se abrir mão de seu poder e trabalhar de maneira mais colaborativa.

Dizer às pessoas o que fazer também não deu certo para Steve Jobs

"O maldito do Steve *sempre* acerta", explodiu Andy Grove, lendário CEO da Intel, tomando um sorvete de café com chocolate e nozes na sorveteria Baskin-Robbins em Los Altos, Califórnia. Eu queria saber se ele achava que eu deveria entrar na Apple.

Dei risada, pensando que fosse brincadeira, mas Andy me olhou sério e disse: "Não. Você não está entendendo. O Steve *sempre* acerta. Ele sempre acerta no meio do alvo, com precisão, como um engenheiro. Não estou brincando nem exagerando".

Eu sabia que o que Andy estava me contando era importante, e um lado meu esperava que fosse verdade. Um dos apelos de ir para a Apple depois do caos criativo do Google era ver como seria trabalhar em uma empresa que permitia uma gestão mais assertiva, dizendo às pessoas o que fazer. Eu acreditava que as coisas eram feitas desse jeito na Apple e que Steve Jobs, o visionário, dizia às pessoas o que fazer. Mesmo assim, achei que Andy estivesse exagerando. *Sempre* acertava?

"Ninguém acerta *sempre*", retruquei.

"O que quero dizer é que, *no fim*, ele sempre acerta, não que sempre acerta de cara. Como qualquer ser humano, às vezes ele se equivoca, mas insiste para que as pessoas lhe digam quando está errado, e elas nem precisam ser delicadas no processo. Então, no fim, ele sempre acerta."

As palavras de Andy ressoaram com as crenças e ideias um tanto paradoxais que eu tinha sobre o modo como os melhores chefes levam uma equipe a um excelente desempenho. De um lado, eu adorava a abordagem do Google e endossava a postura de gestão de Antoine de Saint-Exupéry: "Se você quer construir um navio, não recrute pessoas para juntar madeira e não lhes atribua tarefas e trabalhos, mas ensine-as a ansiar pela infinita imensidão do oceano". De outro lado, como revela minha história sobre as gafes que cometi quando entrei no Google, eu também às vezes ansiava por *ter* ou por *ser* uma líder incontestada.

Quando ingressei na Apple, percebi que Andy estava certo em sua descrição de Steve Jobs. Steve muitas vezes mudava de ideia quando alguém lhe mostrava que estava errado, e o fazia com certo entusiasmo, mas raramente com um elegante "Você tinha razão: eu estava errado". O jeito como Steve mudava de opinião em geral deixava as pessoas furiosas.

Um colega me contou de uma ocasião em que ele argumentou com Steve, porém acabou recuando mesmo sem estar convencido de que Steve tinha razão. Passado algum tempo, ficou claro que era meu colega que estava certo. Steve entrou feito um furacão na sala dele e se pôs a gritar. "Mas a ideia foi sua!", defendeu-se meu colega. "É, mas era seu trabalho me convencer de que eu estava errado", replicou Steve, "e você não fez seu trabalho!" A partir daí, meu colega passou a argumentar por mais tempo e com mais veemência até convencer Steve de que estava certo ou que Steve o convencesse do contrário. Com essa abordagem, Steve conseguia acertar sempre, mostrando-se aberto a ser convencido de que estava errado e insistindo para que as pessoas o contestassem. Todo mundo sabe que o estilo de Steve não é para qualquer um. Ele contratava pessoas que não tinham medo de confrontá-lo e fazia questão de cultivar esse tipo de audácia.

Outra colega me contou de uma discussão que teve com Steve. Ela acabou por convencê-lo de que ele estava errado, e ele simplesmente se apossou da ideia dela. Minha colega especulou que Steve era tão focado em chegar à resposta certa que não fazia diferença para ele quem tinha dito o quê. Essa atitude pode ser frustrante. Afinal, as pessoas querem receber os créditos por suas ideias. Entretanto, o foco implacável em contestar a si mesmo e aos outros, em "acertar" em vez de "estar certo", era um dos ingredientes da capacidade de execução sem igual da Apple.

A ARTE DE FAZER ACONTECER SEM DIZER ÀS PESSOAS O QUE FAZER

É bem verdade que uma das razões que levavam Steve a "acertar sempre" era o fato de ele ter sido um gênio. Não é possível operacionalizar nem imitar a genialidade, e o mundo está cheio de gênios incapazes de transformar suas ideias brilhantes em qualquer coisa concreta. Mais importante que a genialidade era o estilo de Steve de liderar as pessoas para que fizessem as coisas à perfeição, mas *sem* lhes dizer o quê. Isso é algo que você pode operacionalizar e imitar. No entanto, vai ter de forçar a si mesmo e a sua equipe a sair da zona de conforto e avançar pelo eixo do "confrontar diretamente".

Na verdade, tanto o Google como a Apple conseguiram atingir resultados espetaculares sem ter um estilo puramente autocrático. Isso nos leva a algumas questões importantes. Por exemplo, como as pessoas decidiam o que fazer? Como a estratégia e os objetivos eram definidos? Como se desenvolveram as culturas dessas duas organizações, tão robustas e tão diferentes? Como dezenas de milhares de pessoas internalizaram a missão? O processo era muito diferente nas duas empresas – mais ordenado na Apple e mais caótico no Google –, mas, em geral, era o mesmo.

O processo, que chamo de "Roda do Fazer Acontecer", é relativamente simples. Porém o segredo, muitas vezes ignorado até por pessoas que se consideram capazes de fazer acontecer, é conter o impulso de mergulhar de cabeça, como fiz na história que abre este capítulo. Em vez disso, o melhor é começar criando as bases para a colaboração.

A Roda do Fazer Acontecer possibilita às pessoas realizar mais coisas juntas do que qualquer uma sonharia realizar sozinha e tem o potencial de levá-las a transcender as fronteiras do cérebro. Para começar, *ouça* as ideias de sua equipe e construa uma cultura na qual as pessoas ouçam umas às outras. Em seguida, crie um ambiente no qual as ideias possam ser lapidadas e *esclarecidas*, para evitar que morram na praia antes de todos conseguirem "sacar" seu potencial. Entretanto, o simples fato de uma ideia ser fácil de entender não significa que seja boa. Por isso, vocês precisam *debater* as ideias e testá-las com mais rigor, para, então, *decidir* rapidamente, mas nunca de maneira impulsiva. Como nem todos participarão da parte do "ouvir, esclarecer, debater, decidir", o próximo passo é incluir a equipe toda. Você deve *convencer* as pessoas que não

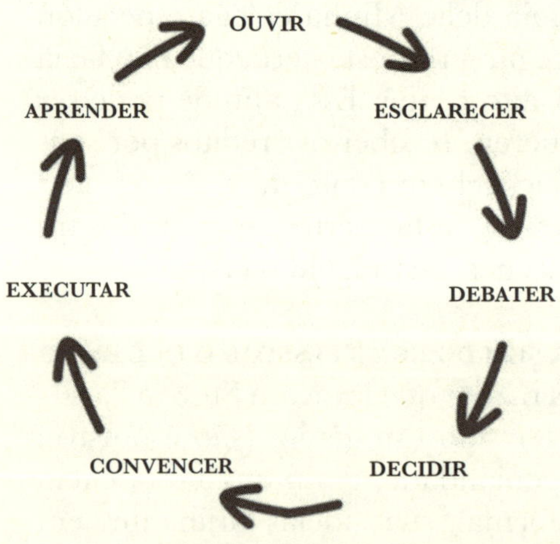

participaram do processo decisório de que a decisão é boa, para que todo mundo possa executá-la com eficácia. E, uma vez *executada* a ideia, vocês precisam *aprender* com os resultados, fazer um levantamento dos erros e acertos e recomeçar o processo do zero.

As etapas podem até parecer numerosas, mas o processo foi feito para ser percorrido com rapidez. É igualmente importante não pular etapas nem ficar empacado em alguma delas. Se você pular uma etapa, perderá tempo no fim do ciclo. Se deixar que as pessoas fiquem empacadas em alguma etapa, trabalhar com sua equipe será mais como pagar um imposto pela colaboração do que fazer um investimento nela.

Você provavelmente já se viu em uma situação na qual seu chefe queimou etapas e se limitou a lhe dizer o que fazer. Mas será que isso justifica fazer a mesma coisa com sua equipe? Claro que não! Você pode usar a Roda do Fazer Acontecer com seus subordinados diretos mesmo que seu chefe não adote essa abordagem. Talvez, quando vir os resultados, ele até mude de ideia. E, se não mudar, você pode querer encontrar outro emprego. Se mais pessoas insistirem em ter um bom ambiente de trabalho, os resultados de sua empresa melhorarão, e todo mundo será mais feliz.

Ouvir

"Ajude os introvertidos a se expressar."
—Jony Ive

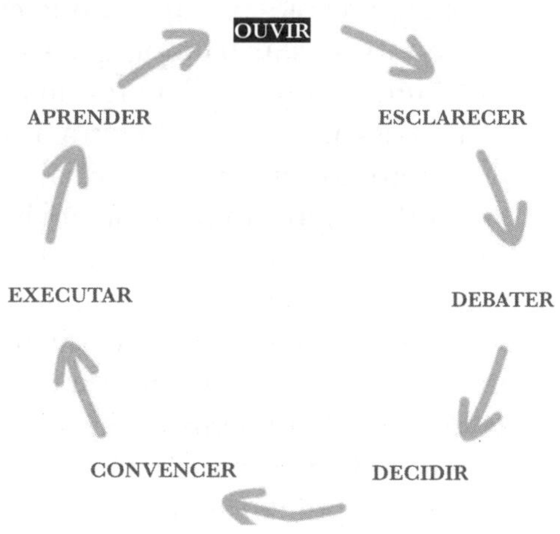

Você já sabe que precisa saber ouvir e provavelmente como ouvir (e como não ouvir). O problema é que, quando você é promovido à chefia, as pessoas tendem a dizer que você deve mudar completamente seu estilo de ouvir, o que seria um erro.

O lado bom é que você pode manter seu estilo e

garantir que todas as pessoas de sua equipe sejam ouvidas e, em consequência, possam contribuir.

Jony Ive, diretor de design da Apple, disse em um curso da Apple University que o papel mais importante de um chefe é "ajudar os introvertidos a se expressar". Adorei essa abordagem. Já Eric Schmidt, CEO do Google, exorta as pessoas a "falar alto". Também adoro esse modo de pensar. Os dois líderes adotaram abordagens diferentes para garantir que todos pudessem ser ouvidos. Esse também deve ser seu objetivo, e há várias maneiras de atingi-lo. Você precisa achar um jeito de ouvir que se encaixe em seu estilo pessoal e criar uma cultura na qual todos se ouçam, para que você não tenha de se encarregar sozinho de ouvir todo mundo.

Escuta silenciosa

Tim Cook, CEO da Apple, é um verdadeiro mestre do silêncio. Quando ficou sabendo que eu faria uma entrevista de emprego na Apple, um amigo me avisou que Tim tendia a passar muito tempo calado e que eu não devia ficar nervosa nem me sentir na obrigação de dizer alguma coisa só para romper o silêncio. Apesar da advertência, em minha primeira entrevista com Tim, reagi a um longo período de silêncio falando nervosamente feito uma matraca e, no processo, acabei contando muito mais do que eu planejava sobre um erro que tinha cometido. Bem no instante em que percebi, em pânico, que estava prestes a revelar algo que poderia me custar o emprego, a sala começou a tremer.

"É um terremoto?", perguntei, sem conseguir conter o alívio.

Tim assentiu, olhando para as paredes em movimento. "E um terremoto dos grandes, eu diria."

Vendo a oportunidade de ouvir mais do que falar, perguntei sobre o projeto do prédio, e o engenheiro que havia em Tim não conseguiu resistir a uma elaborada descrição. Como o edifício tinha sido construído com alicerces dinâmicos, a estrutura toda parecia se movimentar mais com o terremoto, mas, embora desse certo medo, o prédio era bem seguro. Tim sorriu com a contradição.

Seguindo o exemplo de Tim, um de meus alunos do curso Managing at Apple disse que tentava passar 10 minutos nas reuniões individuais com seus subordinados ouvindo em silêncio, sem esboçar reação alguma. Ele fazia de tudo para manter a mais completa neutralidade em sua expressão facial e linguagem corporal.

"O que você costuma aprender nesses 10 minutos que não aprende nos outros 50?", perguntei.

"Ouço coisas que preferiria não ouvir", respondeu ele, confirmando a eficácia da técnica de Tim. "Se eu não esboço qualquer tipo de reação, as pessoas tendem a me dizer o que acham que eu quero ouvir. Se tomo o cuidado de não revelar minha opinião, é muito maior a chance de elas dizerem o que realmente pensam, mesmo que não seja o que eu esperava ouvir."

A escuta silenciosa tem muitas vantagens concretas, mas também vem acompanhada de uma desvantagem. Se as pessoas não sabem o que você, o chefe, está pensando, elas perdem muito tempo tentando adivinhar. Algumas chegam a usar seu nome em vão. Elas proclamam aos quatro ventos algo como "O chefe quer fazer isto ou aquilo", descrevendo o que elas próprias querem fazer. E, como ninguém tem como saber ao certo o que você realmente pensa ou quer, os outros muitas vezes seguem esses falsos profetas. Além disso, muita gente se incomoda bastante com o silêncio, como demonstram os exemplos anteriores. A experiência da escuta silenciosa pode acabar sendo mais como um jogo de pôquer do que uma conversa assertivamente empática: para algumas pessoas, o ouvinte silencioso na verdade não está ouvindo, mas montando algum tipo de armadilha, só esperando que elas digam algo errado para dar o bote.

Se você for um ouvinte silencioso, tem de dar um jeito de tranquilizar aqueles que tendem a ficar nervosos com seu estilo. Não seja inescrutável sem motivo. Às vezes, para as pessoas se abrirem e dizerem o que pensam, você também precisa se abrir e dizer o que pensa. Se você quiser ser confrontado, deve estar disposto a confrontar também. Aquele meu aluno do curso Managing at Apple que adotou a técnica da escuta silenciosa tomava o cuidado de ser um ouvinte silencioso por apenas 10 minutos em suas reuniões individuais de 60. Se ele passasse o tempo todo sem esboçar reação alguma, seria difícil as pessoas confiarem nele ou se identificarem com ele. Nem Tim Cook ficava sempre em silêncio, é claro. Mas, como ele costumava ser bem quieto, as pessoas tendiam a prestar muita atenção ao que dizia. E, quando ele falava, mesmo em voz baixa, sua lógica era sempre clara como o dia.

Muitos gestores conseguem usar a escuta silenciosa com eficácia, mas essa técnica simplesmente não se encaixa em meu estilo. Por sorte, existe outra maneira de atingir o mesmo objetivo.

Falar para ouvir

Se a escuta silenciosa implica ficar em silêncio para dar às pessoas espaço para falar, a técnica do falar para ouvir implica dizer coisas para provocar uma reação nas pessoas. Era assim que Steve Jobs ouvia. Ele apresentava uma opinião polêmica ao grupo e insistia para que as pessoas opinassem. Eu classifico essa técnica na categoria do "ouvir", em vez de falar ou mesmo gritar, porque Steve não se limitava a confrontar as pessoas; insistia para que elas o confrontassem também.

Naturalmente, essa abordagem só funciona com quem é confiante a ponto de encarar o desafio. Da mesma forma como algumas pessoas ficam nervosas com a escuta silenciosa, outras ficam ofendidas com a técnica do falar para ouvir. Se seu estilo for falar para ouvir, como lidar com gente que, por natureza, é incapaz de confrontar um chefe agressivo ou que está muito abaixo na hierarquia para se sentir confiante, mesmo que a cultura da organização incentive esse comportamento? Como ouvir um recém-contratado que teme confrontar ou questionar sua opinião? Essa pessoa pode saber exatamente por que você está errado e mesmo assim preferir não se manifestar.

Se seu estilo for falar para ouvir, você precisa se empenhar para conquistar a confiança daqueles que podem ficar nervosos ou incomodados com seu comportamento. E, quando as pessoas virem, pelas atitudes dos colegas, que é seguro confrontar o chefe, elas também se sentirão seguras para fazer isso. Jony Ive contou que Steve costumava abordá-lo dizendo: "Jony, o que você acha desta ideia idiota que acabei de ter?". Ele não só expunha sua ideia, como convidava Jony a confrontá-lo, taxando a ideia de "idiota".

Randy Nelson, reitor da Pixar University e membro do corpo docente da Apple University, fez uma descrição bastante precisa de Steve Jobs quando disse: "Ele é um leão. Se ele rugir para você, é melhor você rugir de volta ainda mais alto... mas só se você também for um leão. Caso contrário, você vai simplesmente ser devorado por ele".

Steve fazia questão de que as pessoas a seu redor se sentissem à vontade para dizer quando ele estava errado. As que trabalhavam em estreito contato com ele sabiam que precisavam se manifestar quando identificavam um problema ou uma falha em sua lógica, ou teriam de enfrentar sua ira depois. Isso não significava que elas também precisavam falar alto ou se expressar ruidosamente. Steve trabalhava muito bem tanto com Tim Cook como com Jony Ive, e os dois eram ouvintes silenciosos. No entanto, as pessoas tinham de ser fortes e superconfiantes.

Você não precisa adotar o estilo de Steve Jobs para usar a técnica do falar para ouvir. Paul Saffo, professor de engenharia da Stanford University, descreve uma técnica que ele chama de "opiniões fortes expostas com delicadeza". A ideia é que expressar opiniões fortes, que alguns poderiam considerar até ultrajantes, é uma boa maneira de chegar a uma solução melhor ou pelo menos ter um diálogo mais interessante. Eu adoro essa abordagem. Sempre achei que dizer o que penso com muita clareza e fazer o que posso para incentivar opiniões opostas é um jeito excelente de ouvir. Tendo a expressar minhas opiniões com muita veemência, de modo que tive de aprender a dizer: "Fiquem à vontade para apontar os problemas dessa ideia... Sei que pode ser uma ideia terrível. Quero que vocês me digam por que acham que seria melhor não colocar essa ideia em prática". Em uma ocasião, cheguei a pôr um troféu com a inscrição "Você estava certa e eu estava errada" na mesa de uma colaboradora depois que a opinião dela se provou correta, e a minha, absolutamente equivocada.

A técnica do falar para ouvir, expressando com veemência um ponto de vista, é uma forma rápida de expor opiniões opostas ou falhas no raciocínio. E também evita que as pessoas percam muito tempo tentando descobrir o que o chefe está pensando. Presumindo que você tenha se cercado de pessoas que não hesitam em contestar suas ideias, dizer com clareza o que você está pensando pode ser a maneira mais rápida de encontrar a melhor solução.

Penso que o mais importante seja ater-se a seu estilo natural. Muitos livros de liderança enaltecem a escuta silenciosa, mas, se você preferir falar para ouvir, vai ter muita dificuldade de ouvir em silêncio. Tentar ir contra sua natureza pode deixar os outros ainda mais nervosos. É preciso ficar de olho em como seu estilo afeta as pessoas e trabalhar para melhorar essa dinâmica. Descubra como ajudar os introvertidos a se expressar sem reprimir os extrovertidos. Afinal, o objetivo é que todos encontrem juntos a melhor solução.

Crie uma cultura aberta a ouvir

É difícil forçar-se a ouvir os membros de sua equipe e mostrar que você está ouvindo, porém mais ainda é fazer com que eles ouçam uns aos outros. O que você precisa fazer é: 1) ter um sistema simples para que as pessoas gerem ideias e expressem queixas; 2) dar um jeito para que pelo menos alguns dos problemas levantados sejam resolvidos com rapidez; e 3) sempre explicar por que os outros problemas não estão sendo resolvidos. Esse sistema não deve apenas dar às pessoas a liberdade de apontar os problemas, mas também capacitá-las a corrigir esses problemas ou a fazer mudanças. Você precisa ajudá-las um pouco (mas só um pouco) e promover o sistema com entusiasmo. Deixe bem claro quanto tempo você tem disponível para a tarefa e então procure maximizar o impacto desse tempo.

No Google, as pessoas viviam me procurando com boas ideias, porém mais do que eu podia dar conta, e isso era demais para mim. Então decidi montar uma "equipe de ideias" para avaliar as propostas e sugestões. Para contextualizar a proposta, mandei à equipe toda um artigo da *Harvard Business Review* explicando como uma cultura capaz de mobilizar milhares de "pequenas" inovações pode gerar para os clientes benefícios impossíveis de serem imitados pelos concorrentes. É relativamente fácil copiar uma grande ideia, mas quem está de fora não tem como identificar milhares de ajustes, quanto mais imitá-los.[3]

Feito isso, expliquei alguns princípios importantes para orientar a equipe de ideias, começando pelo empoderamento. O trabalho dos integrantes daquela equipe especial envolvia ouvir qualquer ideia proposta por qualquer pessoa, explicar claramente as razões que os levaram a rejeitar ideias e ajudar as pessoas a implementar as ideias aprovadas. Se uma ideia lhes parecesse especialmente promissora, eles poderiam até negociar com o chefe da pessoa que propôs a ideia que ela dedicasse um tempo a sua implementação. A equipe foi encorajada a me atribuir até três tarefas por semana.

Depois dessa inovação, em vez de ficar estressada sempre que ouvia uma boa ideia em uma reunião ou lia um e-mail inspirado, passei a receber as ideias com entusiasmo, sabendo que poderia delegá-las à equipe de ideias. Não demorou para as pessoas começarem a submeter uma montanha de ideias para melhorar produtos, conquistar novos clientes e aumentar a eficácia de nossos processos. Criamos uma ferramenta de ideias (basicamente, apenas um wiki) por meio da qual as pessoas apresentavam ideias e os integrantes da equipe, depois de analisá-las, votavam por sua aprovação ou não. O processo era uma forma de escuta. As pessoas com ideias aprovadas definitivamente sentiam que tinham voz ativa na empresa, e as com ideias reprovadas nunca deixavam de ser informadas da rejeição, um sinal muito mais claro do que o silêncio de uma chefia sobrecarregada. No entanto, a votação nem sempre é a melhor maneira de identificar as melhores ideias ou garantir que as pessoas estão ouvindo umas às outras. Em vista disso, pedi à equipe de ideias que lesse *todas* as ideias e conversasse com todas as pessoas que as apresentassem com foco em *ouvir*. Assim, a equipe passou a usar uma combinação de votação e análise crítica para selecionar as melhores ideias.

Ainda mais importante, a equipe de ideias também ajudava as pessoas a implementar as ideias aprovadas. Essa ajuda podia envolver negociar um tempo para que as pessoas pudessem trabalhar na ideia ou pedir minha opinião, mas em geral bastavam a validação e o encorajamento resultantes de ouvir e dar uma resposta clara. "Nossa, que ideia genial! Vá em frente com ela!"

Sarah Teng, uma recém-formada que trabalhava na equipe do AdSense, propôs criar atalhos em teclados programáveis para digitar frases e parágrafos que a equipe usava com frequência ao se comunicar com os clientes. Pareceu uma boa ideia, e a equipe de ideias me pediu que aprovasse a verba para comprar os teclados programáveis. Dei a aprovação, e aquela simples ideia aumentou a eficiência da equipe global em nada menos que 133%. Isso porque todas as pessoas da equipe puderam passar muito menos tempo digitando as mesmas malditas palavras vez após vez e dedicar mais tempo para ter outras boas ideias, formando um círculo virtuoso. Simples assim!

Quando Sarah apresentou seu projeto a toda a equipe, não me limitei a lhe agradecer; exibi um gráfico mostrando como a ideia melhoraria nossa eficiência. Só que nem todo mundo se motiva com um aumento da eficiência, de modo que também deixei claro para as pessoas como a inovação tornaria o trabalho delas mais divertido e as ajudaria a crescer profissionalmente, já que poderiam passar menos tempo fazendo um trabalho mecânico e mais tempo fazendo um trabalho interessante. Expliquei que Sarah teria a oportunidade de apresentar sua ideia aos líderes de outra equipe, muito maior que a nossa, para fazer uma contribuição ainda maior na empresa. E voltei a enviar a todo o pessoal o artigo da *Harvard Business Review* mostrando como a vantagem competitiva tende a resultar não de uma única grande ideia, mas da combinação de centenas de ideias menores.

Para que tanta contextualização? Em primeiro lugar, para demonstrar o tamanho do impacto da ideia de Sarah. A utilização de teclados programáveis estava longe de ser uma ideia revolucionária, mas, quando as pessoas viram o efeito cumulativo dessa e de outras ideias com o tempo, a inovação de Sarah pareceu muito mais importante. Em segundo lugar, o sucesso da ideia inspirou outros colaboradores a também apresentar suas ideias. Em terceiro lugar, e o mais importante, encorajou as pessoas a *ouvir* as ideias umas das outras, levá-las a sério e ajudar-se a implementá-las sem esperar pela bênção da chefia. É muito fácil deixar passar as "pequenas" ideias em grandes organizações, e, se você permitir que isso aconteça, estará acabando com a inovação incremental.

Centenas de pessoas brilhantes passaram anos trabalhando no setor de vendas e operações online. Era difícil acreditar que ninguém havia tido a ideia do teclado programável antes, mas, se alguém de fato a teve, a chefia não lhe deu ouvidos. Se você conseguir criar uma cultura na qual as pessoas ouvem umas às outras, elas começarão a consertar coisas que você, o chefe, jamais teria como saber que precisavam de conserto.

Para mim, o mais importante é que o moral da equipe foi às alturas. A pesquisa "Googlegeist", voltada a investigar o moral dos funcionários, demonstrou que o pessoal de suporte aos clientes do AdSense estava muito mais satisfeita com o papel da inovação em seu trabalho do que os programadores do setor de buscas, apesar de esses programadores provavelmente serem os mais criativos do mundo.

Às vezes, para criar uma cultura de escuta, basta conduzir as reuniões do jeito certo. Quando via que só uma ou duas pessoas estavam falando, eu interrompia a reunião e fazia questão de pedir a opinião dos outros participantes, um a um, para garantir que todos fossem ouvidos. Em outras ocasiões, eu apenas me levantava e bloqueava fisicamente a pessoa que estava falando demais. Também era comum eu ter uma conversa rápida com as pessoas antes de uma reunião, pedindo que algumas falassem menos e outras mais. Em outras palavras, parte de meu trabalho era me manter seampre encontrando novas maneiras de "ajudar os introvertidos a se expressar".

Adapte-se à cultura de escuta

Minha amiga Astrid Tuminez me contou uma história interessantíssima sobre a importância de se adaptar à cultura de escuta em uma nova situação. Ela passara a infância em uma minúscula aldeia de pescadores em uma área paupérrima das Filipinas, mas sua carreira a levou para Moscou (onde trabalhei com ela), Nova York e Singapura. No U. S. Institute of Peace, Astrid foi convi dada para trabalhar no processo de paz com a Frente Moro de Libertação Islâmica, no sul das Filipinas. Ela chegou agindo como uma nova-iorquina, focada no profissionalismo e na eficiência, agendando uma reunião atrás da outra.

Então um integrante da equipe de negociação filipina lhe disse que alguém do grupo muçulmano tinha enviado uma mensagem a Manila, capital das Filipinas, perguntando: "Quem é essa mulher e de que planeta ela veio?". A pessoa que contou isso a Astrid só queria o sucesso dela, porque as duas vinham da mesma província filipina.

Para os muçulmanos, Astrid parecia fria, hostil e estrangeira (apesar de ela ser filipina e saber falar filipino). Depois de pensar sobre o assunto, ela se deu conta de que tinha cometido alguns graves erros, como conduzir reuniões sem oferecer comida, um gesto importantíssimo na cultura do país. Astrid passou os meses seguintes participando apenas de encontros informais e ouvindo. Compareceu a eventos públicos para ter a chance de ouvir as pessoas sem ter de agendar uma reunião após outra e deu um jeito de disponibilizar muita comida sempre que conduzia reuniões.

Ao se dar o trabalho de conhecer as pessoas e se concentrar em ouvir, Astrid conseguiu conquistar a confiança delas e mostrar que se importava profundamente com o processo de paz. Com o tempo, os muçulmanos se abriram e se dispuseram a levá-la a locais inacessíveis a pessoas de fora. Essa confiança fez toda a diferença nas negociações complexas e sutis que seu trabalho exigia.

Esclarecer

"É só pela seleção, pela eliminação e pela ênfase que podemos acessar o verdadeiro sentido das coisas."
– Georgia O'Keeffe

Uma vez criada uma cultura de escuta, o passo seguinte é garantir que você e seus subordinados diretos entendam e comuniquem pensamentos e ideias com mais clareza. Em geral, tentar resolver um problema que não foi claramente definido não resulta em uma boa solução, e discutir uma ideia incompleta tem grandes chances de matar essa ideia. Você, o chefe, é um editor, não um autor.

Em uma cerimônia póstuma na Apple em homenagem a Steve Jobs, Jony Ive observou que Jobs sempre soube da importância de cultivar e esclarecer novas ideias. "Ele tratava o processo de criatividade com uma rara e maravilhosa reverência", disse Jony. "Sabia que, apesar de as ideias terem o potencial de acabar imbuídas de um enorme poder, elas nascem como pensamentos frágeis e malformados, que podem ser perdidos, contaminados e simplesmente esmagados com grande facilidade."

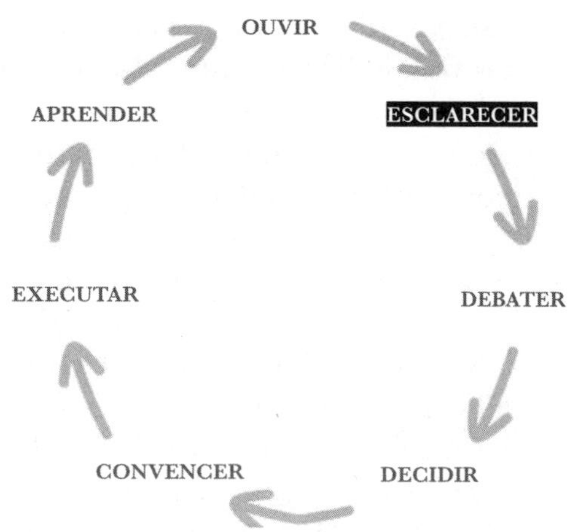

As novas ideias não precisam ser planos grandiosos para criar o próximo iPad. As pessoas de sua equipe podem estar pensando algo como: "Estou frustrado com esse processo", "Parece que meu trabalho não tem me energizado tanto quanto no passado", "Acho que nosso argumento de vendas poderia ser mais convincente", "Seria melhor se tivéssemos mais luz natural no escritório", "O que aconteceria se a gente simplesmente deixasse de fazer tal coisa?" ou "Seria legal trabalhar no projeto X".

É sempre uma tentação se fechar a esse tipo de coisa dizendo: "Não tenho tempo para resolver isso agora!". No entanto, abrir espaço na agenda para ajudar a esclarecer as ideias vai lhe poupar um tempo precioso no futuro. Reserve um tempo para que seus subordinados diretos esclareçam as ideias e, com isso, possam fazer alguma coisa para resolver um problema ou se beneficiar de uma oportunidade em vez de apenas reclamar.

Incentivar sua equipe a esclarecer seu raciocínio e suas ideias evitará que você mate boas ideias ou ignore problemas. É importante entender com clareza as novas *ideias*, mas é igualmente importante, e muitas vezes mais difícil, conhecer as *pessoas* a quem sua equipe terá de explicar as ideias.

Esclareça seus pensamentos

Crie um ambiente seguro para cultivar novas ideias

Parte de seu trabalho como chefe é ajudar as pessoas a refletir sobre as ideias delas antes de submetê-las à selvageria de um debate. Russ Laraway falou que eu estava fazendo tudo errado quando disse a minha equipe do Google que não me trouxesse problemas, mas três soluções e uma recomendação. "Fazendo isso, você não está ajudando as pessoas a inovar", explicou Russ. "Você está exigindo que elas tomem decisões sem lhes dar tempo de refletir. Que oportunidade elas têm de só conversar sobre o assunto ou fazer um brainstorming com você?" Vi que Russ tinha razão e que eu estava deixando de fazer uma parte importante de meu trabalho ao insistir na abordagem das "três soluções e uma recomendação".

Susan Wojcicki, hoje CEO do YouTube, fez um excelente trabalho ajudando sua equipe a cultivar novas ideias antes de elas serem submetidas à carnificina de um debate. No início da história do Google, as pessoas levavam as novas ideias diretamente ao grupo de gestão executiva da empresa, que incluía os fundadores, o CEO e vários executivos seniores. As discussões às vezes eram brutais, e os funcionários começaram a achar que as reuniões da gestão executiva eram o lugar ao qual as novas ideias iam para morrer. Vendo que o processo estava estressando a equipe e ameaçando a inovação no Google, Susan criou a "reunião pré-gestão executiva", em que as pessoas podiam ajudar umas às outras a aprimorar novas ideias ou definir os problemas com mais clareza.

Numerosas pesquisas demonstram que a inovação sai reforçada quando as empresas ajudam os colaboradores a desenvolver novas ideias abrindo um espaço e um momento para que tenham a chance de esclarecer seu raciocínio.[4] Organizações por todo o Vale do Silício estão testando maneiras diferentes de dar esse tipo de liberdade às pessoas. O Google, por exemplo, instituiu o famoso programa dos 20% do tempo, que teoricamente possibilita a qualquer um dedicar 20% de seu tempo para trabalhar em uma ideia. Na verdade, pouquíssimas pessoas usam os 20% do tempo, de modo que o programa é mais teórico do que prático. Entretanto, a teoria fundamenta a realidade, e vários produtos importantes, entre eles o Gmail, nasceram como projetos dos 20% do tempo.

Scott Forstall, responsável pela equipe que criou o iOS, da Apple, fez um teste com uma abordagem diferente, que batizou de Blue Sky. As pessoas que tinham uma ideia de projeto a submetiam ao programa Blue Sky e, se fossem aprovadas, podiam tirar duas semanas de folga de seu trabalho normal para se dedicar a desenvolver a ideia. O Twitter, o Dropbox e muitas startups promovem periodicamente as chamadas "Semanas do Hack", durante as quais as pessoas podem passar um tempo explorando novas ideias.

Sessões de brainstorming costumam ser conduzidas para trazer novas ideias à tona e esclarecê-las. Essas sessões são mais do que meras conversas nas quais ninguém pode dizer nada negativo. Nem todas as ideias são boas, e elas precisam ser apontadas. Encontrar defeitos nas novas ideias não vai necessariamente matá-las e pode levar as pessoas a esclarecer seu raciocínio. Também é possível encontrar excelentes ideias que, à primeira vista, podem soar absurdas. Uma boa sessão de brainstorming faz a distinção entre umas e outras sem matar muitas boas ideias nem desperdiçar tempo demais com as ruins. A Pixar usa uma técnica que seus funcionários chamam de "*plussing*"*. Em vez de apenas dizer: "Essa ideia é horrível", espera-se que as pessoas proponham uma solução para o problema que elas identificaram.

Menos dramáticas que esses tipos de reuniões e programas formais são suas conversas individuais semanais com seus subordinados. (Veja sugestões específicas para aumentar a produtividade das conversas individuais no capítulo 8.) Nelas, seus subordinados diretos devem poder se sentir seguros para falar com você sobre suas novas ideias. O objetivo não é julgar ou criticar as ideias, mas ajudar as pessoas a esclarecer seu raciocínio. No fundo, é uma forma de "*plussing*". Você pode apontar problemas, mas com o objetivo de encontrar uma forma de contorná-los, não de matar as ideias.

Seja claro

Exponha seu raciocínio e suas ideias de um jeito que até uma criança entenderia

Na faculdade de administração, um professor contou uma história sobre uma reunião entre o presidente Franklin Delano Roosevelt e o economista John Maynard Keynes. Roosevelt estava ocupadíssimo, mas mesmo assim passou quase duas horas com o

---

* N.T.: Do inglês "plus" ("mais", no sentido de "soma"), com a ideia de não se ater às críticas, mas adicionar, ou agregar, uma sugestão construtiva.

acadêmico. Se Roosevelt tivesse entendido os princípios keynesianos da economia, acredita-se que a Grande Depressão não teria durado tanto e muito sofrimento poderia ter sido evitado. Contudo, o presidente saiu da conversa sem entender.

Meu professor perguntou: "De quem vocês acham que foi a culpa? De Roosevelt, por não ter entendido, ou de Keynes, por não saber explicar bem suas ideias?". Foi um daqueles momentos que mudaram minha vida. Sempre achei que a culpa de um mal-entendido era de quem ouvia, nunca de quem falava. Mas percebi que, se a genialidade de Keynes ficasse trancada em sua cabeça, seria como se ela não existisse. Cabia a ele fazer com que ideias tão óbvias para ele fossem igualmente óbvias para Roosevelt. E ele não conseguiu fazer isso. Costumamos presumir que, se a pessoa não entende o que estamos dizendo, o problema é que ela é "burra" ou "tacanha", porém raramente é o caso. Podemos até dominar o assunto, mas, se não conhecermos nosso interlocutor, não temos como explicar com clareza nossa ideia.

Sua ideia será comunicada com mais precisão se você se der o trabalho de conhecer as pessoas com quem está falando. O que elas sabem e o que não sabem? Quais detalhes você tem de incluir para facilitar a compreensão e, ainda mais importante, quais detalhes você pode, ou deve, deixar de fora?

Quando você ouve as pessoas de sua equipe, cabe a você entender (realmente ouvir) e não a elas se explicar com clareza. No entanto, quando estiver ajudando seus subordinados a se preparar para explicar as ideias aos outros (como colegas da equipe, membros de outros departamentos ou executivos), você deve encorajá-los, assim como a si mesmo, a fazer um trabalho melhor do que Keynes, ou seja, a se comunicar com tamanha precisão e clareza que será impossível não entender a ideia.

Como disse Georgia O'Keeffe, "é só pela seleção, pela eliminação e pela ênfase que podemos acessar o verdadeiro sentido das coisas". Escolher o que selecionar, o que eliminar e o que enfatizar depende não apenas da ideia, mas também do público. Se você estiver escrevendo um e-mail para sua avó sobre um problema no trabalho, talvez seja melhor contar como esse problema está afetando seu casamento do que falar de todas as implicações sobre a receita de sua empresa; se você estiver escrevendo para seu chefe sobre o mesmo assunto, provavelmente será mais interessante fazer o contrário. Para esclarecer uma ideia, é preciso conhecer profundamente não só a ideia, mas também a pessoa a quem você quer explicar a ideia.

Da próxima vez que passar duas horas ajudando alguém a editar um e-mail até a mensagem ser reduzida a apenas duas frases, não pense que será desperdício de tempo. Você estará extraindo a essência da ideia, o que possibilitará ao destinatário compreendê-la com rapidez e facilidade. E estará ensinando uma habilidade de valor inestimável.

Debater
O polidor de pedras

Depois de passar todo esse tempo esclarecendo uma ideia (elucidando-a em sua cabeça e ajudando as pessoas a entendê-la), é sempre uma tentação achar que seu trabalho chegou ao fim. Longe disso! O objetivo de passar todo esse tempo na fase de esclarecimento foi só preparar a ideia para o debate. Se ignorar essa fase, você tomará decisões ruins, será incapaz de convencer as pessoas que terão de executar a ideia e, no fim das contas, acabará desacelerando ou paralisando o processo como um todo. Como já vimos, você não precisa participar de todos os debates – na verdade, é até melhor nem tentar fazer isso –, mas deve garantir que sua equipe esteja engajada nas discussões, promovendo uma cultura aberta ao debate.

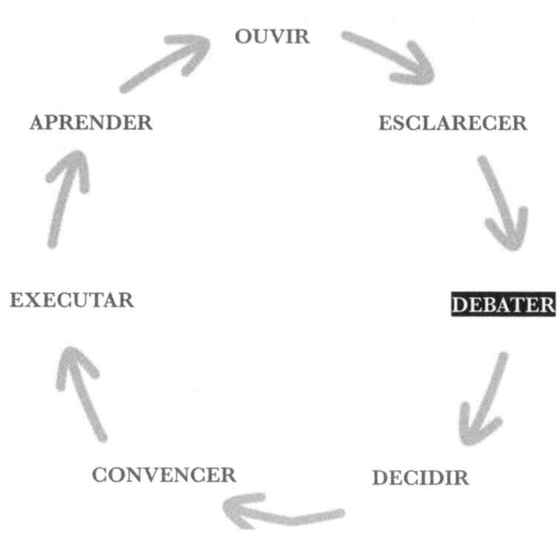

Quando Steve Jobs era menino, um vizinho lhe mostrou um polidor de pedras, basicamente uma lata que girava movida por um motor. O vizinho pediu que

Steve recolhesse algumas pedras no jardim. Então, pegou as pedras, levou-as para a garagem, jogou-as dentro da lata, colocou um pouco de areia, ligou o motor e disse a Steve que voltasse em dois dias. Quando Steve voltou, o vizinho desligou a ruidosa engenhoca, e Steve ficou maravilhado ao ver como as pedras comuns tinham se transformado em belas pedras polidas. Alguns anos depois, Steve afirmou que, quando uma equipe discutia, tanto as ideias como as pessoas saíam mais belas com todo o atrito e o ruído.[5]

Seu trabalho, como chefe, é ligar esse "polidor de pedras". Muitos chefes pensam que seu papel é desligar o polidor, tomando as decisões eles mesmos para evitar o atrito e poupar a equipe do transtorno de um debate. Mas não é. O debate leva tempo e requer energia emocional, porém sua ausência só acaba consumindo ainda mais tempo e energia emocional no futuro.

É claro que também é possível deixar o polidor de pedras ligado por tempo demais, transformando as pedras em pó. Veja algumas ideias para ajudá-lo a cultivar o debate sem desgastar demais as pessoas.

Mantenha a conversa focada nas ideias, não nos egos

Faça o que puder para que os egos e o interesse pessoal não impeçam o caminho para a melhor solução[6] – nenhum obstáculo é maior que o ego. Isso significa que você precisa intervir quando começar a ver que as pessoas estão pensando algo como: "Vou vencer esta discussão", "É minha ideia contra a sua", "É minha recomendação contra a sua" ou "Minha equipe está certa". Redirecione a conversa para se concentrar nos fatos, não permita que os outros se apoderem das ideias e não pense no que os ausentes poderão (ou não) achar. Lembre as pessoas do objetivo da discussão: chegar à melhor solução, em equipe. A intenção é promover a colaboração e não monitorar um concurso de debate ou uma eleição presidencial. Se for necessário, estabeleça regras básicas no início da reunião ou coloque uma caixa com os dizeres "Deixe aqui seu ego" do lado de fora da sala (só faça isso se você sentir que sua equipe vai achar a ideia divertida e proveitosa e não ridícula).

Outra maneira de ajudar as pessoas a procurar a melhor solução em vez de buscar uma validação para o próprio ego é forçá-las a se colocar na pele de outras. Se alguém estiver argumentando a favor de A, peça que argumente a favor de B. Se achar que a reunião vai demorar, avise que aos participantes que você vai solicitar que se coloquem na pele uns dos outros. Quando as pessoas sabem que precisarão defender o ponto de vista alheio, tenderão a ouvir com mais atenção.

Force as pessoas a discordar

Quando eu estava na faculdade, fiz um estágio de férias na McKinsey, e o que mais me impressionou na empresa foi sua capacidade de estimular o debate produtivo. Como eles faziam isso? A McKinsey criou meticulosamente uma cultura de "obrigação de discordar". Se todo mundo concordava com uma ideia, era sinal de que alguma coisa estava errada. Alguém necessariamente precisava discordar. Quem trabalhava na McKinsey e depois mudava de emprego normalmente levava esse ensinamento consigo para a empresa seguinte. Um gestor que tinha sido executivo na McKinsey teve grande dificuldade em promover uma cultura de debate na equipe japonesa que herdou quando entrou na Apple. Ele arranjou vários martelinhos do tipo usado por juízes e mandou gravar os dizeres "obrigação de discordar" em japonês. Se a argumentação não se mostrasse robusta o suficiente em uma reunião, ele passava o martelinho para alguém, que deveria defender o ponto de vista oposto. Essa técnica simples se provou surpreendentemente eficaz.

Faça uma pausa para a emoção/exaustão

Pode acontecer de as pessoas estarem cansadas, estafadas ou emocionalmente carregadas demais para se engajar em um debate produtivo. É fundamental ficar atento a esse tipo de situação, que raras vezes leva a bons resultados. Assim que perceber isso, seu trabalho é intervir e propor uma pausa. Caso contrário, as pessoas tomarão uma decisão qualquer só para poderem voltar para casa ou, pior, as emoções descontroladas levarão a uma discussão acalorada. Se você se deu o trabalho de conhecer profundamente todos os membros de sua equipe, estará ciente das emoções e da energia deles e saberá o momento de interromper a reunião até os ânimos se acalmarem.

Use o humor e divirta-se

O tom do início de uma discussão em geral decidirá todo o resto. Descobri que as pessoas de minha equipe tendem a emular meu estado de espírito em um grau quase alarmante. Quando consigo encontrar um jeito de me divertir em um debate, os outros costumam seguir o exemplo. Em alguns casos, basta começar a reunião com uma piadinha ou com uma boa história engraçada, caçoando de mim mesma. O que dizer exatamente é menos importante que o tom transmitido e o clima que você acabará definindo para o que vier em seguida.

Por fim, é fundamental ter em mente que nem todo mundo gosta de discutir. Algumas pessoas veem um debate como algo agressivo e/ou ameaçador. Isso me faz lembrar de uma vez em que estávamos criando um curso de comunicação na Apple e descrevi minhas ideias para criar um ambiente positivo para o debate. De repente, um colega a meu lado sorriu e exclamou: "Ah! Quer dizer que você passou esse tempo todo discutindo comigo só para melhorar o curso... E eu aqui achando que você só estava querendo se impor". O que para mim era uma oportunidade empolgante de nos forçar a lapidar e desenvolver a ideia para ele não passava de uma penosa sessão de demonstração de superioridade. Aquele incidente abriu meus olhos para a importância de explicar com clareza o objetivo da discussão e criar um ambiente positivo para ela… sem falar da importância de conhecer os participantes para saber quando eles podem estar se sentindo ameaçados por minha atitude!

Deixe claro quando será o fim do debate

Uma das razões que levam as pessoas a se estressar ou se irritar tanto com o debate é o fato de metade dos participantes esperar que uma decisão seja tomada até o fim da reunião e a outra metade querer continuar discutindo em uma nova reunião. Uma forma de evitar essa tensão é separar as reuniões de discussão das reuniões de decisão. Também é possível reduzir a ansiedade das pessoas que não veem a hora de saber quando a decisão será tomada incluindo a informação "a ser decidido até tal data" ao lado de cada item a debater. Desse modo, elas pelo menos terão como saber quando a discussão vai terminar e a decisão será tomada.

Recomendo agendar uma reunião de discussão semanal. Nas reuniões com minha equipe, identificávamos o debate mais importante da semana e quem deveria participar dele (veja a seção "Reuniões de discussão", no capítulo 8).

Não tome uma decisão só porque o debate ficou penoso

É sempre uma tentação pôr um fim a um debate e tomar uma decisão cedo demais quando ele começa a ficar penoso. Vocês podem estar se aproximando de um tema polêmico. Em momentos como esse, as pessoas costumam esperar que o chefe acabe com o sofrimento e tome uma decisão. Minha tendência natural é querer manter a paz ou decidir rapidamente. No entanto, o trabalho de um chefe muitas vezes envolve manter o debate em andamento em vez de concluí-lo com uma decisão. Os debates ajudam as pessoas a crescer e a equipe a trabalhar melhor em colaboração para encontrar a melhor solução.

Uma vez, tomei uma decisão que, imaginei, não teria grandes consequências, mas que acabou se revelando uma atitude precipitada: quem se sentaria onde no novo layout do escritório. Nós nem sequer tínhamos baias, somente mesas. Quando a equipe cresceu de 10 para 65 pessoas, tivemos de reorganizar o espaço e mudar as mesas de lugar. Todo mundo tinha uma opinião formada sobre como deveria ser o novo layout, e um jovem gerente de projeto se ofereceu para descascar o abacaxi. Não foi fácil apaziguar a multidão. A angústia de quem sentaria ao lado de quem e de quem ganharia um lugar perto de uma janela já durava quase uma semana. Frustrada, fui ao escritório no domingo e eu mesma mudei de lugar todas as mesas. O resultado foi quase um motim na segunda-feira de manhã. "Mas estávamos quase chegando a uma decisão!", exclamou, exasperado, o gerente de projeto. "E você destruiu o trabalho de uma semana inteira!" Ele costumava ser um sujeito supertranquilo, porém ficou tão frustrado que seus olhos se encheram de lágrimas.

Eu deveria ter marcado um prazo para tomar a decisão, para que as pessoas soubessem que não poderiam passar a vida inteira fazendo lobby com o gerente de projeto. Se eu achava que o debate estava causando confusão demais, nada me impediria de perguntar como eu poderia ajudá-lo. Por exemplo, eu poderia ter sugerido que as pessoas tentassem resolver suas diferenças em um almoço ou saindo para dar uma caminhada juntas ou que se colocassem na pele umas das outras e argumentassem o ponto de vista contrário. Mas tirar a decisão das mãos do gerente e tomá-la eu mesma não só foi arrogante demais de minha parte como simplesmente não deu certo.

Decidir

Delegue as decisões para as pessoas que trabalham em maior proximidade com os fatos, inclua os fatos nas decisões e sempre deixe o ego de fora

Você já alinhou todas as decisões e os fatos e tirou todos os egos (especialmente o seu) do caminho. Agora chegou a hora, como diz o CEO do Twitter e do Square, Jack Dorsey, de "empurrar as decisões para os fatos". Veja o que aprendi sobre como fazer isso ajudando a equipe a tomar as melhores decisões possíveis ou, em outras palavras, "acertar sempre".

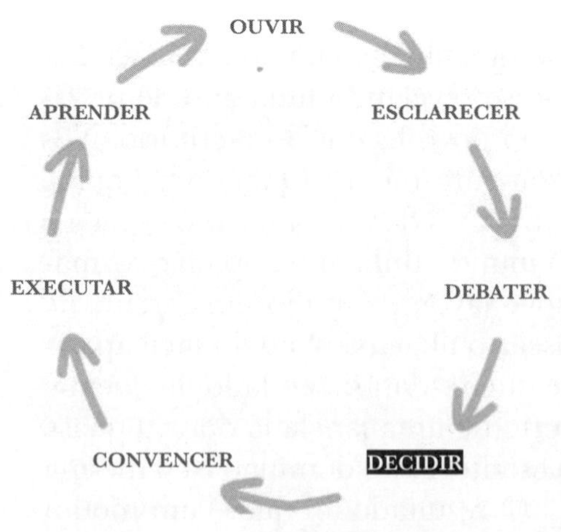

Uma vez, na hora do almoço, puxei uma conversa informal com uma mulher que trabalhava em uma de minhas equipes. Perguntei-lhe se estava bem. Ela colocou as mãos na cabeça, nervosa.

"Qual é o problema?", indaguei, alarmada.

"Achei que eu tivesse sido contratada por minha capacidade intelectual, mas não tive uma única chance de usar meu cérebro desde que entrei na equipe! O Mark", e ela estremeceu visivelmente ao pronunciar o nome de seu chefe, "toma todas as decisões, mesmo sem conhecer direito a situação."

Fiz questão de comparecer à próxima reunião marcada por Mark, na qual ele apresentaria as metas e os resultados trimestrais da equipe. Quando ele mostrou o primeiro slide, confesso que fiquei otimista. Eu só tinha três semanas no cargo e não entendia muito do assunto, mas seu plano parecia ótimo. A apresentação de PowerPoint que Mark tinha preparado para explicar as metas para o trimestre continha tudo o que eu esperava: objetivos claros e ambiciosos, resultados mensuráveis.

Foi então que notei que a pessoa a minha direita tinha afundado um pouco na cadeira. Ao passar os olhos pela sala, vi braços cruzados, rostos inexpressivos e um silêncio tão profundo que conseguiu penetrar até o discurso bem-ensaiado de Mark. Ele reagiu falando com ainda mais animação e entusiasmo sobre as metas e os resultados. Concluiu me dizendo que estava superorgulhoso do pessoal "dele". Não havia dúvida de que sua intenção foi prestar uma homenagem à equipe, mas o coitado acabou soando arrogante e condescendente. Até eu fiquei incomodada, então pude imaginar como os subordinados dele estariam se sentindo.

"Alguma pergunta?", concluiu Mark.

Ninguém se manifestou, com os olhos cravados na mesa, de modo que perguntei: "Se Mark não tivesse decidido essas metas e resultados, o que vocês teriam planejado para o próximo trimestre?".

Um suspiro de alívio percorreu a sala. Com relutância, a jovem com quem eu tinha conversado no almoço disse que, apesar de a visão de Mark ser uma grande fonte de inspiração, as metas que ele havia determinado não lhe pareciam muito realistas. Ela calculou quanto tempo levaria para atingir as metas propostas por ele e concluiu que todos teriam de trabalhar 85 horas por semana. Outras pessoas se manifestaram. Mark tinha subestimado enormemente o tempo de espera de um sistema que reduzia a eficiência do trabalho. Eles vinham tentando corrigir o problema, mas sem sucesso.

Um diálogo começou a se formar. Tudo indicava que, apesar de as metas propostas por Mark teoricamente fazerem sentido, a equipe sabia de alguns grandes obstáculos que tornavam o plano impraticável. Ele tinha descartado esses obstáculos como meros "detalhes de implementação", porém, depois de eu *ouvir* as pessoas, ficou claro que ele havia pulado as importantes etapas do processo de ouvir, esclarecer, debater e decidir e passado direto para a de convencer. Percebi claramente que: 1) as decisões de Mark não tinham sido fundamentadas em fatos; 2) mesmo que as decisões dele fossem acertadas, ninguém as executaria; e 3) ele corria o risco de perder sua equipe, se é que já não havia perdido. Propus percorrermos a mesa para ouvir a opinião de todos e retomar a discussão no dia seguinte.

Esse é um erro comum que, infelizmente, está longe de ser exclusividade dos novos gerentes. George W. Bush ficou famoso por dizer: "O decididor sou eu". Todo mundo achava graça da afirmação, porque na verdade ele não tomava decisão alguma, mas parecia ser o único que não sabia disso. Da mesma forma que ser eleito presidente dos Estados Unidos não concede automaticamente o poder de tomar decisões, tornar-se chefe ou até mesmo CEO de sua empresa não lhe garante o status de "decididor".

Em seu livro *Como as decisões realmente acontecem*, James March explica a desvantagem de uma organização que só coloca o pessoal mais "sênior" da hierarquia para tomar as decisões. O que ele chama de "tomada de decisão da lata de lixo" ocorre quando as decisões são tomadas por um grupo de decididores em uma sala de reunião e não pelas pessoas que têm acesso às *melhores informações*. É lastimável, mas a maioria das culturas tende a favorecer o pessoal mais sênior ou pessoas que insistem em ficar sentadas atrás da mesa no escritório. As péssimas decisões resultantes estão entre as maiores causas da mediocridade organizacional e da insatisfação dos funcionários.

É por isso que os melhores chefes em geral não tomam as decisões sozinhos; eles criam um processo decisório claro que empodera as pessoas que atuam em maior proximidade dos fatos a tomar o maior número possível de decisões. Essa abordagem não só resulta em decisões melhores, como também eleva o moral da equipe.

O tomador de decisão deve buscar os fatos, não recomendações

Quando estamos coletando informações para tomar uma decisão, muitas vezes caímos na tentação de pedir recomendações, como: "O que você acha que deveríamos fazer?". No entanto, como uma executiva com quem trabalhei na Apple me explicou, as pessoas tendem a incluir o ego nas recomendações, o que pode levar a politicagem e a decisões equivocadas. Por esse motivo, ela defendia "buscar os fatos, não recomendações". É claro que os "fatos" também podem ser contaminados pelo ponto de vista ou pelos interesses das pessoas, mas têm menos chances de ser tão restritivos quanto uma recomendação.

Explore as profundezas

Você, o chefe, tem o direito de investigar todos os detalhes que lhe parecerem interessantes ou essenciais. Não precisa se ater a uma visão macro e distante. Em algumas ocasiões, você terá de tomar a decisão por conta própria. E, mesmo que delegue decisões muito importantes, nada o impede de mergulhar nos detalhes de uma decisão de menor importância de tempos em tempos. Não dá para fazer isso para todas as decisões, mas é totalmente viável mergulhar nos detalhes de algumas delas. Essa abordagem, que chamo de "explorar as profundezas" em sua organização, é um bom jeito de descobrir o que realmente está acontecendo. Também é uma boa maneira de colocar chefes e subordinados diretos no mesmo patamar, demonstrando que nada está "acima" ou "abaixo" da alçada de qualquer pessoa.

E, quando você é o responsável pela decisão, é importantíssimo ir direto à fonte dos fatos, especialmente se for "chefe de chefes". A ideia é evitar receber os "fatos" por camadas e mais camadas de gestão. Se você já brincou de "telefone sem fio" quando era criança, sabe muito bem o que acontece com os "fatos" quando eles são transmitidos de uma pessoa à outra.

Para garantir sua capacidade de entender e questionar os fatos apresentados, a Apple esperava que os líderes mergulhassem profundamente nas várias camadas hierárquicas para averiguar os fatos. Quando Steve Jobs precisava tomar uma decisão importante e queria entender melhor algum aspecto, fazia questão de falar diretamente com a pessoa envolvida. Não faltavam histórias de programadores relativamente jovens e novos na empresa que voltavam do almoço e se espantavam ao encontrar Steve esperando no cubículo deles, ansioso para perguntar sobre algum detalhe específico do trabalho que faziam. Ele não aceitava a informação "filtrada" pelo chefe do programador ou, pior ainda, pela recomendação do chefe do programador. Steve ia direto à fonte. Ao usar essa abordagem com frequência, você poderá empoderar toda a sua equipe.

Convencer

"Emoção. Credibilidade. Lógica."
– Aristóteles, *Retórica*

Você conseguiu conduzir sua equipe a uma decisão, mas algumas pessoas continuam contrárias a ela – as mesmas que serão responsáveis por ajudar a implementá-la. Se você está conduzindo um processo de maneira eficiente, só os membros de sua equipe mais relevantes, não todos, terão se envolvido nas etapas de ouvir, esclarecer, debater e decidir para todas as decisões. Agora que uma decisão foi tomada, é hora de incluir mais pessoas no processo. Não é tarefa fácil, e é fundamental executá-la direito.

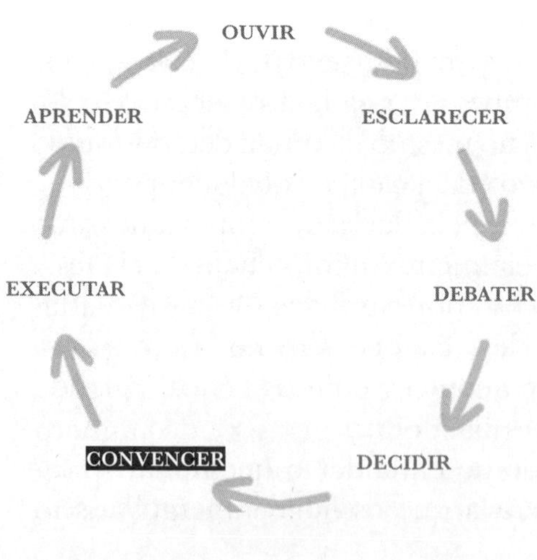

Pode parecer desnecessário se dar o trabalho de convencer as pessoas nessa etapa, e o tomador da decisão talvez fique ressentido com aqueles que se opõem a sua decisão. Afinal, ele percorreu meticulosamente as etapas de ouvir, esclarecer e debater até tomar a decisão. Como é que esses colegas não veem que a decisão é óbvia ou pelo menos se dispõem a concordar com ela?

Entretanto, esperar que as pessoas executem uma decisão sem se convencer de que é a melhor coisa a fazer é uma garantia de resultados terríveis. E não pense que você vai poder intervir e simplesmente mandar que abaixem a cabeça e concordem com a decisão, não importa se ela foi tomada por você ou outra pessoa. Também não basta explicar a decisão, porque uma explicação não passa de um apelo intelectual; é preciso incluir também as emoções dos ouvintes. E você deve garantir que o tomador da decisão (você ou outra pessoa) tenha conquistado uma boa credibilidade na equipe se quiser que as pessoas executem a decisão.

Os chefes autoritários tendem a ser particularmente ineficazes na persuasão. Eles acham que não precisam explicar a decisão nem a lógica que os levou a ela: "É só executar; não questionem minha decisão!". E, como em geral eles não sabem como a equipe pode se sentir e não dão a mínima para isso, não consideram as emoções das pessoas. São incapazes de conquistar credibilidade, porque esperam que os subordinados façam o que eles mandam pelo simples motivo de eles serem os chefes.

De outro lado, os chefes democráticos podem ficar tão perdidos explicando o raciocínio que os levou a uma decisão que esquecem como as pessoas podem se sentir a respeito ou vice-versa. Se você fez o trabalho básico da empatia assertiva (conhecer pessoalmente todos os seus subordinados diretos e criar regras para um diálogo aberto), tudo ficará mais fácil. No entanto, nem todas as pessoas têm um talento natural para a persuasão.

Muitos líderes com quem trabalhei são incapazes de convencer as pessoas porque não querem ser vistos como manipuladores, e o limite entre a persuasão e a manipulação pode ser bastante tênue. Aristóteles se incomodava ao ver que a retórica e a persuasão não raro se tornavam ferramentas para manipular as emoções dos outros. Ele imaginava que deveria existir uma forma melhor de comunicar uma ideia a um grande número de pessoas que não tivessem tempo nem conhecimento para entendê-la em profundidade. Aristóteles resolveu essa questão explicando que, para ser legitimamente persuasivo, um orador tem de levar em conta as emoções dos ouvintes, mas também conquistar a credibilidade deles e explicar a lógica de seu argumento. Esses são os elementos da persuasão que resistiram ao tempo e mantêm a validade até hoje.

Para ajudá-lo a convencer as pessoas e ensinar os tomadores de decisão de sua equipe a ser mais persuasivos, abordarei a seguir, resumidamente, os elementos da retórica de Aristóteles: o patos, o logos e o etos, que tomei a liberdade de traduzir como emoção, lógica e credibilidade.[7]

Emoção

O que importa são as emoções de quem ouve, não de quem fala

Você pode ter desenvolvido um forte vínculo emocional com uma decisão e acreditar que ela vai ajudar muita gente. Contudo, se não levar em conta as emoções de seus *ouvintes*, você não terá como convencê-los.

Um colega meu, que vou chamar de "Jason", era o responsável por garantir que pessoas com deficiência auditiva tivessem acesso a certo produto. Jason era absolutamente apaixonado pelo trabalho (a mãe dele era deficiente auditiva), mas não conseguia convencer a equipe de programadores a priorizar algumas funcionalidades importantes a tempo para o lançamento. Quando lhe mostrei o modelo de Aristóteles, ele explodiu em frustração.

"Não sei como é que eu poderia ter colocado mais emoção em meus argumentos", disse Jason. Ele explicara seu vínculo pessoal com o projeto aos programadores, que até pareceram tocados, mas mesmo assim não compraram a ideia.

"Como você acha que os programadores estavam se sentindo? Quais eram as emoções deles?", perguntei.

"Ah... Eles estavam simplesmente exaustos. Tinham passado semanas a fio trabalhando dia e noite e mais pareciam um bando de zumbis."

"E o que você fez para levar em conta as emoções *deles*?"

Jason bateu com a palma da mão na testa ao ver onde foi que ele havia errado.

Quando Steve Jobs anunciou, em 2003, que a Apple lançaria o iTunes para Windows, sabia que estava fazendo muito mais do que simplesmente anunciando um novo produto. Para os fiéis do Mac, qualquer concessão à Microsoft era recebida como uma enorme traição. A lógica que levou à decisão de lançar o iTunes para Windows era mais do que robusta: para conquistar a indústria fonográfica, a Apple precisaria marcar presença na plataforma que tinha mais de 90% de participação de mercado e não se limitar ao Mac, com menos de 5%. No entanto, liderar com base nessa lógica só deixaria os fiéis do Mac ainda mais furiosos. Foi por isso que Steve fez questão de reconhecer a incredulidade e a descrença dos fiéis usando o slogan "O dia em que o inferno congelou" e levou as emoções deles a sério ao lhes garantir que a Apple permaneceria leal a sua essência.

Dick Costolo, no cargo de CEO do Twitter, foi um verdadeiro mestre em se conectar com as emoções dos "tweeps", as pessoas que trabalham no Twitter. Analisei muitas pesquisas de engajamento dos funcionários e sempre achei impossível ser melhor que Steve Jobs nesse critério. Afinal, quando trabalhei na Apple, mais de 90% dos colaboradores da empresa se disseram satisfeitos com seu CEO. No entanto, uma porcentagem ainda maior de tweeps afirmaram estar satisfeitos com Dick no cargo de CEO.

O senso de humor afetuoso de Dick o ajudou a se conectar com as emoções das pessoas e conquistar sua confiança, o que fez dele um líder extremamente persuasivo. Nos encontros com os funcionários do Twitter, Dick não raro fazia as pessoas rolarem de rir, sobretudo com suas respostas inesperadamente francas a perguntas não raro hostis. Perguntei-lhe como se saía com aquelas respostas e ele disse, com um sorriso típico: "Infelizmente, elas só aparecem em minha cabeça".

Você não precisa ser um comediante stand-up para seguir o exemplo de Dick. Ele recomendava aulas de improvisação a outros líderes do Vale do Silício, para ajudá-los a encontrar um jeito de se divertir ao responder às perguntas inoportunas muitas vezes levantadas nos encontros com os funcionários em vez de tentar evitá-las.

Credibilidade

Demonstre conhecimento e humildade

"Credibilidade" é uma daquelas palavras difíceis de explicar, mas que todo mundo sabe o que significa. Conquistar credibilidade requer, naturalmente, conhecimento do assunto e um histórico de boas decisões, mas também um terceiro componente, a humildade, que nem sempre é fácil de encontrar nas empresas.

Steve Jobs, raramente visto como um modelo de humildade, gostava de incluir alguns elementos de modéstia nos anúncios dos produtos. Por exemplo, no lançamento do iPad em 2010, ele começou dizendo: "Fundamos a Apple em 1976. Trinta e quatro anos depois, acabamos de concluir o trimestre... com uma receita de US$ 15,6 bilhões. Nem eu consigo acreditar. Isso significa que hoje a Apple é uma empresa de mais de US$ 50 bilhões. Prefiro esquecer isso, porque não é assim que nós vemos a Apple, porém não deixa de ser surpreendente".[8] Atrás dele se via a imagem de dois geeks ao lado de uma CPU deselegante, uma lembrança do modesto início da Apple e do fato de a empresa ser motivada pelo desejo de criar produtos capazes de mudar o mundo e não pela ganância. Tal contextualização possibilitou a Jobs salientar que a Apple tinha a expertise e os recursos necessários para desenvolver toda uma nova categoria de computadores sem perder seu público cativo. Note as palavras cuidadosamente escolhidas da frase que ele usou: "Prefiro esquecer isso, porque não é assim que nós vemos a Apple". Ele fez questão de usar a primeira pessoa do plural ("nós") para demonstrar sua humildade e a humildade da empresa como um todo.

Mas como você pode conquistar credibilidade se não for um Steve Jobs, embasado em um histórico de mudanças revolucionárias, ou se ainda não teve a chance de construir um histórico? Concentre-se em sua expertise e em suas realizações até o momento. Seja modesto e use "nós" em vez de "eu" sempre que possível. Não adianta se vangloriar nem usar de falsa humildade. Lembre-se de demonstrar sua credibilidade ou ajudar os tomadores de decisão de sua equipe a demonstrar a credibilidade deles quando for a hora de convencer os outros a executar uma decisão.

Lógica

Mostre seu raciocínio

A maioria das pessoas espera que a parte "lógica" da persuasão seja a mais fácil, por ser menos embaraçosa que demonstrar credibilidade ou por não demandar o requinte psicológico de levar em conta as emoções coletivas de um grupo de pessoas. Mesmo assim, a lógica vem acompanhada das próprias armadilhas. A lógica pode lhe parecer tão óbvia que você deixa de explicá-la às pessoas. Quando você tem um conhecimento profundo de alguma coisa, não é fácil lembrar que os outros podem não saber tanto.

O lado bom é que você já aprendeu como demonstrar seu raciocínio nas aulas de matemática da escola. Quando Steve Jobs tinha uma ideia, não se limitava a descrevê-la, mas fazia questão de explicar como chegou a ela. Ele mostrava seu raciocínio. Se o raciocínio tivesse alguma falha, queria saber qual era. E, se o raciocínio fosse impecável, as pessoas tendiam a aceitar a ideia. Com isso, Jobs acabou tendo não só o enorme poder de convencer as pessoas, como também o de "acertar sempre".

Executar

Minimize o custo da colaboração

Você, como chefe, tem de arcar com grande parte do "custo da colaboração" para que sua equipe possa passar mais tempo na execução. As responsabilidades de um chefe consomem bastante tempo, e uma de suas maiores dificuldades é equilibrar essas responsabilidades com o próprio trabalho.

Veja três coisas que aprendi para acertar esse equilíbrio: 1) não desperdice o tempo de sua equipe; 2) não tenha receio de botar as mãos na massa; e 3) reserve um tempo para a execução.

Não desperdice o tempo de sua equipe

Nos quatro anos que passei trabalhando sob a liderança de Sheryl, posso dizer que ela nunca desperdiçou um segundo sequer de meu tempo; em vez disso, poupava um tempo enorme para

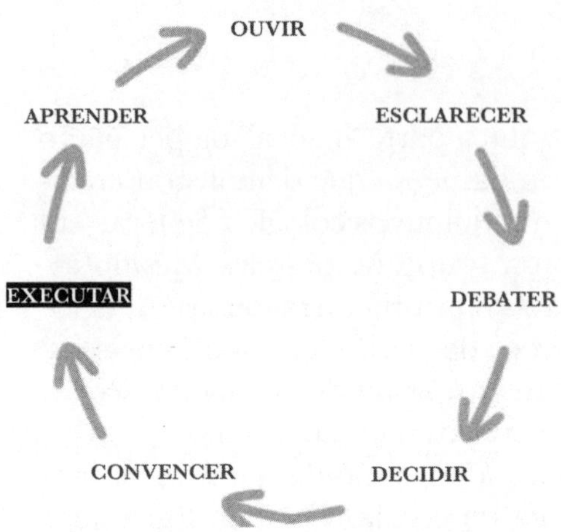

todos os subordinados. Em nossas conversas individuais, Sheryl esperava que eu lhe apresentasse uma lista de problemas que poderia me ajudar a resolver. Ela ouvia, se certificava de ter entendido e atuava com a precisão de um esquadrão antibombas. Neutralizava toda situação política que pudesse explodir diante de mim e eliminava obstáculos aparentemente intransponíveis. Nada de reuniões desnecessárias, nada de análises inúteis. Nunca chegou atrasada a uma reunião comigo, tampouco tolerava atrasos. Ela nos encorajava a discutir em equipe e, quando percebia que a discussão começaria a se arrastar, identificava um "tomador de decisão" e lhe pedia que nos informasse sua decisão até determinado prazo. Foi uma das pessoas mais persuasivas que conheci e também nos ensinou a ser mais persuasivos. Quando a empresa nos impunha uma nova política que seria desperdício de tempo, Sheryl sempre dava um jeito de nos blindar dela. E toda essa proteção nos dava muito mais tempo para dedicar à execução. Os resultados também não escapavam da aguçada mente analítica de Sheryl, que esperava que aprendêssemos com nossos erros e acertos.

A enorme produtividade de Sheryl se explicava pelo fato de ela se manter sempre nos ajudando a percorrer a Roda do Fazer Acontecer e nos protegendo para que pudéssemos passar o maior tempo possível fazendo o que tinha de ser feito.

Não tenha receio de botar as mãos na massa

Apesar de você, o chefe, ter de arcar com o preço da colaboração, esse fardo pode ser minimizado. Para ajudar sua equipe a manter a Roda do Fazer Acontecer girando com eficiência, você deve se manter a par do trabalho que está sendo realizado, não só observando os outros, mas também botando as mãos na massa. Quem se torna maestro precisa continuar tocando seu instrumento. Quem é promovido a gerente de vendas precisa continuar fazendo alguns contatos de vendas. Quem gerencia uma equipe de encanadores precisa emendar alguns canos. É claro que você vai ter de passar um tempo ouvindo as pessoas em conversas individuais, conduzindo debates e assim por diante. No entanto, vai ter de aprender a alternar entre a liderança e a execução. A ideia não é substituir a execução pela liderança, mas integrá-las. Se você se distanciar demais do trabalho de seus subordinados, não conseguirá entender as ideias deles e, em consequência, não poderá ajudá-los a esclarecer as ideias, a participar de discussões, a saber quais decisões tomar, nem ensiná-los a ser mais persuasivos. A Roda do Fazer Acontecer vai parar se você não conhecer a fundo o trabalho de sua equipe.

Reserve um tempo para a execução

A execução, não raro, é uma tarefa solitária. Usamos o calendário principalmente para tarefas colaborativas, como agendar reuniões. Seu trabalho, como chefe, inclui garantir que as tarefas colaborativas não consumam muito de seu tempo ou o de sua equipe a ponto de não sobrar tempo para executar os planos que vocês finalmente conseguiram decidir e aceitar.

APRENDER
"A coerência é o bicho-papão das mentes pequenas."
– Ralph Waldo Emerson, *Autossuficiência*

Se vocês conseguiram chegar a essa etapa da Roda do Fazer Acontecer, você e sua equipe já se empenharam muito, conseguiram algumas realizações e querem que elas tenham grande impacto. Faz parte de nossa natureza nos apegar (muitas vezes sem qualquer razão) a projetos nos quais investimos muito tempo e energia. Às vezes é necessário um poder quase sobre-humano para nos distanciar, reconhecer que nossos resultados poderiam ter sido muito melhores ou foram simplesmente insatisfatórios e aprender com a experiência.

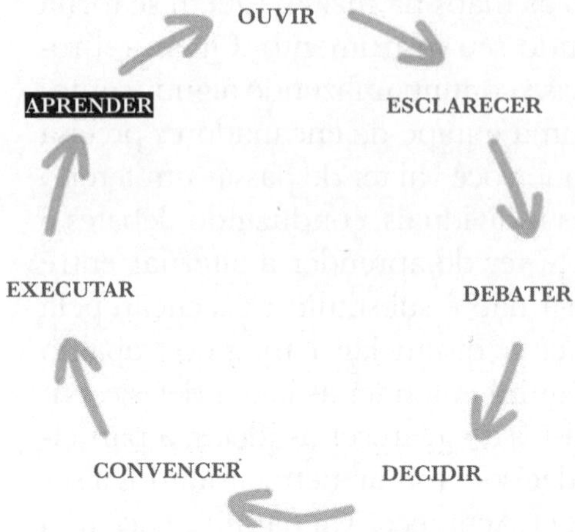

Nunca, em toda a minha carreira, vi uma pessoa mais modesta e comprometida a aprender que Drew Houston, cofundador e CEO do Dropbox. O Dropbox tem centenas de milhões de usuários porque a empresa, liderada por Drew, é implacável na tarefa de fazer com que o produto seja intuitivo e fácil de usar. Drew sempre foi muito aberto a tentar coisas novas, a admitir quando as tentativas foram um fracasso e a pivotar. É difícil, para qualquer um, lançar produtos e realizar ajustes, porém muito mais é fazer a mesma coisa consigo mesmo. Entretanto, o que mais me impressionou em Drew foi o fato de ele ser ainda mais implacável em ajustar-se no papel de CEO do que em melhorar o produto de sua empresa. Ele deve ter lido e relido todos os livros sobre gestão que já foram escritos. Refletiu profundamente sobre o tipo de empresa que queria construir e o tipo de líder que queria ser.

Em seu livro *Miopia corporativa*, Richard Tedlow descreve dezenas de terríveis fracassos de pessoas brilhantes e bem-sucedidas que se recusaram a enxergar, quanto mais admitir, seus erros. Um colega meu liderava uma equipe que estava obtendo resultados terríveis, mas era simplesmente incapaz de admitir o fracasso. Quem via de fora ficava pasmo ao ver a reação dele quando tentava apontar-lhe o problema. Quando finalmente caiu a ficha, ele exclamou: "É uma dor insuportável admitir que seu bebê é feio!".

Os melhores chefes aprendem tanto com seus erros como com seus acertos e continuam sempre melhorando. Mesmo assim, a negação é uma reação mais comum a falhas de execução do que o aprendizado. Por que é tão raro aprender? Quando liderei uma grande equipe, percebi que duas enormes pressões me levavam a querer pular essa etapa.

A pressão para ser coerente

Muitos acreditam que mudar de ideia leva uma pessoa a ser vista como "vira-casaca", "errática" ou "sem princípios". Prefiro a abordagem de John Maynard Keynes, que disse: "Quando os fatos mudam, eu mudo de ideia".

O segredo, claro, é a comunicação. Alguém até pode se queixar, e com razão: "Apenas dois meses atrás você me convenceu de que era melhor fazer X e agora me diz que talvez seja melhor fazer outra coisa?". Obviamente, você não pode sair mudando de opinião a torto e a direito, mas, quando reconsiderar uma ideia, vai ter de explicar, de modo claro e convincente, a razão. Eu costumava repassar as etapas de ouvir, esclarecer, debater e decidir com as pessoas que trabalhavam mais próximas de mim. Quando mudávamos de opinião e precisávamos convencer o restante da equipe da nova ideia, era importante respirar fundo e explicar, paciente e repetidamente, como havíamos chegado a essa decisão e exigir de maneira explícita a mudança de direção.

Estafa

Às vezes ficamos tão sobrecarregados com o trabalho e a vida pessoal que se torna mais difícil aprender com nossos erros e acertos e recomeçar o ciclo do zero. É por isso que você deve se posicionar no centro da roda que o impele a evoluir na chefia. Você precisa, antes de mais nada, se cuidar. Sei que é mais fácil dizer do que fazer.

Dick Costolo tinha uma notável capacidade de permanecer centrado. Quando eu era sua coach, a imprensa pegou no pé dele, criticando-o com uma virulência que eu nunca tinha visto. Fiquei mais estressada vendo de fora, a uma distância segura, do que ele, que estava no olho do furacão. Depois de um dia especialmente terrível de golpes da imprensa, acordei no meio da noite sonhando que o prédio do Twitter estava em uma plataforma de lançamento e tínhamos sido projetados para o espaço sem trajes espaciais. Acordei meu marido com um grito e não consegui voltar a dormir. No dia seguinte, Dick me contou que tinha dormido feito um anjinho.

E, quando o mundo inteiro cantava louvores a Dick como se ele fosse o próprio Jesus Cristo, ele reagiu com seu típico humor autodepreciativo. Grandes celebridades o estavam convidando para eventos para os quais a maioria das pessoas teria dado um braço para participar e ele recusava quase todos os convites porque queria se concentrar nas operações do Twitter e jantar com a família. Quando o mundo todo partiu para o ataque, Dick citou sua filha: "Pai! Tenho uma notícia boa e uma notícia ruim para você. A notícia ruim é que você entrou na lista do *Yahoo! Finance* dos cinco piores CEOs do ano. A boa é que você só está no quinto lugar".

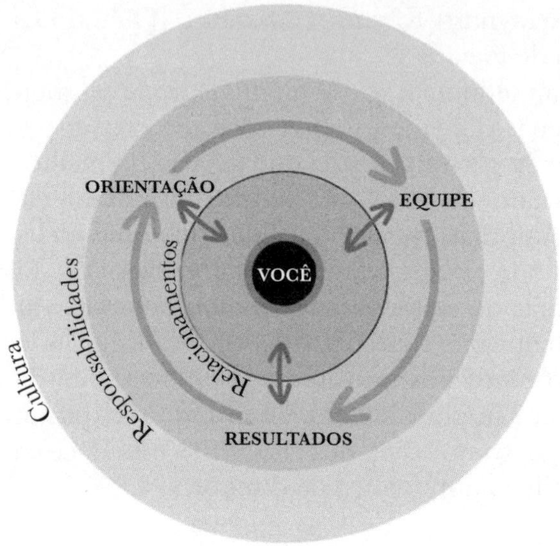

No entanto, Dick não se limitou a fingir que nada estava acontecendo. Foi um momento difícil não só para ele, mas também para o Twitter. Ele falou para a empresa sobre a "resistência mental" necessária para manter a confiança diante de todas as críticas da imprensa. Meus olhos se encheram de lágrimas ao ouvi-lo e até fiquei um pouco constrangida, mas olhei ao redor e vi que eu estava longe de ser a única. Penso que grande parte da resistência mental de Dick resultava das medidas que tomava para se manter centrado e fazer coisas como reservar duas horas de reflexão em sua agenda todos os dias.

Começo o próximo capítulo apresentando algumas medidas específicas que você pode tomar para se manter centrado, tanto na vida profissional como na pessoal.

PARTE II

FERRAMENTAS E TÉCNICAS

Espero que a Parte I deste livro tenha ajudado você a reduzir um pouco do medo, da ansiedade e da insegurança que podem acompanhar um cargo de chefia. Do primeiro ao quarto capítulo, expliquei as principais ideias que aprendi em meus 25 anos de experiência liderando equipes, desde lapidadores de diamantes em Moscou até equipes no Google, na Apple e agora na empresa que cofundei, a Candor. Escrevi esses capítulos porque muitas pessoas boas se tornam chefes ruins, e chefes ruins costumam causar uma enorme infelicidade e uma montanha de problemas no trabalho. Espero que as ideias apresentadas aqui o ajudem a encontrar o próprio caminho para ser um chefe melhor, ter mais sucesso em suas atividades e tornar o mundo um lugar um pouco melhor.

Agora você já sabe como desenvolver relacionamentos assertivamente empáticos com cada um de seus subordinados diretos e que isso o ajudará a orientar sua equipe para obter resultados. E, mesmo que os relaciona-

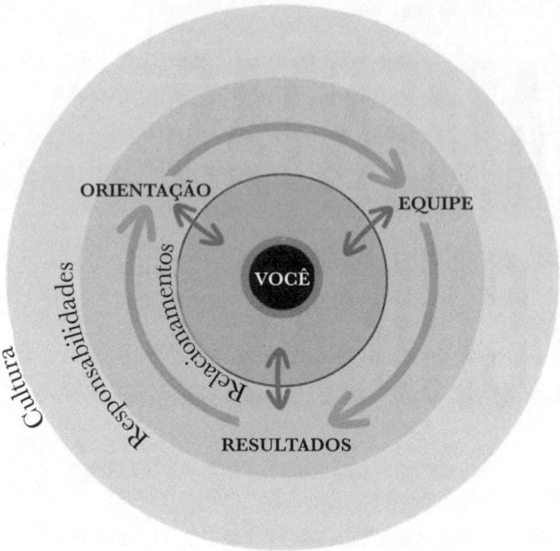

mentos não evoluam, a cultura cresce. Seus relacionamentos e suas responsabilidades reforçam uns aos outros, seu sucesso flui e a cultura cresce com base nessa interação. Mas como colocar esses princípios em prática?

O que, exatamente, você vai mudar em seu comportamento quando for ao trabalho amanhã?

A parte II descreverá algumas ferramentas e técnicas que você poderá usar para colocar imediatamente em prática as ideias da parte I. Organizei os capítulos em torno das principais ideias do livro e não na ordem do que deve ser feito em primeiro, segundo ou terceiro lugar. Durante a leitura, você vai entender o que quero dizer. No entanto, fique tranquilo, porque no último capítulo apresentarei um guia passo a passo com medidas que você pode tomar para colocar a empatia assertiva em prática. Poucas coisas na vida são mais gratificantes do que fazer um trabalho que você adora com pessoas de quem gosta para atingir excelentes resultados. Não é um sonho impossível. Você tem o poder de criar esse tipo de ambiente, e eu lhe mostrarei como.

CAPÍTULO CINCO

RELACIONAMENTOS

Uma abordagem para conquistar a confiança de seu pessoal

Como criar um ambiente propício a relacionamentos assertivamente empáticos? Neste capítulo, você começará a ver que seu papel na chefia é muito mais importante do que o estereótipo popularizado pelos quadrinhos de Dilbert. Na faculdade de administração, me ensinaram que o trabalho do chefe era "maximizar o valor para o acionista". Na prática, descobri que muita ênfase no valor para o acionista acaba destruindo o valor e derrubando o moral da equipe. Por isso, aprendi a, antes de mais nada, me manter centrada, para poder desenvolver relacionamentos autênticos com cada uma das pessoas de minha equipe. Era só quando eu estava centrada e meus relacionamentos eram fortes que eu conseguia cumprir minhas obrigações na chefia e orientar meus subordinados a atingir os melhores resultados. E o valor para o acionista é só um resultado natural disso, não o centro de tudo.

Como já vimos, a interação entre seus relacionamentos e suas responsabilidades é do tipo "ovo e galinha". Você não tem como cumprir suas responsabilidades sem ter bons relacionamentos, mas os relacionamentos dependem da maneira como você cumpre suas responsabilidades. Os relacionamentos se desenvolvem tanto de fora para dentro como de dentro para fora. Este capítulo se concentrará no aspecto "de dentro para fora" desse processo, e os capítulos 6 a 8, no "de fora para dentro". A seguir, mostrarei como se manter centrado, como ficar em pé de igualdade com seus subordinados, e falarei sobre a arte (e os perigos) de socializar no trabalho.

Mantenha-se centrado

Você não tem como se importar com os outros se não se importar consigo mesmo

Pode parecer estranho à primeira vista, mas sempre começo meu trabalho de coach orientando os CEOs a criar um ambiente de trabalho assertivamente empático analisando como eles estruturaram sua vida e estão lidando com as pressões do trabalho. O que levamos ao trabalho depende de nossa saúde e de nosso bem-estar. O fato de essa frase não ser mais considerada piegas ou sentimental demais atesta a evolução da sociedade e representa uma grande vantagem para as empresas, porque os chefes que criam uma base estável para si são invariavelmente mais eficazes na criação de equipes nas quais as pessoas têm condições de fazer o melhor trabalho de sua vida.

Faça uma pausa para pensar nas dificuldades que você está enfrentando no trabalho. *Você* está estressado. *Você* perde o sono. Seus problemas no trabalho e em casa estão agravando uns aos outros. É muito mais difícil superar os obstáculos quando você não está no seu melhor. E pode ser especialmente difícil "importar-se pessoalmente" com as pessoas com quem você trabalha, sem mencionar as que convivem com você em casa. Afinal, você está ocupado demais com o próprio sofrimento. Entretanto, "importar-se pessoalmente" é fundamental para desenvolver

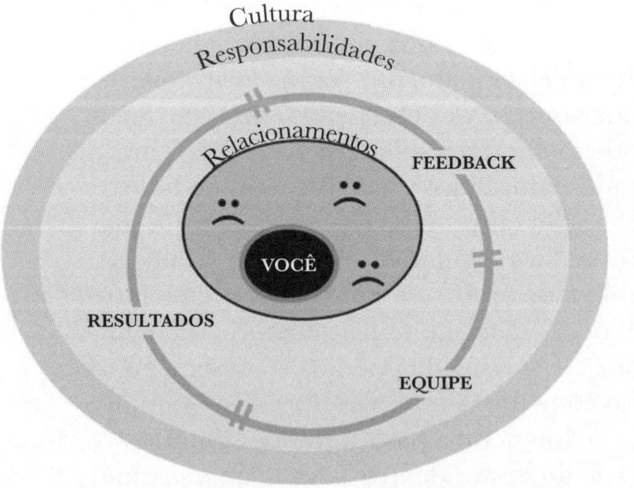

os relacionamentos que impulsionam todo o resto. A essência da liderança é não se deixar dominar pelas circunstâncias.

Você não tem como se importar com os outros se não se importar consigo mesmo. E, quando não se importa consigo mesmo ou com as pessoas ao redor, tudo o mais, inclusive seus resultados, vai por água abaixo. Mas você já sabe disso. Veja a seguir minhas sugestões do que você pode fazer a esse respeito.

Integração da vida profissional com a pessoal

Insista incansavelmente em levar tudo de si e o que você tem de melhor ao trabalho... e levar tudo isso de volta para casa depois. Não pense no equilíbrio entre a vida profissional e a pessoal como algum tipo de jogo de soma zero, no qual tudo o que você coloca no trabalho é retirado de sua vida pessoal e vice-versa. É melhor pensar em termos de *integração* da vida profissional com a pessoal. Se você precisa de oito horas de sono para se manter centrado, não estará tirando essas horas para si *em detrimento* de seu trabalho ou de sua equipe. A vida profissional e a pessoal afetam uma à outra. O tempo que você passa no trabalho pode ser uma expressão do ser humano que você é, enriquecer enormemente sua vida pessoal e ser uma verdadeira dádiva para seus amigos e sua família.

Descubra sua "receita" para se manter centrado e a siga à risca

Todo mundo tem algum conselho para dar sobre esse assunto, e o que tem um enorme valor para uma pessoa pode não passar de uma grande bobagem para outra. Um dia vi um filme no qual um policial de Nova York mostrava a um policial de Moscou os tanques de privação sensorial, as luzes especiais e os elaborados rituais de meditação que ele usava para administrar o estresse. "E você? O que faz?", perguntou o nova-iorquino. O moscovita respondeu com uma única palavra: "Vodca".

Use a solução mais adequada para você. Descobri que a melhor maneira é priorizar essa solução (mas sem exageros) nos momentos de dificuldade. É mais importante abrir um espaço em sua agenda para a atividade que o ajuda a se manter centrado quando está estressado e agitado do que quando as coisas estão indo relativamente bem. Um empreendedor de enorme sucesso que conheço costumava ir à academia antes e depois do trabalho em tempos de crise.

Veja o que preciso fazer para me manter centrada: dormir oito horas por dia, me exercitar por 45 minutos, tomar o café da manhã e jantar com minha família. Tudo bem não realizar uma ou duas dessas coisas por um ou dois dias, mas essa é minha rotina. Além disso, de vez em quando eu preciso ler um romance (de preferência um por semana), dar uma escapadinha em um fim de semana romântico com meu marido (de preferência quatro vezes por ano) e tirar duas semanas de férias com meus irmãos e meus pais (uma vez por ano). Se eu consigo fazer essas coisas, em geral me mantenho centrada mesmo que a casa caia em minha cabeça. Se eu não consigo fazer essas coisas, normalmente dou uma surtada ainda que tudo esteja indo às mil maravilhas.

Agende

Inclua em sua agenda as coisas que você precisa fazer para se manter centrado, como se fosse uma reunião importante. Se não está conseguindo sair do trabalho a tempo de chegar em casa para o jantar, inclua o tempo de locomoção em sua agenda. Imagine que precisa pegar um trem.

Cuide de si mesmo

Não deixe de comparecer aos encontros consigo mesmo e evite que as pessoas agendem outro compromisso no horário que você reservou para cuidar de si, do mesmo jeito que não se permitiria perder uma reunião com seu chefe.

Liberdade no trabalho

Certo, então você está centrado e levando seu melhor ao trabalho. O próximo passo é pensar em maneiras de empoderar os membros de sua equipe para que também possam se manter centrados e levar o melhor de si ao trabalho. Você só conseguirá orientar sua equipe a obter resultados se já desenvolveu um relacionamento de confiança com todos os seus subordinados diretos, e só haverá confiança quando as pessoas se sentirem *livres no trabalho*. A primeira regra para desenvolver o tipo de relacionamento com as pessoas que lhes permitirá se sentir livres no trabalho é renunciar à autoridade unilateral. É fácil fazer isso se você é gestor no Google, já que a empresa tem políticas para garantir esse tipo de postura. No entanto, se você é gestor em praticamente qualquer outra empresa, tem de renunciar voluntariamente a essa autoridade, o que requer uma enorme disciplina. É natural querer manter pelo menos um pouco de controle, mas poder e controle são ilusórios e não o ajudarão a chegar a seu destino. Abrindo mão do controle, seus relacionamentos serão mais eficazes... e mais gratificantes.

A premissa básica é que, quando todas as pessoas de sua equipe conseguirem levar o melhor de si ao trabalho, mental, emocional e fisicamente, elas vão ficar mais satisfeitas em suas funções, trabalhar melhor juntas e obter resultados melhores. Você não tem como forçá-las a isso impondo seu poder, sua autoridade ou seu controle. Como Jack Dorsey, CEO do Twitter e da Square, explicou em um e-mail sucinto que enviou para a empresa toda: "Se você precisar usar o nome ou a autoridade de outra pessoa para convencer sua equipe de um argumento, é sinal de que seu argumento não tem muito mérito (e talvez você mesmo não acredite muito nele). Se acredita em seu argumento, concentre-se em demonstrar isso por meio de seu trabalho. A autoridade é um resultado natural do mérito e não o contrário".

Se você for capaz de desenvolver um relacionamento de confiança com as pessoas para que elas se sintam livres no trabalho, elas terão muito mais chances de fazer o melhor trabalho de sua vida. A diferença é que você não as estará forçando a agir assim, mas criando as condições necessárias para que o façam naturalmente.

Como vimos no capítulo 1, poucas coisas prejudicam mais um relacionamento de confiança do que a autoridade unilateral ou o senso de superioridade. O modo como você trata as pessoas decide se elas vão se esforçar para fazer um bom trabalho, se vão fazê-lo só por obrigação ou se vão se empenhar para sabotar você. Se tratá-las como meras engrenagens de uma máquina, o máximo que conseguirá vai ser o que você exigir e, ainda por cima, estará criando um incentivo para elas quebrem a máquina. Nunca vou me esquecer de um projeto de consultoria que fiz em uma usina siderúrgica quando estava na faculdade. Desenvolvi o que considerei um brilhante sistema de compensação que tratava os operários como se fossem máquinas do tipo "coloque uma moeda para funcionar". O supervisor dos operários me disse: "Com esse sistema, os sujeitos que não sabem nem escrever o próprio nome vão querer aprender cálculo avançado para achar um jeito de me prejudicar!". Percebi que ele tinha toda a razão.

Naturalmente, a única coisa pior que a tirania é a anarquia, que é, na descrição do filósofo Thomas Hobbes em *Leviatã*, "sórdida, brutal e breve". Na anarquia, os valentões conseguem passar impunes agindo de acordo com os próprios interesses, e os resultados em geral são péssimos. Uma anedota russa sobre um ditador e um líder militar corrupto explica muito bem essa ideia. O líder militar faz uma visita à casa do ditador, que lhe mostra a vista espetacular de sua janela. "Está vendo aquela estrada?", pergunta o ditador, batendo no peito. "Dez por cento para mim! Ah! Ah! Ah!" Quando o ditador visita a casa do líder militar, este lhe mostra uma vista ainda mais espetacular. "Está vendo aquela estrada?", pergunta o líder militar. "Qual estrada?", quer saber o ditador. O líder militar bate no peito e responde: "*Cem* por cento para mim! Ah! Ah! Ah!". Em uma anarquia, a autoridade do líder militar é ainda mais irrestrita que a do ditador de um regime totalitário.

Shona Brown, que escreveu o livro *Estratégia competitiva no limiar do caos* antes de entrar na equipe de gestão executiva do Google para liderar as operações da empresa, queria evitar a criação tanto de ditadores como de líderes militares. Tendo isso em mente, ela elaborou meticulosamente um processo de contratação, um de promoção e um de avaliação de desempenho. O objetivo desses processos não era controlar os funcionários, e sim substituir a autoridade unilateral, que pode surgir naturalmente quando as pessoas agem de acordo com a própria conveniência ou interesses pessoais, por um sistema que usava informações vindas da equipe toda. Ao obrigar os gestores a abdicar do controle unilateral, o Google os incentivou a desenvolver bons relacionamentos com seus subordinados diretos e garantiu que todos pudessem ser livres no trabalho. O sistema também melhorou muito a tomada de decisão na empresa.

A desconfiança do Google em relação à autoridade irrestrita dos gestores se refletia em praticamente todos os procedimentos da companhia. Os gestores não podiam simplesmente contratar pessoal; eles precisavam submeter os candidatos a um rigoroso processo de entrevistas que envolvia a aprovação dos superiores, inclusive do próprio Larry Page. As promoções não eram decididas pelos gestores, mas por um comitê de colegas. As avaliações de desempenho dependiam do feedback de 360 graus de cada funcionário e não apenas da opinião subjetiva do chefe e eram calibradas entre equipes para que os mesmos padrões valessem para todo mundo. O processo dificultava muito para os chefes promover injustificadamente seus favoritos ou impedir o avanço de desafetos.

A abordagem radical do Google pode ou não se adequar a sua empresa, mas já dá para ter uma ideia de como o processo proporciona às pessoas um senso de justiça e autonomia simplesmente reduzindo as chances de um funcionário ficar à mercê dos caprichos de um chefe. Com essa abordagem, os chefes não têm como se transformar em burocratas mesquinhos. Se tiver muita autoridade unilateral nas mãos, você inevitavelmente vai tomar decisões que destruirão a confiança, arruinarão seus relacionamentos e levarão seus subordinados diretos a querer fugir do emprego como se estivessem tentando escapar da prisão. Em algumas circunstâncias, até uma dose minúscula de autoridade unilateral pode bastar para levar as pessoas a se comportar mal. Pense na última vez em que você teve de ir a uma repartição pública para resolver um problema. É por isso que a primeira regra para desenvolver o tipo de relacionamento que permitirá às pessoas se sentir livres no trabalho é renunciar à autoridade unilateral.

Vale repetir que não estou recomendando a passividade total nem a anarquia. Não estou sugerindo que você simplesmente ignore seus subordinados ou deixe que eles façam o que quiserem. Você tem um trabalho a fazer. Deve orientar sua equipe para atingir resultados e, no processo, será obrigado a romper vínculos com algumas pessoas e tomar decisões difíceis, muitas vezes impopulares. Isso explica, em parte, por que é tão importante desenvolver relacionamentos baseados na confiança e que possibilitem às pessoas sentir-se livres no trabalho.

Recomendo procurar situações nas quais você tenha como abrir mão de algumas fontes de controle tradicionais, mostrando a seus subordinados que deseja que eles tenham mais autonomia. A ideia de muitos dos conselhos que você lerá nos próximos três capítulos é incentivá-lo a abrir mão de sua autoridade unilateral e se concentrar em desenvolver relacionamentos baseados na confiança.

Domine a arte de socializar no trabalho

Algumas empresas gostam de promover encontros de funcionários fora do escritório. Pode ser um happy hour, uma festa de fim de ano ou um evento em algum hotel ou resort. Os retiros e as festas até podem ser produtivos (se as pessoas gostarem), mas vale lembrar que temos mais oportunidades de conhecer nossos chefes, colegas e subordinados no dia a dia do trabalho do que em um evento anual de fim de ano.

Passar um tempo com o pessoal do escritório em um ambiente mais descontraído, sem a pressão dos prazos, é um bom jeito de desenvolver relacionamentos. E não precisa ser nada caro; vocês podem sair para uma caminhada juntos ou fazer um piquenique. Também é interessante conhecer a família das pessoas. Ainda mais memorável que a extravagante festa organizada pelo Google para o dia do "traga seu filho ao trabalho", foi o fato de Alan Eustace, vice-presidente sênior de engenharia, ter usado uma fantasia de coelho cor-de-rosa. Convidar sua equipe e a família deles para almoçar ou jantar em sua casa pode ser uma forma incrível de se abrir e mostrar que você se importa.

No entanto, quando esses eventos são organizados pela chefia, as pessoas às vezes se sentem obrigadas a comparecer, o que sem querer acaba prejudicando a cultura de liberdade e empoderamento. Você já passa muitas horas por dia com seus colegas e subordinados diretos. Use esse tempo para reforçar os relacionamentos. Em geral, é melhor usar o tempo fora do trabalho para se manter centrado do que para socializar com o pessoal do escritório.

Se você decidir organizar um evento social no trabalho, lembre-se de duas importantes advertências: 1) até os eventos não obrigatórios podem ser vistos como obrigatórios; 2) cuidado para não beber demais...

Até os eventos não obrigatórios podem ser vistos como obrigatórios

Eventos divertidos até podem ser um bom jeito de conhecer as pessoas de sua equipe e ajudá-las a se conhecer, mas tenha em mente que, se você organizar um evento, a pressão social forçará algumas pessoas a situações que elas prefeririam evitar. Nunca vou me esquecer de uma conversa que tive com Marissa Mayer, quando ela trabalhava no Google, sobre uma excursão para observação de baleias que o chefe dela organizou para ajudar a equipe a se unir. Marissa sofre de enjoo e náuseas em barcos e sabia que acabaria deixando o café da manhã no mar se fosse à excursão. Seu chefe, porém, a pressionou, dizendo que ela precisava ir de qualquer maneira para mostrar que tinha espírito de equipe. Ninguém deveria ser forçado a vomitar em um barco para demonstrar sua fidelidade à equipe.

É importante evitar situações nas quais tentativas de promover a união de todos e elevar o moral acabam piorando as coisas. Em uma ocasião, trabalhei com um líder cuja equipe passava 80 horas por semana no escritório. O líder organizou um retiro e incluiu na programação o equilíbrio entre a vida profissional e a pessoal... às nove da noite, depois de uma sessão de kart. Na verdade, todo mundo teria preferido não andar de kart, mas as pessoas achavam que *tinham de* fazer coisas "divertidas" para "reforçar os vínculos". Às vezes, o maior presente que você pode dar a sua equipe é deixá-la voltar para casa.

O perigo das bebidas alcoólicas

Algumas vezes, um drinque ou dois podem ser um lubrificante social; outras, um tiro pela culatra. Veja alguns pesadelos que testemunhei pessoalmente ou dos quais ouvi falar, resultantes de misturar bebida com trabalho: uma mulher vomitou em sua salada durante o jantar com um cliente; um homem socou um policial e passou a noite na delegacia; um sofá teve de ser retirado do escritório porque estava com claros sinais de que haviam transado nele; outro sofá ficou arruinado quando um bêbado vomitou em cima dele; uma mulher bebeu tanto que desmaiou no escritório e o chefe de seu chefe recebeu um telefonema às três da manhã do segurança do prédio; muita agonia emocional e casamentos destruídos por causa de investidas sexuais embriagadas; acusações de estupro; uma tentativa de suicídio. Desnecessário dizer, essas não são as melhores maneiras de reforçar relacionamentos.

Respeite os limites das pessoas

Para desenvolver relacionamentos assertivamente empáticos, você terá de andar na corda bamba entre respeitar os limites das pessoas e encorajá-las a levar tudo de si ao trabalho. Os limites das pessoas e o melhor modo de fazê-las se abrir um pouco mais variam bastante. Você vai precisar negociar esses limites e respeitá-los, ao mesmo tempo que se esforça para conhecer mais profundamente as pessoas e, assim, desenvolver bons relacionamentos. Veja algumas lições que aprendi sobre andar nessa corda bamba. Espero que as dicas o ajudem na tarefa de negociar os limites com as pessoas.

Conquiste a confiança das pessoas

Em qualquer relacionamento, conquistar a confiança leva tempo, porque a confiança se baseia em um padrão de ações bem-intencionadas. É um grande erro presumir antes do tempo que você conquistou a confiança de alguém (por exemplo, fazendo perguntas pessoais quando você mal conhece a pessoa). De outro lado, você precisa começar por algum lugar. Se nunca demonstrar interesse pela vida pessoal de um subordinado, vai ficar difícil avançar no eixo do "importar-se pessoalmente". Provavelmente a coisa mais importante que você pode fazer para desenvolver a confiança é passar um tempo sozinho com cada um de seus subordinados diretos, e um bom modo de começar a fazer isso é abrir sua agenda para conversas individuais periódicas, deixando que o subordinado decida a pauta. (Veja a seção "Conversas individuais", no capítulo 8.) A maneira como você pede um feedback negativo e reage às críticas tem o poder de conquistar ou destruir a confiança. (Veja a seção "Peça um feedback improvisado", no capítulo 6.) Conduzir anualmente "conversas sobre a carreira" com seu pessoal também é um excelente modo de reforçar o relacionamento com seus subordinados diretos (veja o capítulo 7).

Compartilhe seus valores

Quando estávamos montando o curso Managing at Apple, várias pessoas insistiram em começar o curso com um exercício no qual os gestores deveriam anotar e compartilhar seus "valores pessoais". Fazia sentido. Afinal, são nossos valores que nos mantêm centrados. No entanto, eu tendo a desconfiar muito desse tipo de exercício. Para começar, levamos uma vida inteira para consolidar nossos valores pessoais, e um exercício de 45 minutos não tem como dar o devido valor a todo esse trabalho. Em segundo lugar, alguns consideram interessante articular explicitamente seus valores; outros não. E, em terceiro lugar e o mais importante, muitos acham que seus valores são pessoais e preferem não discuti-los com os colegas de trabalho. Há, ainda, quem usa o exercício para tentar "converter" os colegas e falar sobre seus valores de maneira a ressaltar diferenças irrelevantes para o trabalho em colaboração. Um exercício que requer que as pessoas falem abertamente sobre seus valores pode acabar dividindo-as e não unindo-as.

Por que, afinal, eu me oporia a que os participantes do curso anotassem seus valores, considerando que uma das recomendações que costumo enfatizar é "levar tudo o que você é ao trabalho" (ou seja, ter a liberdade de usar tudo o que você tem, intelectual, emocional e fisicamente, no trabalho)? A história que um aluno nos contou exemplifica bem o problema. Ele era homossexual, da conservadora região do Meio-Oeste dos Estados Unidos, e disse ter certeza de que, se tivesse "saído do armário" em seu emprego anterior, teria sido condenado ao ostracismo por muitos colegas. Desse modo, um exercício voltado a explicitar os valores em uma empresa como aquela o teria forçado a mentir sobre seus valores.

O importante é não perder de vista seus valores pessoais e demonstrá-los no modo como você gerencia sua equipe e não apenas escrevendo palavras pomposas como "empenho", "honestidade" e "inovação" em uma folha de papel. Demonstre seus valores na prática. Não tente fazer uma lista de valores como se fosse um exercício de RH do seriado cômico *The Office*.

Seja aberto

Isso me leva a um importante preceito que está no cerne do conceito da empatia assertiva: abertura. Você não precisa compartilhar com os subordinados e os colegas os mesmos valores profundamente pessoais para desenvolver bons relacionamentos com eles, e é péssima ideia tentar convencê-los de que seus valores estão "certos", e os deles, "errados". Você tem de respeitar os valores que as pessoas revelarem.

Talvez você ache que, nas cidades liberais em que trabalho, como San Francisco e Nova York, as pessoas são mais abertas às diferenças. No entanto, muitos colegas meus reclamaram que seriam vítimas de ostracismo se revelassem suas opiniões políticas em San Francisco. Eles tinham de morder a língua sempre que alguém comentava que todos os conservadores eram burros ou corruptos. Faça uma pausa para pensar nisso. Um homem gay forçado a suportar piadas homofóbicas ou um conservador obrigado a engolir piadas anticonservadoras terão toda uma importante faceta de sua vida rejeitada pelas pessoas e se sentirão deslocados e sem muita liberdade no trabalho.

Por isso, lembre que uma parte importante dos relacionamentos assertivamente empáticos é abrir-se para a possibilidade de se conectar com pessoas de visões de mundo diferentes, que se comportam de maneira que você não consegue entender ou cujo comportamento pode até entrar em conflito com seus valores pessoais. É possível importar-se pessoalmente com uma pessoa que discorda de seu ponto de vista sobre o aborto, sobre o porte de armas ou sobre Deus. O caminho mais rápido para formar relacionamentos artificiais no trabalho e para a atração gravitacional da mediocridade organizacional é insistir para que todos tenham a mesma visão de mundo antes de desenvolver relacionamentos com eles. Um relacionamento assertivamente empático começa com o respeito e a decência que os seres humanos devem um ao outro, não importa qual seja sua visão de mundo. Vale repetir que *o trabalho* é o vínculo em comum entre todas as pessoas da equipe, e o modo mais produtivo de fortalecer esse vínculo é aprender a trabalhar em colaboração, de forma a beneficiar todos os envolvidos.

Dick Costolo dedicou muito tempo e energia pensando em como fazer do Twitter um ambiente mais aberto e inclusivo. Quando fez o Teste de Associação Implícita, os resultados revelaram que ele basicamente não tem viés inconsciente algum – por exemplo, ele é menos machista do que eu... e olhe que me considero uma grande defensora das mulheres.

Uma de minhas histórias preferidas sobre Dick e a diversidade foi sua tentativa de eliminar a expressão "*you guys*"* de seu vocabulário. Contei a ele que, quando meus gêmeos (um menino e uma menina) estavam na pré-escola, nenhum dos dois professores deles sabia dizer por que os meninos levantavam a mão com mais frequência do que as meninas. Um dia, fui assistir a uma aula e ouvi um dos professores perguntar: "Certo, '*you guys*', quem sabe quanto é 4 + 1?". Não é de admirar que as meninas não levantassem as mãos! As crianças costumam entender tudo literalmente e sabem que a palavra "*guys*" (caras) não inclui as meninas. Quando contei essa história a Dick, confessei que também eu tendo a levar as coisas literalmente e fico irritada sempre que alguém se refere a um grupo misto, de homens e mulheres, usando a expressão "*you guys*". A maioria das pessoas me olha de modo esquisito quando me ponho a discursar contra "*you guys*", mas Dick simplesmente bateu com a palma da mão na testa. "É claro! A pior coisa do mundo é se sentir invisível. Não acredito que eu nunca tenha pensado nisso! Um jeito garantido de fazer um grupo de pessoas se sentir excluído é usar uma linguagem que finge que essas pessoas simplesmente nao estão na sala".

---

* N.T.: Expressão informal em inglês utilizada para se referir a duas ou mais pessoas, normalmente traduzida simplesmente por "vocês". Literalmente, "you guys" quer dizer "vocês, caras", e a opção politicamente correta seria "you guys and gals", para incluir homens e mulheres.

"Sim, como o *Homem invisível*", afirmei. Dick e eu tínhamos discutido o romance de Ralph Ellison sobre um homem negro que se sente invisível devido à cor de sua pele.

"Isso mesmo! Certo, você me convenceu. Vou começar a dizer *you all!**", prometeu Dick.

Não é fácil deixar de usar frases feitas e expressões comuns, mas sou testemunha de que Dick se empenhou muito para passar a dizer "*you all*" em vez de "*you guys*".

Contato físico

Será que existe alguma situação em que tocar um colega de trabalho pode ser uma boa ideia? Muita gente diria que qualquer tipo de contato físico no trabalho, fora um aperto de mão frio e profissional, é inadequado ou perigoso. Acho que há um pouco de exagero nisso. Quando se fica sabendo que o marido de uma colega morreu em um acidente de trânsito ou quando um funcionário anuncia seu noivado, um aperto de mão frio e profissional simplesmente não transmite a mensagem, e um abraço de verdade pode ser a melhor maneira de mostrar que você se importa pessoalmente.

Stacy Brown-Philpot, CEO da TaskRabbit, aprendeu muito sobre abraços (e como navegar pelo espaço pessoal dos colegas de trabalho) com Bill Campbell, respeitadíssimo e querido coach do Vale do Silício. Stacy conheceu Bill quando este a procurou depois de uma palestra dela e lhe disse que ela agitava muito as mãos diante do rosto quando falava e teria mais credibilidade se parasse de fazer isso. Ela me contou que aquele foi o melhor conselho de oratória que já recebeu na vida.

"Você não ficou nem um pouco irritada quando aquele homem que você nunca tinha visto na vida a abordou para criticá-la?", perguntei.

Stacy parou para pensar por um momento. "Bem, acho que não me irritei porque, antes de me dizer qualquer coisa, ele me deu um grande abraço de urso e um beijo na bochecha. Por isso

---

* N.T.: Literalmente, "todos vocês".

eu soube que a crítica dele não tinha intenção alguma de me magoar. Ficou claro que ele se importava e só estava me criticando para me ajudar."

"Você não achou estranho um desconhecido chegar abraçando e beijando você?"

"Não, porque foi algo natural vindo dele. Que bom seria se mais pessoas dessem abraços como ele!"

Meu marido, que foi treinador do time de beisebol infantil do filho de Bill, disse: "Ele abraçava todos os treinadores, todos os pais e todas as crianças. Ele abraçava todo mundo! Acho que mais pessoas deveriam fazer isso".

Concordo com Stacy e com meu marido: mais pessoas poderiam dar abraços assim. Não aquele abraço de lado, usando um braço só, mas o de seis segundos sobre o qual Gretchen Rubin escreveu em seu livro *Projeto Felicidade*. Gretchen, que pesquisou praticamente tudo, explica por que um abraço mais longo é mais eficaz do que um abraço curto: "Um fato interessante: para aumentar o fluxo de oxitocina e serotonina – substâncias químicas que melhoram o humor e promovem a criação de vínculos –, dê abraços de pelo menos seis segundos".

Naturalmente, nem todo abraço ou toque será bem-recebido. Em um de meus primeiros empregos, tive um chefe que me dava um grande abraço sempre que me via chateada e começava a se esfregar em mim de um jeito bastante desagradável. O resultado é que eu ficava ainda mais chateada. Eu o via como um mentor, e ele estava se revelando um sujeito absolutamente nojento. Se o abraço for de natureza sexual, depreciativo ou claramente indesejado, trata-se de um ato de agressividade ofensiva. Se você se limitar a abraçar as pessoas sem jamais confrontá-las, seus abraços podem ser uma demonstração de empatia nociva. De outro lado, não fique chateado se a pessoa não quiser ser abraçada. E tudo bem se você não for de abraçar. Quando Russ Laraway leu esta seção, imediatamente me pediu para não o abraçar.

Para mostrar que você "se importa pessoalmente", você precisa seguir a "regra de diamante" antes de sair por aí distribuindo abraços a torto e a direito. A "regra de ouro" diz para não fazer aos outros o que você não gostaria que fizessem com você. A "regra de diamante" diz para descobrir o que deixa as pessoas à vontade e fazer isso. Se a maioria dos membros de sua equipe se sentir à vontade com abraços, você tem de dar um jeito para que os que não curtem muito não se sintam excluídos com sua distribuição de abraços. (Use suas próprias palavras!)

Mas, se você puder fazer o que Bill Campbell fez com Stacy e dar o tipo de abraço assertivamente empático capaz de abrir a mente e o coração das pessoas para que aprendam algo novo ou cresçam de alguma forma, saiba que estará fazendo deste mundo um lugar um pouco mais feliz.

Vá em frente. Veja no que dá. Tudo bem você se forçar a sair de sua zona de conforto, mas nunca é legal deixar as pessoas constrangidas, então só tente fazer isso com aquelas que você sabe que gostam de ser abraçadas!

Reconheça as próprias emoções

"Sei como vai ser meu dia dependendo de sua cara quando você entra pela porta", disse-me Russ certa manhã, quando trabalhávamos juntos no Google. Poucas vezes na vida senti tanta vergonha. Eu me achava uma pessoa equilibrada, capaz de manter o controle em momentos difíceis. Ele viu que fiquei chateada e me deu um crédito, mas sem retirar sua crítica: "Bom, pelo menos, você tenta não descontar na gente. Mesmo assim, todo mundo nota quando você está de bom ou de mau humor. Todo mundo nota se o chefe está de bom ou mau humor. A gente precisa notar. É uma forma de proteção".

O que eu precisava fazer para não estragar o dia de minha equipe inteira só porque não estava bem? É assim que a abordagem de levar tudo o que você é ao trabalho pode entrar em conflito com as consequências negativas de fazer exatamente isso. No entanto, também não costuma dar certo tentar reprimir esses sentimentos. Não há como esconder seus sentimentos das pessoas que trabalham em estreito contato com você. Você não deve descontar seu mau humor na equipe, mas não pode ocultar o fato de não estar em um bom dia. O melhor a fazer é revelar seus sentimentos e compartilhar o que está acontecendo em sua vida para que as pessoas não pensem que seu mau humor é culpa delas.

Aprendi a simplesmente dizer algo como: "Ei, estou tendo um péssimo dia. Estou tentando me controlar, mas desculpe se eu parecer um pouco irritada. Não tem nada a ver com você ou com seu trabalho. É só que tive uma briga com uma amiga [ou seja lá o que for]".

Se estiver passando por um grande baque emocional, procure nem ir ao trabalho. As emoções são tão contagiantes quanto os vírus, então é melhor não contaminar as pessoas com seu estado de espírito. As crises de saúde mental deveriam ser levadas mais a sério.

Domine suas reações às emoções alheias

Muitas pessoas tendem a cruzar um perigoso limite emocional quando assumem um cargo de chefia e tentam administrar as emoções alheias. Todas as pessoas, inclusive seus subordinados, são responsáveis pela própria vida emocional. Há poucos caminhos mais rápidos para a insinceridade manipuladora do que achar que você pode controlar ou contornar as reações emocionais dos outros. Para desenvolver relacionamentos assertivamente empáticos, não tente impedir, controlar ou administrar as emoções alheias. Reconheça-as e reaja com compaixão quando as emoções correrem soltas. E domine suas reações às emoções alheias.

Você já sabe como reagir às emoções com compaixão, pois faz isso o tempo todo em sua vida pessoal. Só que, de alguma forma, no trabalho, aprendemos a esquecer esses conceitos básicos. Veja algumas dicas para reagir com compaixão, coisas que você já deve fazer instintivamente em outros relacionamentos, mas que pode não estar fazendo no trabalho:

Reconheça as emoções. As reações emocionais podem lhe dar pistas importantes para entender melhor o que está se passando na vida de seus subordinados e revelar um atalho para chegar ao cerne da questão. Assim, quando alguém se descontrolar ou lhe der um gelo, não finja que nada está acontecendo. Não tente acalmar a pessoa dizendo coisas como: "Não é nada pessoal" ou

"Vamos tentar manter o profissionalismo". Em vez disso, diga: "Estou vendo que você está bravo/frustrado/eufórico/________".

Faça perguntas. Se alguém reagir emocionalmente por estar frustrado, furioso ou irritado com uma situação no trabalho, é sinal de que você deve continuar fazendo perguntas até descobrir o verdadeiro problema. Não tente direcionar a conversa; apenas ouça para esclarecer a questão.

Culpar-se não ajuda em nada a melhorar as emoções já difíceis das pessoas. As pessoas que gerenciei ou orientei não raro me procuravam consternadas depois que alguém começava a chorar no meio de uma conversa com elas. "O que fiz de errado?", perguntavam. Elas poderiam lidar perfeitamente com a situação. Só porque alguém caiu no choro ou se pôs a berrar não significa que você tenha feito algo de errado, mas apenas que a pessoa está nervosa. Se você se sentir culpado pelo nervosismo de alguém, tenderá mais a ficar na defensiva do que a reagir com compaixão. E sua postura defensiva poderá levá-lo a ser condescendente ou frio. As pessoas passam grande parte da vida no trabalho. Elas em geral se importam com o que fazem e é natural que fiquem nervosas quando as coisas dão errado. Quando alguém está nervoso, não é necessariamente culpa sua. O nervosismo da pessoa pode não ter nada a ver com você. Concentre-se na pessoa, não em si mesmo.

Pode ser um tiro pela culatra dizer às pessoas como elas deveriam se sentir. Veja algumas das palavras mais contraproducentes ditas em uma situação como essa: "Não fique triste"; "Não fique bravo"; "Não me leve a mal, mas…". Se você sentir a tentação de dizer esse tipo de coisa, pense naquela canção de Meat Loaf: "*I want you, I need you, but there ain't no way, I'm ever gonna love you. Now don't be sad*" (Eu quero você, preciso de você, mas não tem como, nunca vou amar você. Agora não fique triste). A pessoa que ouvir isso só pode ficar mais triste! Se você for do tipo que não consegue suportar as emoções alheias, não tente pressionar a pessoa a não chorar, não esbravejar ou não ficar na defensiva. Se você lhe disser que ela não pode ter determinada reação emocional, será quase inevitável que ela tenha exatamente essa reação. Esse tipo de proibição provavelmente provocará as mesmas emoções que você mais teme. É como o irmão de Tolstói lhe dizendo que ele só poderia sair do canto do quarto quando parasse de pensar em um urso-branco. O resultado foi que o urso-branco passou horas ocupando a mente de Tolstói. Tive um chefe que me disse que eu não podia chorar na frente dele. E o que acabou acontecendo foi que eu chorava o tempo todo na frente daquele homem! Foi terrível para nós dois.

Se você não conseguir lidar com explosões emocionais, perdoe-se. Você não precisa ficar de braços cruzados vendo alguém chorar ou gritar se isso for insuportável para você. Se alguém começar a ter uma reação emocional e você não souber o que fazer, tudo bem dizer: "Sinto muito que você esteja nervoso. Vou sair um pouco da sala para pegar um copo d'água para você. Já volto". E, quando voltar, pode sugerir: "Que tal se a gente mudar de assunto por ora e deixar para conversar sobre isso em outra ocasião? Prometo que vamos voltar a falar nisso, porque estou vendo que é importante para você, mas seria difícil para mim fazer isso agora".

Deixe lenços de papel não muito longe de sua mesa. Eu costumava manter uma caixa de lenços de papel sempre à mão em minha sala. Então, uma pessoa do escritório criou o hábito de toda sexta-feira à tarde entrar em minha sala e chorar. Era um jeito exaustivo de concluir a semana. Pedi o conselho de um colega que tem pavor de choro. Ele me disse que oferecer um lenço de papel era um verdadeiro convite para os olhos marejados se transformarem em uma enxurrada de lágrimas. Quando via que alguém estava prestes a chorar, ele pedia licença e saía da sala para ir buscar um lenço de papel. Aquela pequena pausa normalmente bastava para a pessoa se acalmar. Tentei aplicar a técnica na sexta-feira seguinte e deu certo!

Deixe algumas garrafas d'água fechadas em sua mesa. Outro bom conselho que ouvi de um profissional de RH é manter algumas garrafas d'água fechadas à mão. Quando vir que a pessoa está ficando nervosa, ofereça-lhe uma garrafa. Em geral, o simples fato de fazer uma pausa para abrir a tampa e tomar um gole de água basta para tranquilizar a pessoa. E, se for você que estiver prestes a cair no choro, pegue uma garrafa d'água!

Fale caminhando, não sentado. Se você precisar ter uma conversa difícil com alguém, experimente não falar sentado, mas caminhando com ela. Ao caminhar, as emoções não ficam tão à flor da pele e têm menos chances de ser destrutivas. Além disso, caminhar juntos olhando para a mesma direção em geral é um exercício mais colaborativo do que sentar cada um de um lado da mesa olhando um para o outro.

***

Desenvolver relacionamentos com seus subordinados diretos requer muito tempo e energia. Às vezes, especialmente quando as coisas não vão muito bem, essa é a parte mais cansativa de seu trabalho, mas também uma das mais importantes. Se você conseguir superar a dificuldade inicial, vai constatar, como eu, que esses relacionamentos serão uma fonte muito maior de gratificação no trabalho do que os resultados que vocês atingirem juntos.

FEEDBACK

IDEIAS PARA RECEBER, DAR E INCENTIVAR ELOGIOS E CRÍTICAS

No capítulo 2, descrevi como relacionamentos assertivamente empáticos promovem a confiança que lhe possibilitará dar um feedback melhor e como dar um feedback melhor, por sua vez, o ajudará a desenvolver relacionamentos assertivamente empáticos com seu pessoal. Dar feedback é o fator mais básico da gestão, mas a maioria das pessoas fica extremamente incomodada com essa parte do trabalho. Apresentarei aqui ferramentas e técnicas específicas para facilitar seu trabalho de criar uma cultura de feedback na equipe.

Para desenvolver uma cultura de feedback assertivamente empática, *você precisa receber, dar e incentivar tanto elogios como críticas*. Veja a seguir uma tabela simples que bolei para ajudá-lo a atingir o equilíbrio.

PEÇA UM FEEDBACK IMPROVISADO
Aceite o desconforto

FEEDBACK =	Elogios	Críticas
Receber de		
Dar para		
Incentivar entre		

Uma das maiores lições que aprendi sobre criar uma cultura de feedback foi observando a discussão entre Larry Page e Matt Cutts que descrevi na

FEEDBACK =	Elogios	Críticas
Receber de	✔	✔
Dar para		
Incentivar entre		

introdução. Antes de Larry criticar a proposta de Matt, ele o incentivou a confrontá-lo, sorrindo de um jeito encorajador quando Matt começou a se exaltar. Larry nunca disse: "Não se deixe levar pelas emoções". Quanto mais intensa ficava a crítica de Matt, mais o sorriso de Larry se alargava. Como promover um ambiente onde esse tipo de coisa acontece no dia a dia? O que você pode fazer para receber críticas de sua equipe?

Não costuma ser muito fácil fazer isso, porque, quando você é o chefe, as pessoas preferem evitar criticá-lo ou dizer o que realmente pensam (pelo menos não na sua frente). Ao assumir o cargo, você herda um monte de pressupostos que não têm nada a ver com quem você realmente é. O cargo em geral muda a impressão das pessoas sobre você de uma forma que pode ser desconcertante. Por exemplo, eu tenho 1,52 metro de altura, sou loira e falo com um sotaque meio caipira, do Sul dos Estados Unidos. Passei a vida inteira combatendo o estereótipo da "loira burra". Então, quando fui promovida à chefia e uma mulher me disse que eu era intimidadora, achei que ela estivesse brincando. Depois ouvi por acaso outra pessoa dizendo que sou alta... isso apesar de um colega da equipe ter nada menos que 43 centímetros a mais do que eu.

Não pense que, só porque você é legal ou porque costumava almoçar todos os dias com as pessoas que passou a gerenciar, elas não vão vê-lo com outros olhos depois de você assumir a chefia ou vão confiar automaticamente em você. Dê uma olhada nas seguintes definições pitorescas de "chefe": "Os chefes são como nuvens: quando desaparecem, o dia fica lindo" ou "Chefe: forma de tratamento irônica usada por subordinados insolentes e que, apesar de ostensivamente respeitosa, na verdade implica que as pessoas não têm um pingo de respeito por você". De certa maneira, você estará combatendo preconceitos a partir do instante em que se tornar chefe. E a autoridade que acompanha o cargo tem o potencial de trazer à tona alguns de seus piores impulsos, de modo que as pessoas podem nem estar sendo injustas com você.

É por isso que, quando você assumir a chefia, é importante fazer de tudo para conquistar a confiança dos membros de sua equipe. É natural querer ter o respeito deles. Só que preocupar-se demais com o respeito pode ser um tiro pela culatra, porque você vai tender a ficar mais na defensiva quando criticado. Se, de outro lado, você souber ouvir críticas e reagir bem a elas, tanto a confiança como o respeito virão.

Aqui vão algumas dicas e técnicas que costumam ajudar a manter o diálogo fluindo:

Você é a exceção à regra de "só criticar em particular". Michelle Peluso, CEO da Gilt Groupe, explicou os benefícios de criticar a si mesma em público. Em uma entrevista para o *The New York Times*, ela disse: "Sempre adotei uma abordagem um pouco diferente das avaliações de 360 graus. Revelo os resultados da avaliação a todas as pessoas da equipe executiva e faço questão de começar com a minha: 'Sou boa nisso e não estou indo bem naquilo'. Chego a dizer à empresa inteira: 'É neste e naquele ponto que vou precisar da ajuda de vocês'. Com isso, as pessoas se sentem um pouco mais seguras para fazer o mesmo, e aumento minhas chances de conquistar a confiança delas".

Assim que eu descobria quem de minha equipe ficava mais à vontade me criticando, pedia que a pessoa me criticasse na frente dos outros em uma reunião da equipe ou em um encontro com a toda a empresa. Em geral a pessoa relutava no início e dizia: "Mas e toda aquela história de só criticar em particular?". Essa regra, porém, não se aplica ao chefe. Quando você encoraja as pessoas a criticá-lo em público, tem a chance de mostrar que você de fato recebe críticas de braços abertos. Você também dá o exemplo para a equipe como um todo: "*Todos* devemos receber de braços abertos críticas que nos ajudem a fazer um trabalho melhor". Quanto maior for a equipe, maiores serão os benefícios de reagir bem às críticas recebidas em público.

Além disso, quanto maior for sua equipe, mais difícil vai ser para as pessoas serem incluídas em sua agenda. Se você for responsável por uma equipe de mais de 60 pessoas e obrigá-las a esperar a chance de ter um momento em particular com você para poder lhe dar um feedback negativo, você provavelmente nunca vai ouvir crítica alguma. As críticas em público também têm um benefício adicional: poupam você do inconveniente de ter de ouvir a mesma coisa repetidas vezes.

Muitos gestores temem que uma crítica em público possa prejudicar sua autoridade. É natural querer reprimir a dissidência, mas saber reagir bem a críticas em público pode formar as bases de sua credibilidade como líder forte e ajudá-lo a criar uma cultura de feedback em sua equipe.

Tenha uma pergunta-padrão para convidar às críticas. Quando você é o chefe, é constrangedor pedir que seus subordinados diretos lhe digam abertamente o que estão achando de seu desempenho… e pode ser ainda mais para eles do que para você. Para ajudar, passei a usar uma pergunta-padrão sugerida por Fred Kofman, autor de *Consciência nos negócios* e meu coach no Google: "Tem alguma coisa que eu poderia fazer ou deixar de fazer para facilitar seu trabalho comigo?". Você não precisa usar exatamente essas palavras. Elabore a pergunta do jeito que lhe parecer mais natural. A ideia é usá-la para dar início ao diálogo.

Aceite o desconforto. A maioria das pessoas vai começar respondendo a sua pergunta com algo como: "Ah, está tudo certo, obrigado por perguntar", esperando que a resposta possa pôr um fim à conversa. Elas provavelmente foram pegas de surpresa e receberam a pergunta com desconfiança. É natural se deixar contaminar pelo constrangimento das pessoas e cair na tentação de simplesmente tranquilizá-las e concluir a questão dizendo, por exemplo: "Ótimo! Bom saber". *Não faça isso.* É vital se preparar para esse cenário e insistir no diálogo até receber uma resposta autêntica.

Uma boa técnica é contar até seis antes de dizer qualquer coisa, forçando a pessoa a enfrentar o silêncio. A ideia não é submetê-la a um tipo de bullying, mas insistir em um diálogo sincero, fazendo com que seja mais difícil para ela ficar em silêncio do que dizer o que realmente está pensando. Se não adiantar contar até seis, repita a pergunta. E repita mais uma vez, se necessário. Se a pessoa não conseguir pensar em nada para dizer na hora, marque outro horário para retomar a conversa. Um dos banqueiros que liderou a oferta pública inicial de ações (IPO) do Facebook me contou de uma ocasião na qual Sheryl pediu sua opinião depois de uma reunião com investidores potenciais, perguntando-lhe: "O que eu poderia ter feito melhor?". Ele não conseguiu pensar em nada; a apresentação tinha sido um sucesso. No entanto, Sheryl se recusou a deixar por menos. "Sei que tem alguma coisa que eu poderia ter feito melhor." E, mesmo com a insistência dela, ele não conseguiu pensar em nada e começou a ficar nervoso. "Você é famoso por dar excelentes feedbacks", encorajou-o Sheryl. "Aposto que, se você pensar bem, vai se lembrar de alguma coisa." Nesse ponto, ele estava suando aos borbotões. Ela continuou a insistir, sorrindo, à espera de uma resposta, e então ficou em silêncio. Foi quando ele finalmente pensou em uma coisa e disse a ela. "Muito obrigada!", agradeceu Sheryl. "Vou melhorar da próxima vez!"

Outra maneira de aceitar o desconforto é indicar à pessoa quando a linguagem corporal dela não está de acordo com o que diz. Imagine que você esteja em uma reunião com um colega e tenha acabado de apresentar uma ideia grandiosa, muito possivelmente impraticável. Um colega responde: "Ah! Adorei a ideia", mas você nota que ele se encolhe um pouco e cruza os braços em uma postura defensiva. Você estará perdendo uma grande oportunidade se ignorar esse tipo de comunicação não verbal. Sem ser desagradável, tente dizer algo como: "Então por que você cruzou os braços e se encolheu na cadeira? Não tem problema; pode me dizer o que realmente acha da ideia!".

Ouça para entender, não para responder. Você finalmente convenceu a pessoa a lhe dar um feedback negativo. É importante saber administrar sua reação. Não importa o que aconteça, jamais critique a crítica. Não acuse a pessoa de não estar sendo assertivamente empática! É melhor repetir o que ela disse para ver se você entendeu direito em vez de se defender da crítica que acabou de ouvir. Ouça e esclareça a crítica, mas não a conteste. Fale, por exemplo: "Certo... o que entendi do que você disse é...".

Se você não for uma daquelas pessoas que instintivamente recebem as críticas como uma oportunidade de melhorar, sua primeira reação vai ser ficar na defensiva... ou, pelo menos, tentar se explicar. É uma reação natural, mas praticamente elimina qualquer chance de a pessoa lhe dar um feedback sincero no futuro. Tudo bem querer ficar na defensiva. Afinal, você não é feito de pedra. Porém dê um jeito de controlar seus sentimentos em vez de se deixar controlar por eles. Lembre que, mesmo que a crítica seja injusta, sua primeira tarefa é ouvir para entender, não para se defender.

Recompense as críticas para receber mais. Depois de fazer sua pergunta, aceitar o desconforto e entender a crítica, você tem de mostrar que a crítica de fato foi bem-vinda. Precisa recompensar a franqueza se quiser que as pessoas continuem sendo francas no futuro. Se concordar com a crítica, faça uma mudança assim que puder. Se a mudança for levar muito tempo, deixe claro que você está tentando. Por exemplo, Russ, meu sócio, um dia reclamou que eu o interrompia demais. Era verdade. Eu tenho mesmo essa mania de interromper as pessoas. Tentei mudar meu comportamento, mas sabia que não conseguiria acabar com o mau hábito só porque ele havia reclamado. Dizer a Russ que eu não tinha como evitar interromper as pessoas estava longe de ser uma boa maneira de recompensar sua franqueza. Por isso eu disse: "Eu sei... tenho mesmo esse problema. Será que você poderia me ajudar a resolvê-lo?". Tirei um elástico de minha gaveta e o coloquei em meu pulso. Pedi a Ross que o puxasse e soltasse sempre que eu o interrompesse. Ele achou graça da ideia e concordou. Passei a usar o elástico, meu novo "aliado radical", nas reuniões da equipe. Pedi a todos os participantes que me ajudassem puxando o elástico. E foi o que fizeram. Depois, mencionei o elástico em um encontro com a empresa toda. Todas as puxadas do elástico que levei de fato me ajudaram a interromper menos. No entanto, também foi importante mostrar que dei ouvidos à crítica, fiz alguma coisa a respeito e estava aberta a receber mais críticas.

É claro que em alguns casos você vai discordar da crítica. É nessas situações que seu conhecimento da empatia assertiva pode ser vital. Não basta reconhecer os sentimentos das pessoas, o que invariavelmente será visto como uma atitude passivo-agressiva e hipócrita. É melhor começar a encontrar algum elemento do feedback negativo com o qual você possa concordar, para mostrar que está aberto a críticas. Depois, veja se entendeu direito, repetindo para a pessoa o que você ouviu para confirmar se foi de fato o que ela quis dizer. Em seguida, diga que quer pensar sobre o que ouviu e marque uma reunião para retomar a conversa. É fundamental retomar a conversa. Quando isso acontecer, explique exatamente por que concorda ou não com a crítica recebida. Se não puder mudar nada, esclareça a razão. Uma explicação ponderada e respeitosa é a melhor recompensa que você pode dar pela empatia assertiva da pessoa. Talvez ela mude de opinião... ou não. Ela pode até identificar algumas falhas em seu raciocínio e levá-lo a repensar sua posição ou, então, ficar tão encorajada com sua abertura a críticas que você pode ter de deixar claro quando for a hora de parar de discutir e se comprometer com uma decisão.

Avalie o feedback recebido. Faça um balanço atualizado. Quantas vezes por semana seus subordinados o criticam? Quantas vezes por semana eles o elogiam? Fique atento se você só ouvir elogios e nenhuma crítica! As pessoas podem estar só puxando seu saco e massageando seu ego. Nesse caso, você precisa se empenhar mais para convencê-las a criticá-lo. Tente ensinar o conceito da empatia assertiva a sua equipe. Explique por que você não quer que as pessoas o tratem com empatia nociva ou insinceridade manipuladora. Diga-lhes que está aberto à empatia assertiva, mas que prefere a agressividade ofensiva ao silêncio. Imprima o modelo da empatia assertiva e, quando parecer que uma pessoa se controla para não dizer alguma coisa em uma conversa, aponte para a empatia assertiva e peça-lhe que adote essa atitude. Se você achar muito chato manter um balanço atualizado ou imprimir modelos, use a Escala de Franqueza (Candor Gauge) que elaboramos para ajudá-lo nessa tarefa (www.radicalcandor.com).

A caixa de laranjas

Faça com que criticar você seja seguro e natural para as pessoas

O credo original da Johnson & Johnson incluía uma frase interessante: "Os funcionários devem ter um sistema organizado para expor sugestões e reclamações". Quando o credo foi reescrito, a ideia acabou sendo diluída e transformada em uma vaga declaração: "Os funcionários devem se sentir livres para expor suas sugestões e reclamações". Você, como chefe, tem de fazer muito mais do que dizer como seus funcionários "devem" se sentir. Eles nunca vão se sentir livres se você não tomar medidas específicas para garantir que expor sugestões e reclamações não seja apenas seguro, mas também esperado. Procure montar um sistema, que não precisa ser complicado.

Michael Dearing, responsável pela criação do marketing de produtos do eBay em 2002 e atual CEO da bem-sucedida empresa de capital de risco para startups Harrison Metal, bolou uma técnica simples e eficaz para convencer as pessoas a criticá-lo. Ele colocou em um corredor de grande circulação uma caixa de laranjas vazia com uma abertura no topo, para que as pessoas depositassem ali dúvidas ou comentários por escrito. Nas reuniões com a empresa toda, ele enfiava a mão na caixa, pegava um dos papéis e respondia à dúvida ou comentário na hora, de improviso. Minha boa amiga Ann Poletti, que trabalhou na equipe de Michael, disse que, por mais banal que fosse a pergunta, ele sempre era "incrivelmente respeitoso e respondia com ponderação".

FEEDBACK =	Elogios	Críticas
Receber de		✔
Dar para		
Incentivar entre		

Veja como ela descreveu a situação: "Fazer uma sessão de perguntas e respostas com uma equipe de mais de 200 pessoas em um momento de extrema turbulência e quando o eBay estava em meio à mudança de CEO… deve ter sido exaustivo para Michael, que é introvertido. Sei que ele odiava fazer aquilo, mas nunca demonstrou irritação ou impaciência. Na verdade, até parecia gostar das perguntas". Ao provar para a equipe que ele resolveria os problemas expostos em vez de matar o mensageiro, Michael criou uma cultura na qual as pessoas se sentiam à vontade para confrontá-lo diretamente. Com o tempo, ele conseguiu esvaziar a caixa de laranjas. Quando as pessoas viam um problema, elas se levantavam nas reuniões e faziam as perguntas ou simplesmente davam uma parada na sala dele.

Semanas de feedback aos chefes

Os departamentos de programação costumam fazer uma faxina geral periódica. Todo mundo para de trabalhar em novas funcionalidades por uma semana para corrigir falhas no produto atual. Os programadores estão sempre identificando e avaliando problemas, mantendo uma lista de prioridades atualizada para usar nas semanas de faxina geral. Uma semana de faxina geral é mais ou menos o contrário de uma Hack Week (Semana de Inovação). Em vez de uma chance de trabalhar em novas e empolgantes ideias, é uma oportunidade de consertar velhos e irritantes problemas que passaram meses incomodando as pessoas. É como limpar a caixa de ferramentas na qual você deixou cair um pouco de óleo três meses atrás, porém nunca conseguiu arranjar um tempo para tirar todas as chaves de fenda e brocas para limpar direito a caixa. As semanas de faxina geral podem ser profundamente gratificantes, mas de um jeito bem diferente das Hack Weeks.

FEEDBACK =	Elogios	Críticas
Receber de		✔
Dar para		
Incentivar entre		

Certo dia, uma equipe do Google decidiu que seria interessante fazer semanas de faxina geral periódicas para os chefes. (Mais tarde, outra equipe fez algo parecido, que eles chamaram de "sessões de matança da burocracia".) Veja como a coisa funcionava:

foi criado um sistema para as pessoas registrarem problemas irritantes de gestão. Se, por exemplo, a chefia levava tempo demais para aprovar os relatórios de despesas, um funcionário podia registrar a "falha" de gestão. Isso valia se as avaliações de desempenho pareciam ser conduzidas no pior momento do ano, se a última pesquisa de satisfação dos colaboradores tinha sido extensa demais, se o sistema de promoção parecia injusto etc.

O sistema de rastreamento de falhas de gestão era aberto ao público interno, e as pessoas podiam votar para priorizar os problemas. Alguém era encarregado de ler todas as falhas registradas e eliminar duplicidades. E, nas sessões de feedback à gestão, os chefes eram encarregados de resolver um lote de falhas. Eles cancelavam todas as atividades regulares (ou a maioria delas) e se concentravam em corrigir os problemas de gestão que a equipe considerava mais irritantes.

Dê um feedback improvisado

Vimos até agora como encorajar sua equipe a lhe dar feedback. Tratei disso primeiro porque queria enfatizar a necessidade de fazer do feedback uma via de mão dupla. Só que, na verdade, o feedback começa com você. Se você não tiver coragem de *dar* um feedback assertivamente empático, seus subordinados não terão como acreditar que você realmente está aberto ao feedback deles, e você não ficará sabendo quando sua equipe achar que você está perdendo o rumo. E, se você não liderar pelo exemplo, as pessoas de sua equipe provavelmente não vão querer dar feedback umas às outras.

Seja humilde

A humildade é absolutamente essencial para dar feedback, tanto positivo como negativo. É natural ficarmos na defensiva quando somos criticados, mas, se você souber fazer críticas com humildade, conseguirá romper a re-

FEEDBACK =	Elogios	Críticas
Receber de		
Dar para	✔	✔
Incentivar entre		

sistência natural a seu feedback. Ser humilde também é importantíssimo ao fazer elogios. Se você não for humilde, vai parecer condescendente e hipócrita. Além disso, muitas pessoas se preocupam com a possibilidade de estar dando um feedback equivocado. Costumo dizer que você pode muito bem estar errado e que expor sua opinião a uma pessoa dá a ela a chance de lhe dizer se você de fato está. O lado bom do feedback é que as percepções equivocadas dos dois lados podem ser corrigidas.

Veja algumas técnicas que gosto de usar para me manter humilde ao fazer elogios e críticas:

Situação-comportamento-impacto. O Center for Creative Leadership, empresa de educação executiva, desenvolveu uma técnica batizada de "situação-comportamento-impacto" para que os líderes possam dar um feedback mais preciso e menos arrogante. Trata-se de levar em conta três elementos ao dar feedback: 1) a situação que você viu, 2) o comportamento (ou seja, o que a pessoa fez, para o bem ou para o mal) e 3) o impacto que você observou. Essa técnica simples o ajudará a evitar julgar a inteligência, o bom senso, a bondade ou quaisquer outros atributos pessoais de seu interlocutor. Se você estiver julgando a pessoa, seu feedback soará arrogante.

Vejamos um exemplo simples do dia a dia. Quando alguém rouba sua vaga no estacionamento, em vez de gritar: "Seu idiota!", tente explicar: "Ei, passei 5 minutos aqui esperando e você entrou na minha frente e pegou a vaga. Vou chegar atrasado por causa disso". Com essa atitude, você dá à pessoa a chance de dizer: "Ah, desculpe. Não percebi, vou sair da vaga". É claro que a pessoa pode simplesmente dar de ombros e soltar: "Azar seu". E, se isso acontecer, você vai ter uma justificativa para gritar: "Seu idiota!". :)

A situação, o comportamento e o impacto se aplicam tanto aos elogios como às críticas. Os elogios podem soar tão arrogantes quanto as críticas. Quando alguém diz: "Você é um gênio", a pessoa pode se perguntar: "Quem você pensa que é para julgar minha inteligência?". Quando alguém afirma: "Estou muito orgulhoso de você!", é natural pensar: "Quem você pensa que é para se orgulhar de mim?". É melhor dizer: "Em sua apresentação de hoje (situação), o jeito como você explicou nossa decisão de diversificar (comportamento) foi convincente porque você mostrou a todos que levou em consideração o ponto de vista contrário (impacto)".

É meu medo de parecer arrogante ou condescendente que às vezes me faz hesitar em elogiar as pessoas. Ajuda usar as três abordagens a seguir.

Coluna da esquerda. Chris Argyris, professor da Harvard Business School, e Donald Schön, professor de filosofia e planejamento urbano, desenvolveram o "método da coluna da esquerda", que também ajuda os líderes a evitar que julgamentos impensados e arrogantes se infiltrem em seu feedback.

Veja como a coisa funciona: pense em uma conversa frustrante que você teve com alguém. Pegue uma folha de papel em branco e trace uma linha vertical dividindo a página no meio. Escreva o que você disse na coluna da direita. Anote o que você pensou na coluna da esquerda. Agora pense no momento em que a conversa saiu dos trilhos. Será que o que você estava pensando acabou contaminando o que você disse? A ideia não é dizer tudo o que você escreveu na coluna da esquerda, mas ter a humildade de questionar o que você pensou. "Será que Maria está mesmo engavetando informações ou ela só se esqueceu de me dizer?", "Será que Sam não é mesmo confiável ou ele simplesmente não definiu os requisitos com clareza?".

"Humildade ontológica". Fred Kofman explica a importância de demonstrar seus valores no modo como você trabalha. Seu livro *Consciência nos negócios* tem um capítulo intitulado "Humildade ontológica", que nos lembra da necessidade de não confundir a realidade objetiva com nossa experiência subjetiva. Ele explica a ideia citando sua filha: "Brócolis é nojento. É por isso que não gosto de brócolis". Quando uma menina de 3 anos nos diz algo assim, nós achamos graça, mas, quando os adultos confundem preferências subjetivas com a realidade objetiva, eles não têm como deixar de soar arrogantes. "Ele é um idiota. É por isso que está errado." A ideia é que a conscientização de que sua experiência subjetiva não é necessariamente uma verdade objetiva pode ajudá-lo a confrontar as pessoas e ao mesmo tempo se abrir ao confronto por parte delas.

Seja prestativo

É óbvio que ser prestativo é uma excelente maneira de mostrar que você se importa pessoalmente, e o objetivo de confrontar diretamente é ajudar.

Mesmo assim, é mais fácil dizer do que fazer. Afinal, você é um sujeito ocupadíssimo e não sabe todas as respostas... você é humilde, não é mesmo? O lado bom é que ser prestativo não significa que você precisa ser onisciente ou fazer o trabalho das pessoas por elas, e sim que tem de achar um jeito de ajudá-las a esclarecer o obstáculo que estão enfrentando. Esse tipo de clareza é uma dádiva que lhes permitirá avançar. Veja algumas dicas e lembretes:

Dizer claramente que você só quer ajudar pode levar as pessoas a sair da defensiva. Quando você diz a uma pessoa que não está tentando dificultar a vida dela e que na verdade só quer ajudar, são grandes as chances de ela se abrir para o que você tem a dizer. Experimente fazer um pequeno preâmbulo. Por exemplo, diga algo como: "Vou começar descrevendo um problema que estou vendo. Posso estar errado e, se for o caso, gostaria que você me dissesse. Caso contrário, espero que saber do problema ajude você a corrigi-lo".

Diga com ações, não com palavras. Esse é o melhor conselho que já recebi para contar histórias, mas também se aplica ao feedback. Quanto mais você puder mostrar com clareza *exatamente* o que considera um bom ou mau comportamento, mais eficaz será seu feedback. Em muitas situações, você vai tender a não descrever os detalhes para não deixar as pessoas nervosas, frustradas ou irritadas. Você vai querer se poupar do constrangimento de dizer as palavras em voz alta e poupar as pessoas da chateação de ter de ouvir essas palavras. No entanto, esconder-se atrás de abstrações é um exemplo perfeito de empatia nociva. Além disso, essa abordagem pode acabar transmitindo inadvertidamente a mensagem de que o comportamento em questão foi tão ruim ou vergonhoso que você nem consegue falar dele, tornando difícil para a pessoa seguir em frente. Em uma ocasião, tive de dizer: "Quando estávamos naquela reunião e você passou um bilhetinho para Catherine dizendo 'Olhe só o Elliot cutucando o nariz... acho que ele já alcançou o cérebro', Elliot acabou percebendo. Ele ficou chateado desnecessariamente, vocês acabaram com dificuldade de trabalhar juntos, e essa foi a maior causa do atraso do projeto". A situação toda foi tão ridícula que quase caí na tentação de dizer apenas: "O que você fez na reunião foi muito infantil", mas a mensagem não teria sido tão clara nem tão útil.

Vale repetir que o mesmo princípio vale para os elogios. Não se limite a dizer: "Ela é superinteligente". Diga: "Ela acabou de explicar, da maneira mais clara que já ouvi, por que os usuários não gostam dessa funcionalidade". Ao *descrever explicitamente* um comportamento desejável ou indesejável, você estará ajudando a pessoa a repetir o bom comportamento ou a evitar o mau... e a perceber a diferença.

É melhor encontrar ajuda do que se oferecer para ajudar. Quando Sheryl Sandberg se ofereceu para me arranjar um coach de oratória, ela sabia que precisaria me ajudar a conseguir verba para pagar as sessões de coaching, mas não teria de passar horas me vendo fazer apresentações. Ela dedicou um tempo à tarefa, porém não muito.

Você nem sempre terá a sorte de conseguir verba para pagar coaches para seus subordinados como Sheryl conseguiu no Google. No entanto, na maioria das vezes, poderá contar a colaboração de um colega ou conhecido. Então, bastará fazer a ponte e ajudar seu subordinado a saber o que dizer.

O feedback é uma dádiva, não um chicote ou uma cenoura. Levei bastante tempo para aprender que às vezes a única ajuda que eu podia dar era uma boa conversa. Considerar o feedback uma dádiva vai contribuir para que você dê um bom feedback ainda que não consiga oferecer ajuda concreta, soluções ou a indicação de alguém que possa auxiliar. Quando não tiver como apresentar uma solução, não relute em dar feedback. Pense nas vezes em que alguém o ajudou lhe dando feedback e tente fazer o mesmo a quem o procurar pedindo ajuda.

Dê o feedback imediatamente

É importantíssimo dar o feedback rápida e informalmente para agir com empatia assertiva. Isso, porém, requer muita disciplina, por causa de nossa inclinação natural de postergar ou evitar o confronto e porque nos sentimos sobrecarregados em nosso dia a dia. Lembre que, em casos como esses, o impacto potencial é enorme. Dê o feedback já!

Se você esperar tempo demais, tudo ficará mais difícil. Você tem consciência do que acontece quando decide adiar a solução na esperança de o problema se resolver por conta própria. Você identifica o problema e sabe que deve resolvê-lo, mas não reserva um tempo para anotá-lo. De repente se dá conta de que tem de fazer uma pausa e recordar qual era exatamente o problema. Aí, lembra-se de que precisa agendar uma reunião com um colega para falar sobre o problema. Tem, então, de preparar uma lista das coisas que pretende dizer na reunião, só que, antes da reunião, precisa arranjar um tempo para se lembrar dos itens que deveria ter incluído na lista que você ainda não preparou. E, mesmo que tenha feito uma pausa para preparar essa lista de coisas a dizer na reunião, você não conseguirá mais se lembrar de exemplos claros do problema. Não conseguirá, portanto, aplicar o modelo da "situação-comportamento-impacto", e seu colega ficará confuso e frustrado. O que, exatamente, você está querendo criticar? Protelar as críticas sempre resulta em uma situação difícil e exaustiva. É muito mais eficaz e menos penoso apenas expressar imediatamente a crítica!

É claro que em certas situações é melhor esperar antes de elogiar ou criticar alguém. Em geral, se você ou a outra pessoa estiver com fome, irritado ou cansado ou, por alguma outra razão, não estiver com a cabeça fria, é melhor esperar. No entanto, essa é a exceção e não a regra, e tendemos a usar a exceção como uma desculpa para não fazer o que sabemos que deve ser feito. Por fim, existe uma diferença entre falar logo e ater-se a detalhes pequenos e sem importância. Se não for importante, não fale logo (e talvez seja melhor nem dizer nada).

Diga o que precisa ser dito em dois a três minutos entre as reuniões. Falar logo, em um ou dois minutos, no máximo três, levará menos tempo do que agendar uma reunião para depois e muito menos do que efetivamente conduzir essa reunião. Sem contar que a preocupação não vai ficar rodando em sua cabeça, vindo à tona nos momentos mais inoportunos. Quando dou aulas sobre a empatia assertiva, a pergunta mais comum que me fazem é: "Como é que vou arranjar tempo para fazer isso?". No começo, eu sempre achava que esse tipo de pergunta era um sinal de que as pessoas não haviam se convencido da importância do feedback. Contudo, depois de algumas conversas, percebi que as pessoas na verdade não acreditam que a conversa possa ser rápida. Elas acham que precisam agendar uma conversa de uma hora. Acham que dar um bom feedback requer longas reuniões toda semana. Acham que é como um tratamento de canal. Faz muito mais sentido pensar em termos de escovar os dentes. É uma tarefa que você nem precisa marcar na agenda. Escove os dentes regularmente e talvez você nunca precise de um tratamento de canal.

Então, vale repetir: pode acreditar em mim quando digo que é possível incluir um feedback improvisado entre as reuniões em três minutos ou menos. Se você der o feedback imediatamente entre duas reuniões, estará não só se poupando de uma reunião a mais, como dando o feedback em menos tempo do que levaria para agendar essa reunião a mais. E a qualidade de seu feedback será muito melhor. Os melhores feedbacks que já recebi na vida geralmente me foram dados em conversas super-rápidas entre uma coisa e outra, como a conversa que Sheryl teve comigo depois de minha apresentação. Se você tiver cinco subordinados diretos e quiser fazer a cada um deles três elogios e uma crítica por semana, estará oferecendo mais feedback improvisado do que a maioria dos chefes. E tudo isso levará, no máximo, 60 minutos por semana, um tempo que você passaria apenas indo de uma reunião a outra. No entanto, saiba que essa atitude requer energia e conscientização.

Deixe alguns períodos de tempo livre em sua agenda ou esteja disposto a chegar atrasado. Priorizar uma tarefa normalmente implica abrir um espaço na agenda para ela. Mas como abrir um espaço na agenda para uma tarefa "improvisada"? Não é possível. É melhor ter uma conversa com a pessoa imediatamente. Para que isso aconteça, você tem duas opções. A primeira é deixar um tempo livre na agenda, evitando marcar uma reunião em seguida da outra, ou marcando reuniões de 25 e 50 minutos, em vez de 30 e 60 minutos, e insistindo para que cada uma delas não passe do tempo. A outra opção é simplesmente se dispor a chegar atrasado à próxima reunião.

Não "guarde" o feedback para uma conversa individual ou uma avaliação de desempenho. Uma coisa curiosa que costuma acontecer quando alguém assume um cargo de chefia é esquecer tudo o que sabe sobre o relacionamento com os outros. Se você tiver um problema com alguém em sua vida pessoal, jamais lhe ocorrerá esperar por uma reunião formal para falar com a pessoa. No entanto, a gestão tornou-se tão burocrática que acabamos jogando no lixo algumas boas estratégias para nos comunicar no dia a dia. Não deixe que os processos formais (as reuniões individuais, as avaliações de desempenho anuais ou semestrais ou as pesquisas de satisfação dos funcionários) dominem seu diálogo com sua equipe. Esses processos devem reforçar, não substituir, o trabalho do dia a dia. Você jamais deixaria de escovar os dentes todos os dias só porque vai ao dentista duas vezes ao ano para uma limpeza. Não use as avaliações de desempenho como desculpa para não dar um feedback pessoal improvisado.

O feedback tem uma meia-vida curta. Se você esperar uma semana ou três meses para conversar com uma pessoa, o evento ficará tão enterrado no passado que ela não vai ter como resolver o problema nem aprender com ele.

As críticas guardadas explodem como bombas radioativas. Assim como na vida pessoal, passar muito tempo no trabalho sem dizer nada sobre algo que o enfurece, irrita ou frustra aumenta suas chances de explodir, fazendo com que você pareça um louco, prejudicando seu relacionamento ou as duas coisas. Não permita que isso aconteça. Se não estiver tão furioso a ponto de perder o controle, é melhor dizer o que pensa sem demora!

Evite buracos negros. Diga imediatamente às pessoas o que está achando do trabalho delas. Se pedir a um funcionário que o ajude a se preparar para uma reunião ou uma apresentação na qual ele não estará presente, conte-lhe depois como o trabalho foi recebido. Se não disser nada, ele vai achar que seu trabalho caiu em um buraco negro. É importante sempre dar um feedback, positivo ou negativo, sobre as contribuições das pessoas. Naturalmente, melhor ainda seria deixá-las apresentar o próprio trabalho sempre que possível para poder orientá-las na prática. Até no Google, uma organização não hierárquica, um elogio de minha chefe sempre tinha mais peso para meus subordinados do que um feedback meu.

Converse pessoalmente sempre que possível

Lembre que a clareza de seu feedback é medida no ouvido de quem o recebe, não em sua boca. É por isso que é sempre melhor dar o feedback pessoalmente. Você não tem como saber se a pessoa entendeu o que você disse se não puder ver a reação dela. Se não souber se ela entendeu bem o que você disse, é como se não tivesse dito nada. E a maior parte da comunicação é não verbal. Quando você vê a linguagem corporal e a expressão facial da pessoa, pode ajustar o modo como está transmitindo a mensagem. É muito mais fácil saber se ela o entendeu claramente se puder olhá-la nos olhos, observar se ela está se mexendo nervosamente, se está de braços cruzados e por aí vai.

Parte da tentação de não dar o feedback pessoalmente é procurar evitar a reação emocional da pessoa. Isso é natural. Entretanto, a qualidade de seu feedback vai melhorar se você estiver presente e aberto a esses sentimentos. Se a pessoa se mostrar nervosa, você vai ter a oportunidade de demonstrar compaixão, subindo no eixo do "importar-se pessoalmente" do modelo da empatia assertiva. A resposta emocional dela o ajudará a saber se sua mensagem foi compreendida e a se ajustar de acordo. Se perceber que a pessoa não leva a sério o que você está tentando dizer (como fiz com Sheryl quando ela me disse que eu falava "hum" demais), você já sabe que precisa subir no eixo do "confrontar diretamente". Porém, se a pessoa ficar nervosa ou com raiva, concentre-se em demonstrar que você se importa pessoalmente e não deixe que as emoções o impeçam de confrontar diretamente.

Só que nem sempre é possível dar o feedback pessoalmente. Se for esse o caso, veja algumas coisas que você deve levar em conta:

Imediatamente x pessoalmente. Se a pessoa estiver em outra cidade e dar o feedback pessoalmente implica esperar alguns dias, é melhor dar o feedback imediatamente, a menos que o assunto seja complexo. (Não demita ninguém por mensagem de texto.) Se a pessoa estiver no mesmo prédio e dar o feedback pessoalmente só requer uma curta caminhada, não seja preguiçoso e levante-se da cadeira!

A hierarquia dos meios de comunicação. Se você tiver acesso a internet de alta velocidade, uma videochamada é a segunda melhor opção. Se a conexão não for boa, fale pelo telefone e use o vídeo como um bônus, deixando o computador no mudo. O telefone é a terceira melhor opção. E-mail e mensagens de texto devem ser evitados ao máximo. Sempre vai parecer mais rápido enviar apenas um e-mail ou uma mensagem de texto, mas, quando penso em todas as horas que tive de passar esclarecendo um mal-entendido resultante de um e-mail incompreendido, vejo que na verdade é bem mais rápido ir até a mesa da pessoa ou, se ela não estiver no escritório, pegar o telefone.

Mais de um meio de comunicação. Eu achava que elogiar as pessoas em público em um encontro da empresa inteira era uma excelente maneira de expor grandes realizações. No entanto, em muitas ocasiões, percebi que conversar pessoalmente, cara a cara, tem muito mais peso emocional e mandar um e-mail para toda a equipe surte um efeito mais duradouro.

"Com cópia": quando usar e quando evitar. Se você realmente precisa criticar ou corrigir alguém por e-mail, não use o recurso "Com cópia" (Cc). Jamais. Mesmo no caso de um pequeno erro envolvendo muitas pessoas, mande o e-mail apenas a quem cometeu o erro e peça-lhe que informe as outras. Para pequenos elogios, descobri que um rápido e-mail com cópia a todos da equipe costuma ser bastante eficaz. Esse tipo de elogio leva apenas um momento e mostra que você está atento ao que acontece ao redor. Se você se lembrar de repetir o elogio pessoalmente quando cruzar com a pessoa no corredor ou passar pela mesa dela, melhor ainda. Contudo, não deixe que o perfeito seja inimigo do bom.

Não é fácil trabalhar em um escritório remoto. Se você está em um escritório remoto ou gerencia uma equipe que trabalha em escritórios remotos, é importantíssimo ter interações rápidas e frequentes com as pessoas, para que você tenha acesso a suas emoções mais sutis. Quem me ensinou isso foi Maurice Tempelsman, meu chefe da época em que trabalhei na Rússia. Ele fazia questão de me ligar todos os dias de Nova York, mesmo que fosse só para ver se estava tudo bem, em uma rápida ligação de três minutos. Ele gerenciou operações na África na década de 1970 e aprendeu a importância da comunicação frequente para monitorar as emoções de quem trabalhava em locais distantes. Dizia que conseguia saber o estado de espírito de uma pessoa mesmo quando os telefonemas eram impossíveis e ele precisava usar o telex... mas só quando tinha o hábito de enviar mensagens por telex todos os dias. (O telex era uma tecnologia entre o telégrafo e a máquina de fax.)

Elogie em público, critique em particular

Uma boa regra básica para dar feedback é elogiar em público e criticar em particular. Uma crítica em público costuma gerar uma reação defensiva, tornando mais difícil para a pessoa admitir que errou e aprender com o erro. Um elogio em público tende a dar mais peso ao elogio e a encorajar os outros a imitar o comportamento elogiado. Essa, porém, é só uma regra geral, não uma verdade absoluta. Veja alguns fatores para levar em consideração:

Correções, observações de erros, discordâncias e debates são diferentes de críticas. É fundamental ser capaz de corrigir o trabalho das pessoas, apontar erros ou debater em público. No entanto, as críticas à pessoa devem ser feitas em particular. "Há um erro de digitação no slide seis", "A apresentação está com muitos erros de digitação e, considerando a natureza do trabalho, temos de ser 100% precisos", "Encontrei um monte de erros de digitação aqui, mas não tem muito problema nessa fase", "Você ficou 5% abaixo da meta" ou "Não concordo com o que você acabou de dizer"... Esses tipos de observação podem ser enviados por e-mail ou expostos em uma reunião na presença de outras pessoas. Veja um exemplo de uma crítica à *pessoa*: "Quando você faz várias apresentações importantes cheias de erros de digitação que bastaria passar o corretor ortográfico para consertar, começo a me perguntar o que está acontecendo. Você pode me explicar?". Esse tipo de coisa precisa ser dito em uma conversa privada.

Adapte-se às preferências da pessoa. Embora a maioria das pessoas goste de ser elogiada diante dos outros, algumas podem receber qualquer tipo de menção em público como uma punição. Um elogio deve ser transmitido com a maior clareza possível e de maneira que leve *a pessoa* a sentir-se bem... e não necessariamente do jeito como você gostaria de ouvir um elogio. Se você realmente se importa pessoalmente com os membros de sua equipe, já se deu o trabalho de conhecer cada um deles e deve saber quais são suas preferências.

Aprendizado em grupo. É raro encontrar alguém que admita gostar de ser elogiado em público. Assim, sempre que eu elogiava uma pessoa em público, fazia questão de explicar que não era porque ela quisesse isso, mas para que todos pudessem aprender com o sucesso dela. Eu dizia algo como: "Vou contar a vocês a última conquista de Jane e como ela conseguiu essa façanha, mas não porque eu queira que ela fique com vergonha, mas para que vocês possam aprender com o que ela fez". Quando queria encorajar as críticas em público para que todos aprendessem com os erros uns dos outros, eu conduzia um exercício para as pessoas criticarem a si mesmas (e não aos outros). (Veja "O Macaco da Semana", na página XX.)

Não personalize o feedback

Há uma grande diferença entre importar-se pessoalmente e personalizar os elogios e as críticas. Importar-se pessoalmente é bom. Personalizar é ruim. Veja algumas dicas úteis para ajudá-lo a evitar a personalização, tendo em mente que as pessoas podem levar o que você diz para o lado pessoal:

O "erro fundamental de atribuição" vai reduzir a eficácia de seu feedback. A expressão "erro de atribuição fundamental" foi cunhada por Lee Ross, psicólogo social da Stanford University. Já falamos disso neste livro, mas vale repetir por se tratar de um elemento muito importante para os relacionamentos saudáveis, seja com seu parceiro, filhos ou amigos, seja com seus subordinados. Um erro de atribuição fundamental implica usar atributos de personalidade percebidos, como "Você é burro, preguiçoso, ganancioso, hipócrita, grosso...", para explicar o comportamento da pessoa em vez de levar em conta o próprio comportamento e/ou a situação, que provavelmente foram a verdadeira causa do comportamento da pessoa. O problema é que esse tipo de percepção: 1) em geral é impreciso e 2) praticamente impossibilita resolver um problema por ser muito difícil e demorado mudar atributos de personalidade essenciais. Na história que contei no capítulo 2, o problema da política do AdSense não era o fato de Larry ser ganancioso, *eu* é que não tinha entendido a proposta dele. Mesmo assim, foi muito mais fácil e gratificante no momento acusar Larry de ser ganancioso. Tente se pegar no pulo quando começar a pensar ou a dizer: "Você é...". Use a técnica da situação-comportamento-impacto ou o método da coluna da esquerda para manter a humildade e evitar a personalização.

Diga "Isso está errado" e não "Você está errado". Uma vez, trabalhei com um sujeito assertivamente empático que tinha a reputação (injusta) de ser boçal. Quando as pessoas tiveram a chance de conhecê-lo melhor, perceberam que ele não era um grosso, e sim um cara muito intenso. Na verdade, ele se importava com os colegas e com a qualidade do trabalho da equipe. Seu trabalho era tão bom que aquela primeira impressão das pessoas não o impediu de ser bem-sucedido na empresa. No entanto, o fato de ele ter causado uma má impressão inicial criou, em certas situações, muito estresse desnecessário tanto para ele como para sua equipe. Mudei-me de Nova York para a Califórnia e perdi o contato com esse amigo por alguns anos. Então, conheci por acaso uma pessoa que tinha acabado de entrar em sua equipe. Imaginei que ela fosse me pedir conselhos para trabalhar com ele, mas tudo o que ouvi foi: "Ah, ele é um ótimo sujeito! Adoro trabalhar com ele. É famoso por ser uma das pessoas mais prestativas da empresa". Liguei para meu amigo para lhe transmitir o elogio e perguntar como tinha conseguido essa façanha. Ele me disse que uma simples sugestão o ajudou a mudar. Ele parou de dizer "Você está errado" e aprendeu a dizer "Acho que isso está errado". Começar com "acho" era uma forma mais humilde de transmitir a mensagem e dizer "isso" em vez de "você" evitava personalizar o problema. As pessoas começaram a ser mais receptivas às críticas dele.

Não é raro uma discussão sobre uma decisão simples como "Devemos ir para a esquerda ou para a direita?" ou "Devemos colocar o botão em cima ou embaixo?" se transformar em um concurso de egos: "Você é um idiota! Você é um ogro arrogante!". Quando a discussão for sobre um problema, mantenha o foco no problema. Personalizar o problema desnecessariamente só dificultará a solução.

A frase "Não leve para o lado pessoal" consegue ser pior que inútil. Como vimos, é importantíssimo evitar a personalização do feedback, e, mesmo quando você toma as medidas descritas anteriormente (ou, em outras palavras, mesmo quando evita personalizar o problema), o feedback não deixa de ser pessoal para quem o recebe. A maioria de nós dedica mais tempo e energia ao trabalho do que a qualquer outro aspecto da vida. O trabalho faz parte de quem somos e não há como não ser pessoal. Assim, quando tenta minimizar o golpe dizendo: "Não leve para o lado pessoal", na prática você está ignorando esses sentimentos. É como dizer: "Não fique triste" ou "Não fique bravo". Parte de seu trabalho como chefe (e como ser humano) é reconhecer e lidar com as reações emocionais, não descartá-las ou evitá-las.

Como não personalizar mesmo que a questão seja pessoal. É mais fácil ver como evitar a personalização do feedback quando estamos falando do trabalho de uma pessoa. No entanto, quando estamos falando de algo mais pessoal, a coisa complica um pouco. Uma mulher com quem trabalhei tinha um cheiro de suor tão forte que chegava a prejudicar sua eficácia. Mas como mencionar o problema? Fiz de tudo para focar a conversa no nariz dos colegas e não nas axilas dela. Ela não era norte-americana, mas estávamos nos Estados Unidos, de modo que comecei tirando sarro de nossa cultura. Tentei não impor uma solução (ela podia ter alguma reação alérgica a desodorantes ou algum problema de saúde), e sim deixar claro que a situação estava prejudicando seu desempenho. Ela pareceu envergonhada, porém corrigiu o problema. Cinco anos depois, mandou-me uma nota de agradecimento. Ela havia sido promovida à chefia e, diante de uma situação parecida, finalmente entendeu como devia ter sido difícil para mim falar sobre o problema com ela. Ela também disse que notou que as pessoas passaram a se mostrar mais dispostas a trabalhar com ela depois que resolveu o problema do odor corporal. Com essa experiência, aprendeu que era importante superar sua relutância e encontrar um jeito de explicar o problema a seu subordinado.

Avalie seu feedback improvisado, estabeleça uma linha de base, monitore suas melhorias

já deixei claro que a empatia assertiva é medida no ouvido de quem recebe feedback, não na boca de quem o oferece. Contudo, a pessoa que dá o feedback não tem como saber o que se passa no ouvido de quem o recebe. Será que é necessário pedir um feedback sobre seu feedback? Infelizmente sim. O lado bom é que isso pode ser feito em apenas 15 segundos.

FEEDBACK =	Elogios	Críticas
Receber de	✔	✔
Dar para	✔	✔
Incentivar entre		

É importante monitorar se você está se aproximando ou se distanciando da empatia assertiva. Uma das melhores maneiras de se tornar mais assertivamente empático é explicar o modelo a sua equipe e pedir que ela avalie seu feedback toda semana. Acompanhe seu progresso ao longo do tempo. Você está se aproximando ou se distanciando da empatia assertiva?

Um jeito simples de fazer isso é deixar uma cópia impressa do modelo perto de sua mesa e, ao lado dele, alguns adesivos, definindo uma cor para os elogios e outra para as críticas. Peça às pessoas que colem adesivos no quadrante que descreve melhor suas últimas interações com elas. Se alguém acha que você foi duro sem necessidade, vai colar um adesivo de crítica no quadrante da agressividade ofensiva. Quem acha que você deixou de dizer o que devia ser dito vai colar um adesivo de crítica no quadrante da empatia nociva. Se a pessoa acha que você distribuiu elogios vazios do tipo “muito bem”, “bom trabalho” ou “estou orgulhoso de você” só para fazê-la se sentir melhor, vai colar um adesivo de elogio no quadrante da empatia nociva. E, se a pessoa acha que você lhe disse que ela fez um bom trabalho, mas depois disse aos outros que o trabalho foi ruim, vai colar um adesivo de elogio no quadrante da insinceridade manipuladora.

Um problema dessa abordagem é que as pessoas tendem a ser influenciadas pela opinião das outras, e todo mundo acaba seguindo o exemplo de quem veio antes. Além disso, pode ser constrangedor entrar em sua sala para colar adesivos. As pessoas costumam enjoar de colar adesivos e vão passar por sua mesa para colar um adesivo no modelo com cada vez menos frequência. Como seria de esperar, criamos um app para resolver esses problemas :) Você pode encontrá-lo no site radicalcandor.com.

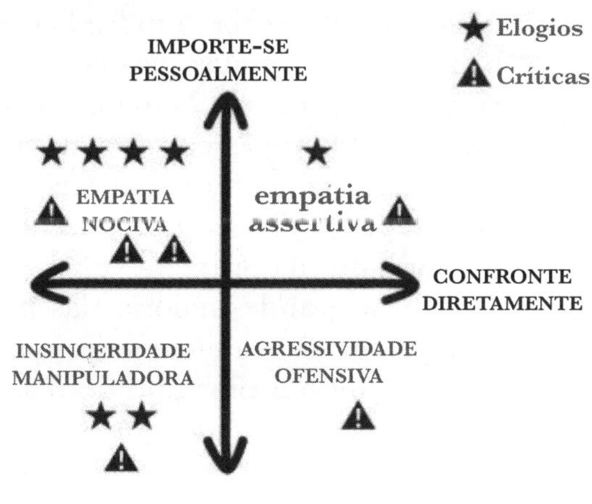

Não importa se você vai escolher usar os adesivos ou o app, será muito melhor pedir a ajuda de sua equipe para avaliar a qualidade do feedback para ver se você está conseguindo dar um feedback assertivamente empático. (Vi isso acontecer na Apple, onde imprimimos uma bela e elegante versão do modelo da empatia assertiva, e muitos chefes o deixaram perto da mesa.)

Para começar, a abordagem expõe as pessoas todos os dias ao modelo da empatia assertiva. Com isso, elas saberão que você as confronta porque se importa com elas e não porque é um ogro que só quer transformar a vida delas em um inferno. Em segundo lugar, com um vocabulário comum, as pessoas terão mais chances de pedir que você seja assertivamente empático, facilitando combater a síndrome do "Se você não tiver nada gentil para dizer, é melhor ficar calado". Em terceiro lugar, o modelo impresso ou o app lhe servirá como um lembrete para se manter assertivamente empático mesmo no calor do momento. Por minha experiência, os chefes costumam ter medo de ser vistos como boçais, mas o que os subordinados mais temem é que os chefes não estejam sendo francos com eles. Quando um chefe percebe que alguém quer ouvir sua opinião sincera, fica muito mais fácil dizer diretamente o que precisa ser dito. Em quarto lugar, se você pedir que seus subordinados participem do exercício, mas eles se recusarem ou se escolherem submeter avaliações anônimas no app, você terá bons motivos para achar que não acreditam que você será capaz de reagir bem às críticas. Nesse caso, você terá de provar a sua equipe que não vai querer se vingar das críticas, voltando algumas etapas do processo e trabalhando para receber um feedback assertivamente empático.

Por exemplo, se muitas pessoas categorizaram seus elogios e críticas no quadrante da empatia nociva, você saberá que não está confrontando as pessoas diretamente com seu feedback. Precisará, então, se concentrar em fazer elogios mais específicos e sinceros e "apenas dizer o que tem de ser dito" ao criticá-las. É sempre assustador na primeira vez. Entretanto, em meu trabalho como coach, a grande maioria das pessoas que tenho orientado se mostra agradavelmente surpresa. Elas dizem o que tem de ser dito, esperando o pior tipo de reação emocional, e a pessoa simplesmente lhes agradece por isso. Quando isso acontece, fica muito mais fácil ser assertivamente empático.

A transição da empatia nociva à empatia assertiva pode ser um caminho direto, relativamente tranquilo e gratificante de imediato. Às vezes, porém, as pessoas precisam fazer ajustes e correções para atingir o equilíbrio. Elas têm de passar da empatia nociva ao quadrante que mais temem, a agressividade ofensiva, antes de poder chegar à empatia assertiva. Considerando que a principal razão pela qual as pessoas adotam a empatia nociva é seu medo de serem vistas como rudes ou grosseiras, isso pode resultar em uma transição assustadora. Se for seu caso, não se desespere. Saiba que você está avançando na direção certa. No entanto, tome o cuidado de não parar por aí; siga em frente até atingir a empatia assertiva!

Ir da empatia nociva à empatia assertiva requer uma mudança de comportamento, o que nunca é fácil. Porém é como escovar os dentes. Se você não aprendeu a escovar os dentes na infância, precisará se empenhar um pouco até adotar o hábito, mesmo sabendo que a tarefa levará apenas alguns minutos poucas vezes por dia. Quando se acostumar a escovar os dentes, contudo, sentirá falta se não o fizer. Não vai suportar ir dormir ou sair de casa de manhã sem escovar os dentes antes.

E, mesmo depois de criar o hábito de dar feedback, você vai ter algumas boas semanas e outras nem tanto. Quando estiver sobrecarregado ou distraído por problemas familiares, talvez você se deixe controlar pela empatia nociva e/ou pela agressividade ofensiva e não seja 100% sincero. Não é fácil orientar os subordinados, e você sempre será pressionado a *não* ser assertivamente empático. Você não tem como "se consertar" definitivamente e vai precisar ficar de olho em seu comportamento dia após dia. Será muito útil saber, pelas pessoas, se você está se aproximando ou se distanciando da empatia assertiva.

Pode não ser fácil saber que você parou no quadrante da insinceridade manipuladora ou da agressividade ofensiva, mas também pode ser uma grande motivação, já que poucas pessoas querem ser manipuladoras ou ofensivas.

E ninguém gosta de saber que está no quadrante da empatia nociva. No entanto, sempre é bom lembrar que confrontar diretamente as pessoas na verdade é um ato de gentileza, e você pode ser motivado a mudar bem depressa seu comportamento. Não é tão difícil "apenas dizer" as críticas e fazer elogios específicos. Considerando que a maioria dos erros dos chefes ocorre no quadrante da empatia nociva, monitorar a qualidade de seu feedback tem o potencial de melhorar rapidamente a quantidade e a qualidade do feedback que as pessoas recebem e impelir você e toda a sua cultura à empatia assertiva. Se pudermos passar da empatia nociva à empatia assertiva com mais frequência, o mundo será não só mais produtivo, como também mais feliz. A agressividade ofensiva leva a mais sucesso que a empatia nociva, mas é extremamente desagradável.

O mais importante é saber como seu feedback está sendo recebido pelo pessoal. Ouça o que eles acham de seus elogios e críticas. Leve-os a entender que você só os confronta porque se importa tanto com o crescimento profissional deles quanto com o lado pessoal. Ter acesso a um lembrete visual de como seu feedback está sendo recebido pelas pessoas pode realmente ajudar.

Seja assertivamente empático com *seu* chefe

Pouco tempo atrás, em uma palestra, eu disse que, se você é chefe, não é só seu trabalho, mas também sua obrigação moral, ser assertivamente empático. Alguns dias depois, um participante da palestra me mandou uma mensagem pelo Twitter dizendo: "Usei a empatia assertiva com meu chefe. Fui demitido". Fiquei horrorizada por ter causado a situação e me ofereci para ajudá-lo a encontrar outro emprego. Ele me garantiu que foi melhor assim e que já tinha algumas vagas em vista.

Mesmo assim, acho importante esclarecer. Se você *não* ocupa um cargo de autoridade, recomendo tentar ser assertivamente empático, mas com cautela. Você não tem obrigação moral alguma de criticar seu chefe se isso for lhe custar o emprego. Se perceber que não tem como ser assertivamente empático com seu chefe, sugiro que encontre um novo emprego com um novo chefe. No entanto, faça isso em seus próprios termos. Não seja demitido. Proteja-se.

Como você pode praticar a empatia assertiva com seu chefe de maneira segura? Vai precisar pedir a permissão dele para tentar aplicar o modelo? Como você já deve imaginar, considerando que não acredito na eficácia da autoridade unilateral, eu diria que não, você não precisa pedir a permissão do chefe para começar a aplicar o modelo da empatia assertiva. Tome a iniciativa por conta própria. Quando aplicar os conceitos da empatia assertiva com sua equipe e começar a ver os resultados, explique o que está fazendo a seu chefe. Dê a ele a chance de confrontá-lo e presuma que as intenções dele são boas. Se perceber que ele está aberto a aprender, tente pedir e dar feedback.

Por sorte, você tem como aplicar a empatia assertiva com seu chefe da mesma forma que fez com sua equipe. Comece pedindo antes de dar feedback. A ideia é certificar-se de conhecer o ponto de vista da pessoa antes de sair por aí distribuindo elogios e críticas, não importa quem ela seja (seu chefe, um subordinado, um colega ou qualquer outra pessoa de sua vida). Ao receber um feedback, resista à tentação de criticar a crítica e não aceite elogios vazios. Concentre-se em recompensar a franqueza se a pessoa for franca com você e em aceitar o desconforto se ela não o for. Se seu chefe já estiver usando o modelo da empatia assertiva e lhe pedir explicitamente que avalie o feedback dele, isso abrirá uma exceção à regra de não criticar a crítica. Se seu chefe costuma agir com empatia nociva e lhe pedir um feedback, avalie-o com franqueza.

Em seguida, *peça permissão* a seu chefe para lhe dar um feedback. Diga algo como: "Você acha que seria interessante se eu lhe dissesse o que penso de X?". Se ele responder que não ou que esse não é seu trabalho, deixe o problema de lado e vá tirar a poeira de seu currículo! Se seu chefe responder que sim, comece com um problema pequeno e sem grandes consequências e veja como ele reage. Se ele reagir bem e recompensar sua franqueza, siga em frente. Caso contrário, desista imediatamente ou presuma que ele não tem boas intenções. Tente mais uma vez, com muita cautela, mas, se a reação dele for a mesma, pode ser um sinal de que é melhor procurar outro emprego. Você merece um chefe melhor.

Ao dar feedback a seu chefe, use as mesmas dicas anteriores: seja prestativo e humilde, dê o feedback imediata e pessoalmente, elogie em público (se não for soar como um puxa-saco), critique em particular e não personalize o problema.

A capacidade de ser assertivamente empático com seu chefe é vital para seu sucesso. Uma das maiores dificuldades de ser gestor de nível médio (e, considerando que a maioria dos CEOs reporta a um conselho de administração, praticamente *todos* os gestores são de nível médio) é o fato de você acabar encarregado de executar decisões das quais discorda. Uma situação como essa pode parecer um impasse sem solução. Se disser a sua equipe que concorda com as decisões, vai se sentir um mentiroso ou, no mínimo, nem um pouco autêntico. Se disser que não concorda com as decisões, vai parecer fraco, insubordinado ou ambos.

A empatia assertiva é a solução para esse dilema. Se você for capaz de dizer a seu chefe que discorda de uma decisão, pelo menos abrirá um canal de comunicação para entender melhor as razões por trás da decisão. E, munido desse entendimento, você poderá explicar a decisão a sua equipe, mesmo que discorde da decisão. Quando perguntarem: "Por que estamos fazendo isso? Não faz sentido algum para nós. Você não contestou essa decisão?", responda: "Entendo o ponto de vista de vocês. Sim, tive a chance de contestar. Ele disse isso e aquilo. E as razões para a decisão são as seguintes…". Se insistirem em saber se você concorda com a decisão, diga com toda a franqueza que seu chefe ouviu seu ponto de vista, que você teve a oportunidade de contestar a decisão e que é melhor fazer o que ele está mandando. Andy Grove tinha um mantra na Intel que pegamos emprestado para descrever a liderança na Apple: "Ouvir. Contestar. Comprometer-se". Um bom líder tem humildade para ouvir, confiança para contestar e sabedoria para saber quando é melhor parar de argumentar e comprometer-se com a decisão.

Feedback para homens e mulheres

As diferenças entre os sexos fazem com que seja mais difícil dar feedback tanto para homens como para mulheres, mas de maneiras bem distintas. Os preconceitos e o que eu chamo de "política dos sexos" podem frustrar as tentativas de ser assertivamente empático com alguém do sexo oposto. Decidi incluir uma seção específica para as diferenças entre os sexos porque este livro se baseia em minhas experiências pessoais e sou uma mulher branca.

Podemos traçar alguns paralelos importantes para as diferenças raciais e para qualquer outra situação parecida.

Por que a empatia assertiva pode ser mais difícil para os homens que gerenciam mulheres

A maioria dos homens aprende, desde o nascimento, a ser "mais gentil" com as mulheres do que com os homens. Em algumas situações, essa lição pode ser péssima para as mulheres que trabalham para eles. Até o homem mais machista para quem trabalhei invariavelmente relutava mais em me criticar do que em criticar os homens subordinados a ele. Morria de medo de me fazer chorar, porém levava muitos homens que reportavam a ele às lágrimas e parecia não se incomodar com isso. Eu estaria disposta a apostar que, na verdade, as mulheres não choram mais do que os homens no trabalho. Nunca vi nenhuma pesquisa a esse respeito, mas, por minha experiência, os homens também choram, e mais ou menos com a mesma frequência. E, ainda assim, aquele chefe tinha medo de criticar as mulheres de sua equipe porque achava que cairíamos no choro, e a impressão que eu tinha era que ele nos via com uma mistura de arrogância e pena.

Não quero ser muito dura. Muitos homens relutam mais em criticar as mulheres do que os homens mesmo sem ser machistas. Se a carapuça servir, não se culpe por isso. Basta lembrar que, se você é chefe, é seu trabalho administrar sua fobia de lágrimas e não pegar leve quando precisar criticar as mulheres. Você não estará ajudando suas subordinadas se evitar criticá-las.

O que chamo de "política dos sexos" é o segundo fator que dificulta para alguns homens serem assertivamente empáticos com as mulheres. Outro dia, eu conversava com um professor de uma faculdade de física que tinha uma aluna que não sabia resolver equações de segundo grau. (Aprendi isso na escola e confesso que não me lembro de nada, mas não tenho pretensões de me formar em física.) Chocado e perguntando-se como a aluna conseguira chegar até ali com tamanha deficiência em sua formação, o professor lhe disse que precisaria aprender imediatamente a resolver equações de segundo grau. Furiosa com a crítica, ela o acusou de ser um péssimo professor.

O problema começou não porque envolvia diferenças entre os sexos, mas porque aquela jovem, como tantas outras, não estava acostumada a ser criticada (fenômeno bem-explicado em um artigo da *Atlantic* intitulado "The coddling of the American mind" [algo como "Norte-americanos mimados", em tradução livre]). Só que os colegas do professor, inclusive alguns homens bem-intencionados dispostos a se mostrar sensíveis às questões de gênero, deixaram que o desacordo se transformasse em um problema de diferença entre os sexos. De repente, passou a ser arriscado para os professores daquela instituição dizer a uma aluna do curso de física que ela precisava aprender a resolver equações de segundo grau.

A situação prejudicou não só a estudante que resistiu à crítica construtiva, como também todas as outras que vieram depois. Aquele professor passou a hesitar em criticar o trabalho de suas alunas, e com razão. No entanto, para ter sucesso na área, aquelas jovens mulheres, como seus colegas do sexo masculino, precisavam ter a chance de ser criticadas. E a situação também não foi nada agradável para o professor.

Esse exemplo ilustra uma tendência antifeedback que vem assolando a educação superior como um furacão e afetando todas as organizações nas quais os jovens da geração Y vão trabalhar. Mas, se professores e chefes hesitam em expor alunos e funcionários a críticas que podem ser vistas como "ameaçadoras" ou "constrangedoras" por medo de represálias, tanto as faculdades como as empresas saem perdendo. Combine isso com a "política dos sexos", e o aprendizado cai por terra. Será que o tom politicamente correto do atual "diálogo universitário" (ou melhor, a falta de diálogo) não corre o risco de sair pela culatra e acabar reduzindo a orientação pelos professores e o aprendizado para as mulheres?

O caso bizarro da equação de segundo grau é extremo, mas exemplos menos drásticos ocorrem todos os dias. E isso não só com estudantes universitários; já vi acontecer com funcionários de meia-idade em empresas que se orgulham de ser orientadas por dados.

Outro dia, eu estava conversando com um bom amigo, que lidera uma equipe de programadores, sobre a questão das mulheres que atuam na área da tecnologia. Sugeri que pedisse a opinião de uma subordinada que ele passara anos ajudando a crescer profissionalmente. Ele me lançou um olhar indignado. "Não tenho como falar com ela sobre isso!", exclamou, chocado com a sugestão. Isso veio de um homem que não só é imparcial, como ciente dos preconceitos e decidido a combatê-los. Ele percebe coisas que até eu deixo de ver. Se lhe for mesmo impossível ter uma conversa assertivamente empática sobre as diferenças entre os sexos com uma mulher que ele conhece bem, eu diria que chegamos ao fundo do poço. Mas o problema não é dele nem de sua subordinada. Conheço os dois e tenho certeza de que a conversa teria corrido bem. O problema é a ansiedade que costuma cercar as questões de gênero e que leva todo mundo a pisar em ovos e evitar falar sobre importantes verdades.

Há pouco tempo, outro amigo se viu em uma enrascada quando decidiu abrir um importante diálogo sobre a diferença entre os sexos no trabalho. As expressões que usou em sua argumentação foram tiradas do contexto e divulgadas na imprensa e nas mídias sociais. Ele também é um homem dedicado a tratar todas as pessoas com justiça e volta e meia se empenha em ajudar suas colegas mulheres a avançar na carreira. No entanto, depois daquela comoção toda, decidiu que nunca mais falaria em público sobre as diferenças entre os sexos. Não tenho como culpá-lo, mas o incidente representou outro golpe à empatia assertiva e ao diálogo aberto sobre um tema importante, em que meu amigo tinha se posicionado do lado certo.

É vital combatermos a "política dos sexos".

Por que o machismo dificulta a empatia assertiva para as mulheres

O machismo torna mais difícil para as mulheres serem assertivamente empáticas tanto com homens como com outras mulheres.

Um tipo comum de machismo é o que chamo de "armadilha da hostilidade".

Deixe-me contar uma história pessoal sobre esse tipo de machismo. Um dia, meu chefe me chamou em sua sala e me perguntou se eu conhecia um estudo recente sobre competência/imagem positiva. Respondi que não. Ele, então, me explicou sem meandros que, quanto mais competente uma mulher é, menos seus colegas tendem a gostar dela e disse que um colega com quem eu trabalhava, talvez devido ao machismo, simplesmente não gostava de mim. Em vez de sugerir a essa pessoa que repensasse sua atitude, ele me recomendou melhorar minha imagem positiva.

Naturalmente, pensei que meu chefe devia tentar resolver o problema do machismo e não me mandar contornar o problema fazendo bolos para apaziguar a pessoa que se ressentia de minha competência. Só que eu adorava meu trabalho. Tinha feito amizade com os homens que trabalhavam nas salas à direita e à esquerda da minha. E sabia muito bem que podia cair na agressividade ofensiva às vezes. Desconheço qualquer pessoa em posição de liderança que não caia nesse quadrante um pouco mais frequentemente do que gostaria. Além disso, eu achava que sabia qual de meus colegas não gostava de mim e por que a situação estava incomodando tanto meu chefe. E fiz de tudo para apaziguar esse colega (exceto fazer bolos para ele).

Eu estava certa de que tinha resolvido o problema quando meu chefe me chamou em sua sala de novo. Disse que as coisas haviam melhorado, mas que ele tinha uma ideia para cortar o mal pela raiz. Eu não via a hora de saber qual era a ideia. Você nunca vai adivinhar o que ele sugeriu. Um rebaixamento para mim. Dessa maneira, explicou, meu colega não invejaria tanto meu cargo e eu poderia ter uma imagem mais positiva. Menos de três semanas depois, encontrei um emprego melhor e pedi demissão.

Tive sorte. Naquele ponto de minha carreira, eu já tinha muitas opções. Se tivesse acontecido antes, poderia ter sido forçada a aceitar o rebaixamento e engolir o amargor resultante ou ter pedido demissão sem outro emprego em vista, prejudicando meu avanço profissional.

Kieran Snyder, cofundadora da Textio, aplicou análises linguísticas a avaliações de desempenho e descobriu que, quando as mulheres confrontam diretamente (o que precisam fazer para ter sucesso), são penalizadas por serem "hostis". Elas são rotuladas como "hostis" tanto por homens como por outras mulheres.

Snyder publicou um artigo explicando suas constatações na revista *Fortune*, o que gerou as conversas por e-mail mais longas e acaloradas que já vi em várias empresas que eu orientava em meu trabalho de coaching. O que aquele artigo tinha para causar tamanha comoção? Todas as mulheres que trabalham têm incontáveis histórias sobre serem rotuladas de hostis ou malvistas por serem competentes demais... e terem de pagar o preço, emocional e profissionalmente.

Para entender por que o rótulo de "hostil" impede o avanço das mulheres e reduz o número delas na chefia, até mesmo em organizações que começam com um equilíbrio perfeito entre os dois sexos, vamos dar uma olhada no exemplo que Snyder me deu, de dois colegas atuando na mesma posição de chefia. Veja o feedback que eles receberam dos subordinados:

- "Jessica é muito talentosa, mas eu gostaria que ela fosse menos hostil. Ela pega muito pesado com a gente."
- "Steve é inteligente e adoro trabalhar com ele. Ele precisa aprender a ser um pouco mais paciente, mas quem não precisa às vezes?"

Esses tipos de comentário influenciam as avaliações de desempenho, que, por sua vez, afetam as promoções. Suponhamos que Jessica receba uma avaliação um pouco inferior que a de Steve em consequência de sua "hostilidade". Isso não faria muita diferença se acontecesse só em um trimestre. Entretanto, uma série de avaliações inferiores acabará custando uma promoção a Jessica. E, mesmo que as avaliações não sejam inferiores, a seleção para promoções e cargos de liderança depende muito da tal "imagem positiva".

Se o machismo for generalizado por toda a empresa, as chefes mulheres serão muito prejudicadas. Pesquisadores fizeram uma simulação para verificar o que acontece com as promoções no decorrer de vários anos mesmo quando o machismo afeta muito pouco as avaliações. Quando o machismo resulta em apenas 5% da diferença nas avaliações de desempenho, uma empresa que comece com 58% dos cargos de início de carreira (juniores) ocupados por mulheres termina com apenas 29% dos cargos de liderança ocupados por elas.[1]

Naturalmente, essa análise só conta uma parte da história. Vejamos o que acontecerá com Jessica ao longo de sua carreira. Se ela estivesse no início de sua carreira, provavelmente seria promovida, mais cedo ou mais tarde, apesar de sua suposta "hostilidade", mas ela está um ano ou mais "atrás" de Steve. Vamos avançar cinco ou sete anos no tempo. Agora, Steve está dois cargos à frente de Jessica. Como o salário aumenta muito a cada promoção, ele está ganhando muito mais que Jessica. Se Steve e Jessica se casarem e tiverem um filho, qual emprego será mais importante para a renda familiar e quem terá mais possibilidades de faltar ao trabalho quando o bebê adoecer?

Isso, porém, nem é o pior que pode acontecer com Jessica. Vamos imaginar que ela leve a sério o feedback de ser "hostil" e deixe de confrontar diretamente seus subordinados. Ela ajusta seu comportamento para ter uma imagem mais positiva, mas acaba sendo menos eficaz no trabalho. Em vez de ser assertivamente empática, o que a levaria a ser acusada, de modo injusto, de agir com agressividade ofensiva, o feedback que ela passa a dar tende a se ater aos quadrantes da empatia nociva ou da insinceridade manipuladora. Essa atitude destrói a eficácia dela na liderança. E agora, além do machismo, ela terá problemas reais de desempenho. Nesse caso, Jessica nunca conseguirá avançar muito na carreira. Frustrada e achando que precisa escolher entre ser aceita pelos subordinados e ter sucesso, ela decide que não vale a pena entrar nesse jogo… e desiste.

Todas as mulheres que conheço enfrentaram alguma versão dessa dinâmica. Algumas conseguiram superar o obstáculo, mas todas nós já passamos por isso. Também é vital darmos um fim a essa loucura.

O que você pode fazer?

Essas questões acabaram se tornando polêmicas demais. Muitos homens, até os realmente interessados em combater o machismo, concluíram, e com razão, que não vale a pena arriscar tocar no tema da diferença entre os sexos. O risco não provém necessariamente das mulheres com quem eles trabalham. Pode vir de outros homens que decidem jogar lenha na fogueira e usar as diferenças entre os sexos para avançar na carreira. Pode vir de um departamento de RH politicamente correto demais. Pode vir da legislação, que é absurdamente inapropriada em certos casos. Em algumas situações, pode vir das pressões das mídias sociais ou de uma história malcontada publicada na imprensa, artigos manipulados por repórteres sensacionalistas. A questão da diferença entre os sexos está se tornando intocável... e todos vão sair perdendo com isso.

Não precisaria ser assim. Tenho algumas ideias para ajudar as pessoas a minimizar esse problema no dia a dia do trabalho.

Para os homens: evitem "pegar leve" com as mulheres

Se você é homem e tende a pegar leve com as mulheres por temer ser taxado de machista ou por achar que elas podem cair no choro, talvez seja interessante saber o que as mulheres acham de seu feedback. Basta perguntar a elas. Tente explicar o modelo da empatia assertiva e, quando der algum feedback, simplesmente diga algo como: "Estou tentando ser assertivamente empático e queria saber o que você acha de meu feedback". Peça que as mulheres avaliem seus elogios e críticas. (Mesmo que você não esteja preocupado especificamente com o problema da diferença entre os sexos, é sempre útil ter essa informação!) Você pode nem perceber que pega leve com algumas pessoas e não com outras.

Para as mulheres: exijam ser criticadas

Se você é mulher e acha que seu chefe hesita em criticar seu trabalho, pode ser boa ideia dizer a ele que você gostaria de receber mais feedback.

Procure dizer algo como: "O que posso fazer ou parar de fazer para facilitar que você seja assertivamente empático comigo?", "Parece que você se preocupa tanto com meus sentimentos que hesita em me dar feedback, mas não tenho como melhorar sem suas críticas" ou "Preciso muito que você me dê sua opinião sincera sobre meu trabalho". Dito isso, faça uma pausa. Conte até seis mentalmente. Aceite o desconforto. Faça o que for preciso para obter a opinião sincera de seus colegas homens ou de seu chefe. Releia a seção sobre feedback e aplique tudo com o dobro de empenho!

Para homens e mulheres: alguns pontos de reflexão para quando você se pegar achando que uma mulher está sendo "agressiva demais"

Antes de dizer isso a ela, tente as táticas a seguir para ver se não está caindo na armadilha da competência/imagem positiva. E não pense que não há como cair nessa armadilha só porque é mulher! Constatei que, infelizmente, os dois sexos têm a mesma parcela de culpa.

Inverta os sexos. Se a mulher que você considera hostil fosse um homem que tivesse exatamente a mesma atitude, será que a crítica "Você está sendo agressiva demais" não se transformaria no elogio "Você sabe mesmo como fazer as coisas"? Imagine um homem de sua equipe fazendo exatamente a mesma coisa que a mulher fez. Como você reagiria? Se sua reação for diferente, você está prestes a cair na armadilha.

Dois atores de teatro de improvisação que conheço conduzem sessões de interpretação de papéis para ajudar as pessoas a dar bom feedback em algumas grandes empresas do Vale do Silício. Em uma dessas sessões, eles realizaram o seguinte experimento: usaram a expressão "nem a pau" ao conversar com o(a) "chefe". Os participantes, tanto homens como mulheres, ficaram ofendidíssimos quando a atriz lhes disse isso, mas nem piscaram quando o ator fez a mesma coisa. Uma mulher não se importou quando o ator usou a expressão, porém exclamou "Vou demitir essa vaca!" quando a atriz o fez.

Seja mais específico. Um feedback como "Você é muito agressivo" é abstrato demais e sujeito à armadilha da hostilidade. Se você descrever exemplos específicos para mostrar como essa hostilidade se manifesta, ficará mais claro se o problema é real ou se não passa de fruto de seu preconceito.

Evite palavras normalmente utilizadas para descrever determinado sexo. Observe os termos que usa. Você utiliza palavras como "histérica(o)", "descontrolada(o)" ou "desvairada(o)", raramente empregadas para descrever um homem?

Se usar, corre o risco de cair na armadilha. Uma das lições que aprendi com Dick Costolo foi perceber que ele evitava usar palavras desse tipo, em especial nas avaliações de desempenho. Não raro ele percebia sutilezas que eu não tinha notado e sempre se manifestava quando ouvia algum comentário que podia ser interpretado como machista.

Nunca diga: "Tente ser mais simpática com as pessoas". Lide com a situação dando às mulheres sugestões específicas para elas poderem mudar seu comportamento e aumentar sua eficácia. E lembre que, apesar de o machismo estar por toda parte, é seu trabalho como chefe ajudar toda a equipe a identificá-lo e eliminá-lo e não ajudar as mulheres a contornar o problema. Em outras palavras, cabe a você criar um ambiente de trabalho mais justo, onde o machismo não tenha a chance de prejudicar a carreira de ninguém.

Para mulheres: pontos de reflexão se alguém lhe disser "Você é hostil demais"

Antes de reagir ao feedback de que você é agressiva ou hostil demais, pense nas cinco regras a seguir:

Nunca pare de confrontar diretamente. É comum as mulheres vistas como hostis (ou até algo pior) serem aconselhadas a parar de confrontar diretamente. Esqueça isso. Você precisa confrontar diretamente se quiser ter sucesso.

Importe-se pessoalmente... mas mate o "anjo do escritório". Acontece muito de, para subir na dimensão do "importar-se pessoalmente", as mulheres gastarem muita energia encarregando-se da organização do escritório ou assumindo o papel de "anjo do escritório", parafraseando Virginia Woolf. O sacrifício pessoal nunca é uma boa maneira de demonstrar que você se importa. Se não quiser, não precisa assar bolos, fazer café, tirar fotos da equipe ou investir tempo e dinheiro arrumando-se enquanto os homens usam jeans e camiseta na empresa!

A conclusão do estudo sobre a competência/imagem positiva não foi que as mulheres nunca foram hostis no trabalho. Lembre que você pode muito bem ter sido antipática, desagradável ou até hostil no trabalho. Não seja o anjo do escritório, mas fique aberta à possibilidade de ter magoado alguém sem necessidade.

O simples fato de ser errado chutar quem está por baixo e bajular quem está por cima não significa que seja certo fazer o contrário. Orientei muitas mulheres que cometem o mesmo erro que cometi com meu e-mail para Larry, na história que contei no capítulo 2. Elas são assertivamente empáticas com seus subordinados, mas caem no quadrante da agressividade ofensiva com os chefes. Desconheço qualquer pesquisa que demonstre que isso é mais comum para as mulheres do que para os homens, mas vi acontecer com muitas mulheres, a ponto de acreditar que vale a pena mencionar o problema aqui.

Não desista dos homens. Quando contei a meu pai sobre o chefe que me ofereceu um rebaixamento para me ajudar a evitar a armadilha da competência/imagem positiva, ele disse que não conhecia essa armadilha. Descrevi o conhecido caso de Heidi/Howard Roizen: um professor de administração apresentou a duas turmas de estudantes o mesmo estudo de caso sobre um(a) empreendedor(a) de sobrenome Roizen; a única diferença era o sexo de Roizen. No levantamento, os alunos disseram que Heidi (mulher) e Howard (homem) foram igualmente competentes, mas que Heidi era uma ogra e Howard era um sujeito espetacular. (Minhas palavras!)

Meu pai respondeu: "Ah, entendi o que você quer dizer. Trabalho com muitas mulheres que são desnecessariamente agressivas". Veja bem, meu pai é uma das pessoas mais inteligentes que já conheci e sempre apoiou minhas ambições profissionais a cada passo, tanto que me levava para ver as estrelas pelo telescópio todas as noites quando eu tinha 10 anos e queria ser astronauta. Entretanto, nem toda a sua inteligência, nem seu amor por mim, nem seu desejo de que eu tivesse sucesso bastavam para enterrar seu preconceito inconsciente. Ele continuava caindo na armadilha da competência/imagem positiva. Então, expliquei de novo o conceito, e nós dois demos boas risadas. Por sorte, ele é meu pai e eu sabia que se importava muito comigo. Porém, se ele fosse outro homem, eu poderia ter caído na tentação de cometer o erro de atribuição fundamental e desistir dele, rotulando-o de incorrigível, machista ou alguma outra coisa. Não faça isso. Essa atitude não vai ajudá-la a resolver o problema. Continue confrontando diretamente e mostrando que você se importa pessoalmente até a pessoa entender.

Avaliações de desempenho formais

Dá para dizer que avaliações de desempenho lembram tratamentos de canal, só que, nessa analogia, eles provavelmente são tão penosos para o dentista quanto para o paciente. Em certa extensão, isso é inevitável. Se, como eu, você suspeita de modo automático que esse tipo de processo de avaliação formal é corporativo, artificial e desumanizador demais, não deve gostar muito dele.

É por isso que a GE – que praticamente inventou as avaliações de desempenho – e muitas outras companhias decidiram abolir o processo. Desde que a organização tome medidas específicas para promover uma cultura de feedback e encontre algum outro jeito de fazer com que os processos de definição de aumentos salariais, bônus e promoções sejam transparentes, pode até dar certo abolir as avaliações de desempenho.

Se sua empresa não faz avaliações de desempenho formais, é importantíssimo reforçar o feedback improvisado. No entanto, se o faz, tente não desmerecer o processo. Constatei, vez após vez, que uma avaliação de desempenho formal muitas vezes esclarece questões que o feedback improvisado não consegue resolver. Imagine que você tenha dito a um de seus subordinados diretos que a postura negativa dele está prejudicando sua capacidade de trabalhar com a equipe. Ele pode até ouvir sua

FEEDBACK =	Elogios	Críticas
Receber de	✔	✔
Dar para	✔	✔
Incentivar entre		

mensagem, mas talvez só a entenda quando passar pelo processo de avaliação formal e vir que seu desempenho é considerado insatisfatório. Não raro me surpreendo com os problemas de comunicação revelados pelas avaliações de desempenho. Se o processo for bem-conduzido, pode ser uma grande oportunidade de melhorar a qualidade de seu feedback.

Veja algumas sugestões para conduzir bem um processo de avaliação de desempenho formal:

Evite surpresas. Ninguém deveria se surpreender com os resultados da avaliação de desempenho formal, e, se você tiver o hábito de dar feedback improvisado a sua equipe, vai reduzir bastante as chances de isso acontecer.

Não confie apenas em sua opinião unilateral. Mesmo que sua empresa não adote um processo de avaliação 360 graus formal para que você possa saber o que as pessoas pensam do desempenho de seus subordinados diretos, nada o impede de conduzir um processo de avaliação informal. Um gestor que conheço faz isso pedindo a cada pessoa de sua equipe que avalie os colegas com um simples sistema de "–", "±" e "+". A maioria das pessoas recebe "±" e, nesse caso, meu amigo não faz nada. Quando alguém recebe "–" ou "+", ele investiga a questão durante uns cinco minutos da conversa individual que ele conduz com todos os subordinados duas vezes por ano, e isso o ajuda a checar se está sendo justo e capaz de ver o quadro geral. Em um mundo ideal, essas avaliações seriam transparentes e específicas. Entretanto, criar um sistema como esse tomaria um tempo que ele não tem. E todo mundo sabe que o gestor faz isso porque se importa pessoalmente com a equipe, de modo que dar "–" a alguém não é visto como um golpe baixo ou uma traição.

Peça que as pessoas avaliem seu desempenho primeiro. Sempre ajuda pedir a seus subordinados diretos que avaliem seu desempenho antes de você avaliar o desempenho deles. A maior vantagem dessa postura é que o processo acaba sendo mais um diálogo do que uma avaliação unilateral de sua parte. Além disso, se você for avaliado antes de avaliar as pessoas, tem como saber o que cada uma delas pensa antes de começar a avaliá-las. Você pode repensar o que planejava dizer ou o modo como pretendia dizer.

Faça anotações. Dá trabalho e leva tempo fazer anotações, e é por isso que muitas empresas não exigem avaliações de desempenho por escrito. Porém, como percebi em incontáveis ocasiões, fazer anotações acaba mudando a avaliação. Sempre acho que sei o que gostaria de dizer em uma sessão de avaliação, mas, quando começo a escrever, percebo que a situação é muito mais complexa do que eu pensava de início. Reservar um tempo para articular seu raciocínio por escrito antes de falar com a pessoa pode lhe poupar o constrangimento de mudar de ideia no meio da avaliação ou, pior ainda, depois.

Também notei que colocar no papel o que tenho a dizer me força a dizer o que tem de ser dito. Uma sessão de avaliação de desempenho acalorada poderia me levar a recuar para a empatia nociva. No entanto, o simples ato de anotar uma crítica importante me força a me aproximar da empatia assertiva.

Por fim, uma avaliação por escrito pode ajudar as pessoas a esclarecer alguns pontos em uma ocasião posterior. Uma avaliação de desempenho costuma envolver muitas informações para digerir e é bom ter um registro em papel para consultar depois. Eu passei meses levando na bolsa a avaliação de meu desempenho elaborada por Sheryl para me lembrar de pontos que eu precisava melhorar.

Decida o melhor momento para entregar a avaliação por escrito. Tenha em mente que cada caso é um caso. Algumas pessoas são muito mais capazes de ter uma conversa produtiva se já souberem mais ou menos o que vai ser dito. Em geral, elas gostam de se preparar e odeiam surpresas. Então, mande-lhes a avaliação por escrito na noite anterior. Outras pessoas tendem a ler demais nas entrelinhas, de modo que é melhor você estar presente quando elas lerem a avaliação, para poder fazer os esclarecimentos necessários. Se você escreve: "A equipe fica frustrada quando você cancela as reuniões na última hora", a interpretação delas pode ser algo como: "Minha equipe me odeia e provavelmente vou ser demitido amanhã". Para uma pessoa que tende a reagir assim, é melhor explicar pessoalmente a avaliação, checar mais de uma vez se ela realmente entendeu o que você quis dizer e só depois lhe entregar a avaliação por escrito. Feito isso, saia da sala para pegar um café enquanto ela lê e volte para conversar. Não importa o método que você escolher para fazer a avaliação, não deixe de ser assertivamente empático e verificar se a pessoa entendeu mesmo o que você disse.

Reserve pelo menos 50 minutos para uma conversa individual e deixe um intervalo entre as avaliações. Minha tendência sempre foi marcar um monte de avaliações de 30 minutos, uma após outra, sem intervalo, para agilizar o processo. Contudo, essa abordagem nunca deu certo. As conversas muitas vezes demoravam mais do que o esperado, as outras avaliações atrasavam, e uma fila de gente se formava à porta de minha sala. As pessoas acabavam perdendo tempo (algo que todo chefe tem a obrigação de evitar) e ficavam nervosas sem necessidade. E, mesmo quando eu reservava mais tempo, agendar uma reunião após outra se mostrou uma péssima ideia. Essas conversas costumam ser emocionalmente exaustivas, e eu sempre precisava de um intervalo de mais de 10 minutos entre elas.

Passe a metade do tempo olhando para trás (diagnóstico) e a outra metade olhando para a frente (planejamento). Quando eu anotava as avaliações, procurava deixar absolutamente claro o que eu achava do desempenho de cada pessoa no último trimestre, semestre ou ano. No entanto, durante as conversas individuais, tentava não passar muito mais do que metade do tempo falando sobre o passado, porque era mais importante direcionar o olhar das pessoas para o futuro. Eu nunca lhes impunha um plano; pedia que criassem o seu. Como elas planejavam transformar o sucesso em um sucesso ainda maior ou como pensavam em abordar os pontos de melhoria? O foco no futuro desencoraja as pessoas que tiveram um desempenho bom de descansar sobre os louros da vitória e evita que as que tiveram um desempenho insatisfatório caiam no desespero. Focar o que cada pessoa planeja mudar em consequência da avaliação é sempre uma excelente maneira de ver se ela entendeu o que você disse. Acontecia muito de eu achar que tinha sido clara e só perceber que a pessoa não havia me entendido quando ela me dizia como planejava mudar.

Agende conversas periódicas para checar a execução do plano. Depois que eu ajudava a pessoa a elaborar um plano para melhorar seu desempenho, era importante agendar conversas periódicas para ver como ela o estava executando. Para isso, eu incluía verificações do andamento do plano em algumas futuras conversas individuais com a pessoa em minha agenda. Não importa como você decidir fazer isso, é importante monitorar o progresso de algum jeito.

Deixe para falar sobre os resultados e a remuneração depois da avaliação de desempenho. Se sua empresa usa avaliações de desempenho formais e/ou vincula as avaliações à remuneração, você precisa decidir a melhor ordem para passar as informações para sua equipe. Muitas pessoas se preocupam tanto com o modo como os resultados podem afetar sua remuneração que têm dificuldade de conversar abertamente na sessão de avaliação de desempenho. Assim, pode ser interessante só falar sobre os resultados e a remuneração *depois* da avaliação. Descobri que, quando eu começava a avaliação já anunciando os resultados, frequentemente as pessoas ficavam tão ansiosas que não conseguiam se concentrar no que eu tinha a dizer. Por isso, em algumas ocasiões, eu deixava para informar os resultados e a remuneração no fim da conversa, e, em outras, adiava o anúncio por um dia ou mais e pedia que elas elaborassem primeiro o que pensavam e o que planejavam mudar. Muitas empresas fazem questão de deixar um trimestre ou até mais entre as "conversas sobre o desenvolvimento" e "as conversas sobre os resultados da avaliação de desempenho". Não vejo problema algum com essa abordagem, desde que as "conversas sobre o desenvolvimento" não substituam o feedback improvisado, que deve ser conduzido toda semana.

Evite as punhaladas nas costas

Você é um chefe, não um diplomata. Não aceite ser um intermediário

Uma das maneiras mais importantes de criar um ambiente no qual a politicagem corporativa seja substituída pela empatia assertiva é nunca deixar uma pessoa de sua equipe falar mal de outra pelas costas. Você pode achar que está sendo compreensivo ao ouvir as queixas, mas na verdade só está jogando lenha na fogueira da politicagem. É melhor insistir para que as pessoas conversem entre si, sem sua mediação, e resolvam o problema sozinhas. Se isso não for possível, ofereça-se para participar da conversa pessoalmente ou, na pior das hipóteses, por telefone. Evite usar o e-mail ou mensagens de texto. Durante a conversa, ajude-as a encontrar uma solução aceitável para ambas e certifique-se de que a entenderam. Li um artigo sobre um CEO que se saía com a pior solução possível para duas pessoas quando elas não conseguiam resolver o problema sem sua intervenção. Ele fazia isso porque odiava mediar conflitos, mas essa postura só acabava gerando mais conflito. Seu trabalho é ajudar, não punir, quando as pessoas o procurarem para resolver um conflito que não estão conseguindo resolver sozinhas. Cabe a você contribuir para que seus subordinados diretos resolvam conflitos de maneira aberta, justa e rápida.

FEEDBACK =	Elogios	Críticas
Receber de		
Dar para		
Incentivar entre		✔

Feedback entre os membros da equipe

Lembre que é melhor dar o feedback pessoalmente em uma conversa. Muitas ferramentas foram criadas com base na promessa de substituir o feedback, pedindo que os usuários escrevam textos curtos que podem ser enviados e arquivados, agregando algumas camadas analíticas por cima de tudo. Talvez tais ferramentas até pareçam eficazes, mas acabam constituindo um

FEEDBACK =	Elogios	Críticas
Receber de		
Dar para		
Incentivar entre	✔	✔

passo gigantesco na direção errada para os relacionamentos... mais ou menos como terminar um namoro pelo WhatsApp. É importante que você, o chefe, encoraje os membros de sua equipe a conversar entre si.

O Macaco da Semana. Dan Woods, que foi diretor de tecnologia de uma startup na qual trabalhei na década de 1990, desenvolveu o sistema mais simples, barato e eficaz que já vi para encorajar elogios e críticas. O sistema envolvia dois bichos de pelúcia: uma baleia e um macaco. Em todas as reuniões com a empresa inteira, ele convidava as pessoas a indicar umas às outras para o prêmio Baleia Assassina por uma semana. A ideia era incentivá-las a se levantar e falar sobre algum trabalho extraordinário de um colega. O vencedor da Baleia Assassina da semana anterior decidia quem seria o próximo detentor do prêmio. Em seguida, as pessoas nomeavam a si mesmas para o prêmio Macaco da Semana. Quem tivesse pisado na bola naquela semana se levantava, contava a história, conquistava automaticamente a imunidade e ajudava a evitar que os colegas cometessem o mesmo erro. Quando levei essa prática à Juice e ao Google, minhas tentativas foram recebidas com o mais absoluto silêncio. Dava para ouvir grilos cantando. Sem saber o que fazer, deixei uma nota de 20 dólares na cabeça do Macaco. Uma vez que as pessoas podiam fingir que não tinham engolido minha ideia idiota dos bichos de pelúcia e só queriam ganhar os 20 dólares, as histórias começaram a aparecer. A prática não só mostrou que era seguro cometer erros (e, portanto, inovar), como também acelerou a resolução de problemas que, de outra maneira, poderiam contaminar a equipe toda. Por exemplo, fiquei sabendo que um membro de minha equipe ofendera profundamente um executivo e eu precisaria interferir para administrar os danos. Eu conhecia o executivo e tinha como ajudar. Em outra ocasião, descobri que um erro cometido por minha equipe enfurecera um cliente que precisava ser apaziguado. Eu conhecia o cliente e, quando soube do problema, pude ajudar. As histórias que a Baleia e o Macaco evocavam passaram a ser minha parte favorita da maioria das reuniões com a empresa inteira. Todos tínhamos a chance de aprender muito em 15 minutos.

Claro que nem todas as culturas são propícias a essa abordagem. Por exemplo, a cultura de "medir duas vezes para cortar uma vez só" da Apple era muito diferente da cultura de "lançamento e iteração" do Google. Na Apple, uma prática como o Macaco da Semana não passaria de uma propaganda enganosa, e os bichos de pelúcia definitivamente não estariam à altura dos padrões estéticos da empresa!

Em alguns setores, como o de aviação, revelar erros é tão importante que seria considerado de mau gosto tirar sarro do Macaco da Semana. Um erro cometido por um piloto pode custar a vida de centenas pessoas. No entanto, os pilotos são seres humanos, e todo mundo sabe que errar é humano. Quanto mais eles puderem aprender com os erros uns dos outros, mais seguro será viajar de avião. A Federal Aviation Administration (FAA – Administração Federal de Aviação), dos Estados Unidos, queria encontrar um jeito de os pilotos se sentirem seguros compartilhando informações de erros que poderiam ter causado desastres ou quedas. Como a FAA tem autoridade para revogar a licença dos pilotos, eles tendiam a ocultar os erros que cometiam. Diante desse cenário, a FAA financiou um sistema de reporte de incidentes de segurança na aviação, administrado pela Nasa. Pilotos aposentados são encarregados de conversar com os pilotos envolvidos em incidentes de segurança para descobrir o que aconteceu. Se os pilotos não foram descuidados nem imprudentes, recebem total imunidade pelos erros. Com isso, podem compartilhar informações sem ameaçar a própria carreira, e o resultado é que todos viajamos de avião com mais segurança.

Imagine como seria se houvesse um sistema similar de reporte de incidentes de segurança na medicina. E se, em vez de processar judicialmente médicos que cometeram erros, nós lhes déssemos imunidade, coletássemos e compartilhássemos informações, e apresentássemos maneiras de ajudar outros médicos a evitar os mesmos erros? Se fosse mais seguro para os médicos dar feedback e orientar uns aos outros e aprender com os erros, o impacto seria enorme.

Avaliação dos colegas. Outra boa maneira de encorajar os membros de sua equipe a conversar entre si é apresentar a eles o modelo da empatia assertiva. Explique como podem avaliar seu feedback, para você poder melhorar. Incentive-os a avaliar o feedback dos colegas. Ter um vocabulário comum ajudará sua cultura a se aproximar da empatia assertiva.

Contestar a autoridade

Roxane Wales, que trabalhou primeiro na Nasa e depois no departamento de treinamento e desenvolvimento do Google, me disse que uma das coisas mais importantes que qualquer chefe de chefes pode fazer para promover uma cultura de feedback é conduzir as chamadas "reuniões com quebra de hierarquia" (*skip level*). Nessas reuniões, que só precisam ser realizadas uma vez por ano para serem eficazes, você conversa com as pessoas que trabalham para seus subordinados diretos, sem a presença dos subordinados, e pergunta o que eles poderiam fazer ou parar de fazer para serem chefes melhores.

FEEDBACK =	Elogios	Críticas
Receber de		
Dar para		
Incentivar entre	✔	✔

Pode parecer uma proposta super-hierárquica, mas sejamos francos: a organização "horizontal" não passa de um mito. A hierarquia é uma realidade inevitável da vida. A melhor maneira de reduzir as barreiras que a hierarquia coloca entre nós é admitir que ela existe e pensar em modos de assegurar que todos se sintam em pé de igualdade como seres humanos, *apesar* da hierarquia, que todos se sintam livres para "contestar a autoridade".

A vantagem das reuniões com quebra de hierarquia é que a maioria das pessoas tende a relutar em criticar o chefe. Além disso, os gestores, em especial os novos, tendem, conscientemente ou não, a reprimir as críticas em vez de encorajá-las. Saber onde esse problema ocorre e cortar o mal pela raiz vai ajudar a preservar a cultura de empatia assertiva e impedir que esses gestores transformem a vida dos subordinados em um verdadeiro inferno.

Você precisa usar de muita cautela nas reuniões com quebra de hierarquia. Há o risco de que elas se transformem em sessões de lamúrias e queixas, e você deve deixar claro que não está automaticamente presumindo que o chefe, seu subordinado direto, seja o culpado, nem que você não se dispõe a ouvir qualquer crítica a ele. O objetivo dessas sessões é dar um apoio aos gestores que se reportam a você, não minar a autoridade deles. E parte desse apoio requer saber quando os subordinados diretos deles estão pisando na bola e ajudá-los a resolver a situação. E, em prol de sua saúde mental e de uma cultura assertivamente empática, é importante que essas reuniões não encorajem as pessoas a ir correndo falar com você em vez de conversar diretamente com o chefe delas. Veja algumas regras gerais que aprendi para conduzir esse tipo de reunião:

Explique. Mostre. Explique de novo. Explique a cada um de seus subordinados diretos que você tem dois objetivos: 1) ajudar cada um deles a se tornar um chefe melhor e 2) garantir que as pessoas da equipe deles se sintam seguras para lhes dar um feedback diretamente.

Mostre que você leva a sério o que disse. Comece pedindo a seu chefe que faça uma reunião com quebra de hierarquia sobre você. Se você é o CEO e não tem chefe, recorra a um coach, consultor ou membro do conselho de administração.

Nunca realize uma reunião com quebra de hierarquia sem o consentimento de seu subordinado direto. Melhor ainda, peça aos gestores que se reportam a você que expliquem a ideia à equipe deles antes da reunião. É importantíssimo que todos saibam que o objetivo da reunião com você é ajudar, não atacar, o chefe deles. E, no início da reunião, reitere que o objetivo é ajudar o chefe a melhorar. Lembre às pessoas que o propósito é criar uma cultura na qual todos se sintam seguros para dar feedback, sobretudo críticas, diretamente ao chefe. Explique que a reunião constitui um passo nessa direção e não deve ser usada para substituir esse objetivo.

Ainda mais importante, nunca conduza reuniões com quebra de hierarquia para alguns de seus subordinados e não para outros. Deve ficar claro que esse processo vai ser incorporado à rotina de todos os chefes de chefes. Se você só fizer reuniões com quebra de hierarquia quando a equipe tiver problemas, elas passarão a ser vistas como punição e não ferramenta para ajudar as pessoas a desenvolver suas habilidades de gestão.

Certifique-se de que a reunião não vai ser usada para "delatar" ninguém. Assegure-se de que todos saibam que, apesar de o objetivo ser deixar todos à vontade para dar feedback diretamente ao chefe, a reunião não vai ser transformada em uma sessão de delações. Em outras palavras, todas as informações relevantes serão levadas ao chefe deles, mas não *quem* as revelou.

Faça anotações e as mostre. Exiba as anotações que você fizer durante a reunião (por exemplo, projetando uma apresentação de PowerPoint com suas anotações sendo feitas em tempo real) e informe aos participantes que você mostrará essas informações ao chefe deles. Encoraje-os a lhe dizer se acharem que você entendeu errado. Quando as pessoas apontarem seus erros, não deixe de alterar suas observações e verifique se elas concordam antes de prosseguir. É importante *você mesmo fazer as anotações em vez de encarregar alguém da tarefa.* Essa técnica é eficaz porque mostra que você está ouvindo e engajado no diálogo e também por ser uma ótima forma de saber se você entendeu mal alguma coisa.

Dê início ao diálogo. A primeira reunião com quebra de hierarquia costuma ser muito constrangedora. Você vai precisar suar a camisa para conquistar a confiança de todos os participantes. Em geral, é mais fácil começar com os elogios para encorajar as pessoas a falar. Pergunte: "O que vocês acham que o chefe de vocês está fazendo bem?". Em seguida: "O que vocês acham que o chefe de vocês poderia fazer melhor?". E depois: "O que vocês acham que o chefe de vocês está fazendo de errado?". À medida que os problemas são levantados, encoraje as pessoas a pensar em soluções, evitando que a reunião se transforme em uma mera sessão de lamúrias. No entanto, se as pessoas o bombardearem com uma montanha de queixas, lembre-se de que isso é um bom sinal. Você sabe que a coisa não está dando certo quando tudo for um mar de rosas e todo mundo ficar pisando em ovos.

Priorize os problemas. Quando você perceber que as pessoas estão à vontade para apontar os erros do chefe, esclareça que nem todos os problemas poderão ser resolvidos. Explique que o objetivo é melhorar a situação e que seria impossível criar um mundo perfeito. Encoraje-as a decidir quais são os problemas mais importantes e a priorizar esses problemas.

Compartilhe suas anotações logo depois da reunião. Quando faltarem apenas uns oito minutos para o fim da reunião, peça que os participantes repassem suas observações, lembrando que você as enviará dali a pouco ao chefe deles. Isso contribui para manter o diálogo fluindo na direção certa e levar as pessoas a se responsabilizar pelas sugestões. Saber que você vai enviar as observações ao chefe delas dali a oito minutos as ajuda a sentir que não estão traindo o chefe nem falando pelas costas dele. E você não precisa mandar as observações a todos os participantes para ver se todo mundo concorda e só depois enviá-las a seu subordinado direto. Você pode fazer tudo isso durante a reunião e poupar-se dos "próximos passos" desnecessários que muitas vezes se acumulam em pensamentos ou simplesmente nunca são realizados. Além do mais, a pessoa que está sendo avaliada ficará menos ansiosa, pois não demorará a saber o que foi dito sobre ela!

Certifique-se de que seus subordinados diretos façam as mudanças necessárias e as comuniquem a você. Depois que seus subordinados diretos leram as observações que você enviou, ajude-os a pensar em uma ou duas mudanças específicas e imediatas. Rejeite propostas grandiosas e vagas como: "Vou melhorar meus relacionamentos". É preferível que a mudança seja algo menor, porém mais tangível, como: "Vou passar a discordar pessoalmente, não por e-mail". Incentive cada um de seus subordinados diretos a enviar um e-mail para a equipe deles, com cópia para você, explicando o que aprenderam e o que planejam mudar. Em seguida, encoraje-os a mencionar o assunto na próxima reunião com os membros da equipe para saber o que acham de seu progresso. Quanto mais visível for a mudança, melhor. Repasse as mudanças em uma reunião de acompanhamento e peça à equipe de seu subordinado que lhe diga se ele fez ou não as mudanças. Se as pessoas disserem que ele não mudou nada ou que a reunião com quebra de hierarquia não fez diferença alguma, leve o problema a sério. Em casos extremos, pode ser recomendável afastar o gestor da equipe, retirando-o da chefia, alocando-o em outra equipe ou demitindo-o.

Faça uma reunião por ano para cada um de seus subordinados diretos. O maior problema das reuniões com quebra de hierarquia é que, quando elas começam a mostrar resultados, as pessoas querem que ocorram o tempo todo, levando a uma proliferação de reuniões. No Google, isso foi tão intenso que parecia que eu tinha uma reunião dessas por dia. Elas requerem muita energia e foco e podem causar exaustão se forem numerosas demais. Recomendo que você faça apenas uma reunião com quebra de hierarquia por ano para cada um de seus subordinados diretos e, se você é um chefe de chefes, insista para que eles façam o mesmo. Dessa maneira, o processo crescerá e tomará, se você tiver cinco subordinados diretos, por exemplo, apenas cerca de sete ou oito horas por ano (uma hora por reunião e meia hora por reunião de acompanhamento).

Perguntas frequentes nas reuniões com quebra de hierarquia

Orientei dezenas de pessoas que se tornaram chefes de chefes pela primeira vez, e essas reuniões com quebra de hierarquia sempre se mostraram uma fonte de grande interesse e ansiedade. Veja algumas das perguntas que as pessoas mais fazem:

E se ficar claro que a equipe inteira perdeu a fé no chefe? Isso é muito raro. Em todos os anos em que conduzi essas reuniões, só aconteceu comigo três vezes. Nos três casos, investiguei os problemas e descobri que o chefe em questão jamais deveria estar ocupando um cargo de liderança.

E se as pessoas se recusarem a falar? Quebre o gelo dizendo algo como: "Então devo concluir que o silêncio de vocês quer dizer que está tudo perfeito?". Outra coisa que você pode fazer é tentar mencionar alguns problemas sobre os quais ouviu falar e pedir que eles comentem. Pergunte a cada participante, um por vez: "Se você pudesse mudar uma única coisa, o que seria?". Aceite o desconforto!

E se as pessoas não pararem de falar? Se apenas uma pessoa estiver falando, observe com atenção a expressão facial e a linguagem corporal das outras. Se uma delas parecer estar concordando ou discordando com veemência, pergunte o que ela acha. Se alguém parecer entediado, diga algo como: "Parece que você não se identifica com essa questão. Tem outras questões em mente que gostaria de levantar?". Se achar que os problemas estão começando a ficar numerosos demais, redirecione a conversa para priorizá-los. Não deixe os participantes esquecerem que os transplantes de personalidade ainda não foram inventados.

Como atingir o equilíbrio entre apoiar o chefe dos participantes e se abrir às opiniões da equipe? Cuidado para não julgar ou defender o chefe dos participantes (seu subordinado direto). Se as pessoas acharem que você está sondando para encontrar razões para punir o chefe, elas vão se calar ou iniciar uma sessão de queixas. Deixe claro que seu papel não é julgar, mas transmitir o feedback ao chefe. Se encontrar um problema muito grave, prometa que vai analisar a questão em mais profundidade depois da reunião. Não faça julgamentos sumários nem defenda ou espinafre o chefe em questão. Isso não quer dizer, contudo, que você não possa simpatizar com os participantes. Há uma diferença enorme entre dizer: "Nossa, dá para imaginar como isso pode ser estressante. Lamento muito. Vamos ver o que podemos fazer para melhorar a situação" e: "Nossa, o chefe de vocês é mesmo um verdadeiro controlador. Não se preocupem, vou dar um fim nisso!".

******

O segredo do sucesso ao implementar qualquer uma das sugestões deste capítulo é ter em mente os princípios básicos em vez de se limitar a seguir as instruções passo a passo. Lembre que, se você for assertivamente empático, estará demonstrando, no dia a dia, que enxerga as pessoas de sua equipe e o trabalho que fazem. Mesmo que tenha algumas críticas específicas a elas, esse nível de atenção é, por si só, um elogio. E, se você demonstrar no dia a dia que se importa pessoalmente, suas reações assertivamente empáticas serão levadas muito mais a sério e até aceitas de braços abertos. Sempre que achar que está perdendo o rumo, basta perguntar-se mais uma vez: "Demonstro para minha equipe que me importo pessoalmente?" e "Confronto diretamente cada membro de minha equipe?". Se a resposta a essas duas perguntas for sim, você está no caminho certo.

CAPÍTULO SETE

EQUIPE

Técnicas para evitar o tédio e a estafa

No capítulo 3, vimos a importância de conhecer cada um de seus subordinados diretos para poder alocar as pessoas certas às funções certas, evitando o tédio e a estafa. De preferência, todos os membros da equipe devem ter condições de atingir resultados excepcionais. No entanto, você não quer que todos estejam de olho no próximo cargo nem que estejam satisfeitos no atual. O ideal é o equilíbrio, para que haja alguns voltados à mudança, e outros, à estabilidade. E, para saber o que motiva as diferentes pessoas com quem trabalha, você precisa ter um relacionamento assertivamente empático com cada uma delas.

Claro que o mundo real poucas vezes é ideal. Provavelmente, alguns integrantes de sua equipe vão atingir resultados apenas medíocres, enquanto outros podem não sair de um desempenho insatisfatório. Você causará o maior impacto possível se passar um tempo com as pessoas que estão fazendo seu melhor trabalho, mas isso não o livra de precisar descobrir como gerenciar todas as outras. A seguir, proponho algumas técnicas específicas para isso.

Conversas sobre a carreira

Conheça as motivações e as ambições das pessoas para ajudá-las a se aproximar de seus sonhos

Como vimos no capítulo 3, cada pessoa tem a própria trajetória de crescimento, e é um erro forçar todas elas a ser "estrelas" ou "rochas". Você precisa equilibrar o crescimento e a estabilidade. Para conhecer a trajetória de crescimento das pessoas, é importante conversar sobre a carreira delas, saber quais são suas ambições e planejar como ajudá-las a realizar seus sonhos. Você deve conduzir essas conversas com cada um de seus subordinados diretos, não importa onde eles se posicionem no modelo do capítulo 3.

Quando você pegar o jeito, tenho certeza de que vai curtir essas conversas. Elas são sua maior oportunidade de avançar no eixo do "importar-se pessoalmente" do modelo da empatia assertiva. Na verdade, recomendo começar com essas conversas quando for implementar esse modelo em sua equipe. É verdade que elas levam tempo, mas podem ser incluídas nas conversas individuais que você já conduz rotineiramente com seus subordinados. E serão algumas das conversas mais satisfatórias que você vai ter como chefe.

Russ Laraway, meu sócio na Candor, é o melhor gestor com quem trabalhei em toda a minha vida. Ele criou uma abordagem particularmente eficaz durante um período difícil no Google. Na época, Russ era diretor de vendas e tinha assumido a equipe de uma empresa que o Google havia acabado de adquirir. Os recém-chegados estavam com o moral no chão: pessimistas em relação a suas oportunidades de crescimento no Google e convencidos de que seus chefes não os valorizavam. Poucos acreditavam que continuariam trabalhando

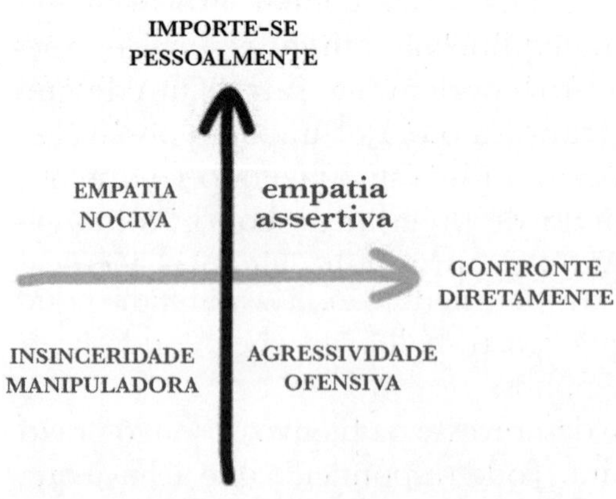

ali em três anos. Entretanto, o Google tinha gastado mais de US$ 1 bilhão para adquirir a organização deles e precisava da equipe intacta para o investimento valer a pena. Russ percebeu que, se não tomasse alguma providência logo, as pessoas começariam a debandar. E a primeira coisa a fazer era lhes mostrar que a empresa se importava com elas. Mas, é claro, são os *chefes* que se importam... as empresas não têm como se importar pessoalmente mais do que o governo ou qualquer outra instituição.

Russ sabia que a maior preocupação dos funcionários do Google (tanto em sua equipe como em geral) eram suas perspectivas profissionais. Em parte, era um problema financeiro, já que, com o custo de moradia absurdamente alto no Vale do Silício, poucas pessoas tinham condições de comprar um imóvel, mesmo trabalhando ali. Era também uma questão de idade. O Google tinha uma base de funcionários extremamente jovens; muitas pessoas se aproximavam da casa dos 30 anos e outras estavam entrando na crise da meia-idade. Em um retiro fora da empresa com a equipe toda, Sheryl decidiu falar sobre essa ansiedade generalizada de "crescimento profissional". "Vocês precisam de um objetivo de longo prazo e de um plano de 18 meses", aconselhou.

Uma luz se acendeu na cabeça de Russ. Como ele poderia ajudar seus subordinados diretos a articular um objetivo de longo prazo e um plano de 18 meses? E como poderia ensiná-los a ajudar os subordinados diretos deles, para criar um efeito dominó e beneficiar todas as 700 pessoas de sua equipe? As soluções existentes, chamadas de "planos de desenvolvimento pessoal", não eram muito úteis. Alguns gestores praticamente diziam aos subordinados que cada um deveria se encarregar do próprio avanço profissional, enquanto outros se voltavam a analisar em detalhe todas as medidas que cada funcionário precisaria tomar para conseguir uma promoção. Os gestores eram como uma tela em branco ou um desenho para colorir por números, sem inspiração alguma. O que as pessoas precisavam era de orientação. Elas sabiam o que queriam. E Russ achava que era trabalho do chefe ajudá-las a articular e concretizar seus sonhos.

Russ pediu a "Todd" que descrevesse o objetivo de longo prazo que ele tinha para sua carreira. Todd respondeu o que achava que

Russ queria ouvir: basicamente, que queria ser exatamente como ele quando crescesse. Russ deu risada. "Mas que sonho pouco ambicioso! Nem eu sei se quero isso. Você quer mais. Você merece mais!" Todd não se deixou convencer. Russ mudou de tática. "Tudo bem. Vou aceitar esse objetivo. Só que ninguém tem como saber o que vai querer fazer quando crescer. Diga-me outro objetivo." Dessa vez, Todd confessou que queria ser mais como um mini-Jack Welch do que como um Russ Laraway (ou seja, ser um CEO, mas não necessariamente um CEO da *Fortune 500*). Russ soube que estava chegando a algum lugar.

E foi mais ou menos o que aconteceu quando ele teve uma conversa parecida com "Sarah". Ela começou dizendo que queria ser como Russ e, depois de muita insistência dele, revelou uma ambição maior. "E aquele outro objetivo?", perguntou Russ. "Aquele sonho impossível que todo mundo tem?" Sarah respondeu que seu verdadeiro sonho era cultivar espirulina. "Espere aí. Como assim?" Ela explicou que espirulina é um superalimento, uma alga rica em proteínas e ferro.

Russ ficou intrigado. Como o trabalho de convencer pessoas a usar o DoubleClick para apresentar seus anúncios poderia ajudar Todd a se tornar um mini-Jack Welch ou Sarah a dirigir uma fazenda de cultivo de espirulina? Russ decidiu não se preocupar com isso por ora e se dedicar a conhecer melhor cada um de seus subordinados diretos. Achava que já os conhecia bem, mas agora estava claro que não era o caso. Na próxima vez em que conversou individualmente com seus subordinados, Russ pediu que lhe contassem a história de vida deles.

Quando Sarah falou sobre as transições que já tinha feito na vida (por exemplo, trocando um esporte por outro), Russ quis saber um pouco mais. Ele saiu da conversa entendendo muito melhor o que motivava Sarah no trabalho. Anotou cada um dos motivadores dela (como "independência financeira", "ambientalismo", "trabalho duro", "liderança") e explicou como as histórias que ela contou o levaram a escolher essas palavras. Desse modo, pôde checar se tinha interpretado direito o que ela dissera. Por exemplo, Russ concluiu que "liderança" era um importante motivador para Sarah porque ela contou que tinha feito um trabalho voluntário para ajudar na preservação de matas nativas da Califórnia. No entanto, Sarah não gostou do termo e disse que preferia "gestão". Depois daquela conversa, Russ percebeu que fazia mais sentido conhecer o passado das pessoas antes de falar sobre seu futuro.

Feito isso, ele estava pronto para a tarefa de ligar o trabalho atual de Sarah com o que ela sonhava fazer no auge de sua carreira. Russ, uma pessoa bastante analítica, organizou cada sonho de Sarah em uma coluna. Em seguida, perguntou-lhe quais habilidades ela considerava mais importantes para realizar cada sonho e, então, quais dessas habilidades ela achava que já havia desenvolvido.

A análise ajudou Russ e Sarah a identificar as habilidades que ela deveria começar a desenvolver ou melhorar. Por exemplo, ficou claro que Sarah precisava se concentrar em obter experiência em gestão. Ela achava que tinha de desenvolver habilidades analíticas e de apresentação. Se sua meta fosse ser diretora no Google, sem dúvida essas habilidades seriam importantes. Só que as habilidades de gestão eram muito mais importantes para abrir um negócio de cultivo de espirulina do que as de apresentação. Além disso, Sarah odiava fazer apresentações e não queria desenvolver habilidades analíticas, mas tinha interesse em obter uma experiência concreta de gestão, e as razões para isso ficaram mais claras tanto para Sarah como para Ross.

Juntos, os dois criaram um plano para ela agregar mais responsabilidades de gestão e obter a orientação de alguns líderes do Google. Enquanto elaboravam o plano, ficou claro que Sarah teria mais chances de conseguir rapidamente a experiência de gestão necessária se continuasse no Google do que se saísse para encontrar outro emprego. Além disso, Russ, seu chefe, era um dos melhores gestores da empresa. Sarah decidiu passar mais alguns anos no Google, onde se tornou uma excelente chefe. Teve a chance de desenvolver as habilidades das quais precisava e guardou algum dinheiro para abrir o próprio negócio. Seu trabalho atual, que parecia tão distante de seus sonhos, passou a fazer muito mais sentido para ela.

Percebendo que tinha em mãos uma excelente metodologia para conduzir conversas sobre a carreira com seu pessoal, Russ organizou um evento fora da empresa para orientar seus gestores a conversar com os subordinados diretos deles não apenas sobre suas metas profissionais ou como aumentar as chances de ser promovidos, mas também sobre sua história pessoal e seus sonhos. Ensinou todos eles a conduzir três conversas de 45 minutos com cada subordinado direto no decorrer de três a seis semanas.

A abordagem de Russ teve tanto sucesso que uma pesquisa de satisfação dos funcionários mostrou que as pessoas de sua equipe estavam muito mais otimistas sobre seu futuro no Google e tinham sentimentos muito mais positivos em relação aos chefes. Ninguém do RH já havia visto tamanha melhoria.

Primeira conversa: a história pessoal

O objetivo da primeira conversa é descobrir o que motiva cada um de seus subordinados diretos. Russ sugeriu a seus gestores iniciar a conversa dizendo simplesmente: "Começando pelo jardim de infância, me conte sobre sua vida". Em seguida, aconselhou-os a se concentrar nas mudanças que as pessoas fizeram na vida e a descobrir por que decidiram fazê-las. Os valores geralmente são revelados em momentos de mudança. "Você largou a pós-graduação depois de dois anos para ir trabalhar no mercado financeiro... Fale um pouco mais sobre essa decisão..." Respostas como "Não dava para pagar nem uma coxinha com minha bolsa da pós, e eu queria ganhar mais" ou "Eu não aguentava mais toda aquela teoria sem nenhuma aplicação prática e concreta" lhe possibilitarão juntar as peças do "quebra-cabeça humano". No primeiro caso, você pode anotar "independência financeira" como um importante motivador; no segundo, "ver resultados tangíveis do trabalho". Se a pessoa disser que largou a corrida para jogar futebol por gostar de participar de um time, você pode incluir "fazer parte de uma equipe" como motivador. Se, de outro lado, a pessoa largou a animação de torcida para se concentrar na natação porque "não aguentava mais muita falação e preferia se voltar a superar os próprios limites", você pode incluir "crescimento pessoal" como motivador.

Lembre que a ideia não é encontrar respostas definitivas. Você só está tentando conhecer um pouco melhor as pessoas e descobrir o que mais importa para elas.

Muitos gestores se disseram um pouco constrangidos com uma conversa como essa, do tipo "quero conhecer você melhor". Não parecia certo um chefe pedir que as pessoas falassem de sua vida fora do trabalho. Russ explicou dois pontos importantes. Para começar, a maioria das pessoas não se incomoda com esse tipo de conversa, desde que seja conduzida com confiança e respeito. Considerando que parte de seu trabalho é importar-se pessoalmente, você não tem como deixar de conhecer pessoalmente os membros de sua equipe. Em segundo lugar, pode acontecer de você entrar em assuntos pessoais demais. Se a pessoa se mostrar constrangida ou incomodada com a pergunta, basta respeitar esse limite. Por exemplo, uma subordinada de Russ pareceu profundamente constrangida com algumas perguntas básicas que ele lhe fez sobre sua infância. Ao perceber isso, Russ não insistiu no assunto, e ela se pôs a descrever sua vida depois da pós-graduação. Com o tempo, Russ soube que ela havia sofrido um grande trauma na infância e entendeu seu constrangimento naquela conversa.

Russ recomenda que todos os gestores pratiquem essas conversas entre si para que fiquem mais à vontade conduzindo esse tipo de conversa com seus subordinados e aprendam a identificar sinais de desconforto ou constrangimento para não passar dos limites. A prática também os ajudará a lembrar que eles têm um objetivo: descobrir o que motiva as pessoas no trabalho.

É melhor usar a história pessoal dos subordinados para identificar essas motivações do que falar em termos abstratos, porque é muito fácil entender mal as abstrações. Por exemplo, se uma subordinada sua disser que a independência financeira é muito importante para ela, você pode querer taxá-la de "materialista". Se, em vez disso, ela lhe contar a história a seguir, sua impressão talvez seja outra. Quando ela estava com 12 anos, a mãe voltou a trabalhar, e a família sentiu muita falta de sua presença em casa. Eles decidiram fazer uma viagem a Nova Orleans para passar um tempo juntos. Passeando pela Bourbon Street, sua subordinada viu pela janela de um bar de striptease uma mulher seminua dançando no palco. Ela ficou horrorizada. Seu pai, que já tinha bebido um pouco, percebeu. "Está vendo aquela mulher?", perguntou ele. "Ela ganha mais em um único dia do que sua mãe em um ano." Sua subordinada ficou furiosa com o comentário machista do pai, com a mulher seminua, com a mãe, que ganhava pouco, com o mundo inteiro. E foi *por isso* que ela disse que a independência financeira é importante, não por mero materialismo egoísta.

Só essa primeira conversa já pode ter um grande impacto no relacionamento com seu pessoal. Para começar, você terá a chance de avançar mais em uma conversa de 45 minutos para conhecer cada um de seus subordinados do que seria possível de qualquer outra maneira. Você demonstrou que se importa e, invariavelmente, depois de uma conversa como essa, de fato vai acabar se importando mais. Além disso, também sairá com mais informações para descobrir o tipo de oportunidade que pode beneficiar mais cada indivíduo. Por fim, estará mais preparado para a próxima conversa. Ao saber o que motiva as pessoas e por quê, você terá muito mais chances de conhecer os sonhos delas.

Segunda conversa: sonhos

A segunda conversa deixa de lado o que motiva as pessoas para se preocupar em conhecer os sonhos delas ou, em outras palavras, o que elas querem realizar no auge de sua carreira, como imaginam que será o melhor de sua vida. Russ escolheu a palavra "sonhos" depois de muita ponderação. Os chefes em geral falam de "objetivos de longo prazo", "ambições profissionais" ou "planos quinquenais", mas esses termos, quando vindos de um superior, tendem não só a provocar um tipo específico de reação – uma resposta "profissional", não completamente humana –, como também a levar a pessoa a responder o que imagina que o chefe quer ouvir em vez de descrever o que realmente quer realizar. As pessoas costumam buscar o equilíbrio sutil que há entre tentar parecer ambiciosas o suficiente ("Quero ser como você") e não parecer ambiciosas demais ("Mas não estou de olho em seu cargo"). Vinda de um chefe, a pergunta "Quais são suas ambições profissionais?" em geral não dá muita abertura para o subordinado descrever sonhos que possam envolver uma carreira ou uma empresa completamente nova, como uma fazenda de cultivo de espirulina. Além disso, perguntas sobre a "carreira" tendem a se concentrar em promoções, e esse tipo de conversa nunca é agradável ou gratificante. Quem quer ser promovido será um eterno insatisfeito, e quem não liga para promoções pode achar que não é ambicioso o suficiente quando você lhe pergunta quais são suas ambições profissionais.

Quando o plano de desenvolvimento pessoal se concentra demais no que é preciso fazer para conseguir uma promoção, o resultado é uma conversa que deixa as pessoas preocupadas com a possibilidade de o chefe achar que elas não estão levando o trabalho a sério e os empregadores preocupados com a possibilidade de estarem incentivando-as a sair da empresa. Uma pessoa pode não querer ser promovida, porém o modo como a conversa é estruturada a leva a relutar em dizer isso, ou, então, ela pode almejar o próximo cargo, mas não vê abertura para revelar suas razões.

Dar espaço para as pessoas falarem sobre seus *sonhos* possibilita aos chefes ajudá-las a encontrar as oportunidades necessárias para se aproximar desses sonhos. O trabalho acaba sendo mais gratificante e fazendo mais sentido para elas, melhorando a retenção. No entanto, a retenção não passa de um subproduto do processo. Os principais objetivos das "conversas sobre a carreira" de Russ eram ajudar as pessoas a encontrar um sentido no trabalho e desenvolver relacionamentos produtivos com elas.

Tente evitar perguntas padronizadas. Russ recomenda, em vez disso, começar as conversas dizendo, por exemplo: "Como você quer que seja o auge de sua carreira?". Uma vez que a maioria das pessoas na verdade não sabe o que quer fazer quando "crescer", Russ sugere encorajá-las a pensar em quatro ou cinco sonhos diferentes para o futuro. Com isso, elas poderão incluir o sonho que acham que você quer ouvir, bem como seus verdadeiros sonhos.

Peça a cada subordinado direto que elabore um documento com três a cinco colunas, encabeçando cada uma delas com um dos sonhos descritos na última conversa. Em seguida, oriente-o a preencher as colunas com as habilidades necessárias para realizar cada sonho. Mostre-lhe como cada habilidade é importante para atingir cada sonho e qual é o nível atual de competência dele nessa habilidade. Em geral, ficará bem claro quais são as habilidades que a pessoa precisa desenvolver. De posse dessas informações, seu trabalho como chefe é ajudá-la a pensar em como adquirir essas habilidades: quais são os projetos aos quais você pode alocá-la, a quem você pode apresentá-la, que cursos ela pode fazer.

A última parte da segunda conversa de Russ requer garantir que os sonhos das pessoas estejam alinhados com os valores que elas expressaram. Por exemplo: "Se o 'trabalho duro' realmente é um valor importante para você, por que um de seus sonhos é se aposentar cedo?". Investigar os sonhos é uma forma importante de promover conversas francas e expressivas. Em uma ocasião, no Google, a investigação de Russ revelou que um de seus subordinados tinha um filho com necessidades especiais e, segundo os médicos, o quadro se agravaria na adolescência. Aquele pai queria poder dedicar toda a sua atenção ao filho quando ele mais precisasse de cuidados. Sabendo disso, Russ entendeu melhor por que um dos sonhos daquele funcionário era se aposentar cedo.

A maioria das pessoas não terá um sonho tão radical quanto uma "fazenda de cultivo de espirulina". Trabalhei com um homem que tinha um bebê com sérios problemas de saúde. Tudo o que ele queria da empresa era chegar em casa a tempo de fazer uma caminhada de meia hora com a mulher antes do anoitecer. Considerando tudo o que estava acontecendo em sua vida, seu sonho parecia bastante ambicioso, e fiz de tudo para ajudá-lo a chegar em casa a tempo para sua caminhada.

Terceira conversa: plano de 18 meses

Finalmente, Russ ensinou seus gestores a incentivar os subordinados a começar a se fazer as seguintes perguntas: "O que preciso aprender para me aproximar de meus sonhos?", "Como devo priorizar as coisas que tenho de aprender?", "Quem pode me ensinar?", "Que mudanças posso fazer no trabalho para aprender?". Uma vez que as pessoas passaram a saber com clareza o que queriam aprender, ficou muito mais fácil para os gestores identificar oportunidades no trabalho para ajudá-las a desenvolver, em um período de 6 a 18 meses, habilidades que as aproximassem de pelo menos um de seus sonhos. Essa transposição da ocupação atual para os sonhos futuros se revelou uma fonte de inspiração muito maior para as pessoas do que "É isso que vocês precisam saber para subir um degrau na hierarquia da empresa".

Veja o que você pode fazer para ajudar: uma lista de possíveis mudanças na função da pessoa para que aprenda as habilidades necessárias à realização de cada sonho; uma lista de quem pode ensiná-la; e uma lista de cursos que ela pode fazer e/ou de livros que pode ler. Ao lado de cada item, anote quem deve fazer o que e até quando. Não deixe de incluir ações específicas.

Ajudar as pessoas a esclarecer seus valores e sonhos e alinhar esses elementos com seu trabalho atual invariavelmente fortalecerá sua equipe. Todos os membros dela terão mais sucesso, ficarão mais satisfeitos no trabalho e, com você, atingirão resultados excepcionais. Como o escritor norte-americano Henry David Thoreau disse em *Walden*:

> **O homem que avançar com confiança na direção de seus sonhos e buscar viver a vida que imaginou para si encontrará um sucesso extraordinário. Deixará algumas coisas para trás, cruzará uma fronteira invisível... Se você construiu castelos no ar, seu trabalho não terá sido em vão; seus castelos estarão exatamente onde deveriam estar. Agora só falta construir os alicerces.**

É simplesmente assustador avançar com confiança na direção dos próprios sonhos. Parte de sua responsabilidade como chefe é ajudar as pessoas a reunir a coragem necessária para fazer isso. Se você fizer bem seu trabalho, garanto-lhe que terá uma enorme satisfação.

***

Você acabou de ler uma boa descrição geral de três conversas sobre a carreira que, à primeira vista, podem parecer bastante simples. Entretanto, grande parte do sucesso dessas conversas depende de sua capacidade de conquistar a confiança dos subordinados e saber qual função é mais adequada a cada um deles para que sua equipe possa obter resultados melhores.

Gestão do crescimento

Descubra quem precisa de quais tipos de oportunidades e como você pode proporcioná-las

A essa altura, você já conduziu as três conversas sobre a carreira com seus subordinados e deu início ao processo de alinhar as oportunidades com as ambições de cada um deles. Com isso, conseguiu avançar muito na dimensão do "importar-se pessoalmente" da empatia assertiva. Agora é hora de passar para a dimensão do "confrontar diretamente".

Uma vez por ano, você deve elaborar um plano de gestão do crescimento para cada membro de sua equipe. Observe o grupo todo e descubra exatamente como as ambições e a trajetória de crescimento de cada um estão alinhadas com as necessidades coletivas da equipe. A menos que todas as pessoas estejam onde querem e onde têm de estar, você vai precisar ter algumas conversas bem difíceis com elas.

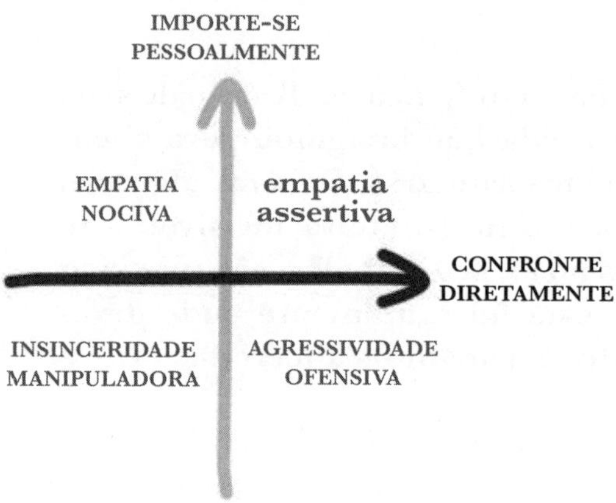

Rotule as pessoas (temporariamente!)

O primeiro passo é identificar as rochas e as estrelas de sua equipe. Use a figura a seguir para categorizar as pessoas. Depois, identifique as que estão fazendo um trabalho bom, porém não excepcional; a maioria delas provavelmente cairá nessa categoria. Em seguida, identifique as que estão apresentando um desempenho ruim, mas que você acha que têm potencial de melhorar, ou porque demonstram sinais de que podem melhorar, ou porque suas capacidades e ambições sugerem a possibilidade de melhoria. Por fim – e normalmente essa é a parte mais difícil –, identifique as pessoas que não estão fazendo um bom trabalho e não es-

tão melhorando. Não fique obcecado com esse exercício. Faça-o no máximo em 20 minutos. Pense rápido.

Para evitar algum preconceito ou tratamento preferencial, peça a opinião de pessoas de fora, que conheçam o trabalho dos membros de sua equipe, mas não tenham vínculo emocional com eles, como seu chefe, um colega, um integrante do RH. Se essas pessoas colocarem os membros de sua equipe em categorias diferentes, não deixe de investigar as razões, mesmo que discorde delas – ou melhor, *especialmente* se discordar.

Elabore planos de crescimento

Feito isso, elabore, para cada pessoa, um plano de crescimento com quatro ou cinco pontos. Inclua projetos ou oportunidades para ajudar as estrelas da equipe a expandir seus limites e certifique-se de dar às rochas tudo de que precisam para se manter produtivas. Pense em maneiras de impelir as pessoas que já estão fazendo um bom trabalho a fazer um trabalho excepcional. Será que você não poderia lhes oferecer novos projetos, cursos para elas fazerem ou indicações de pessoas para ajudá-las? Para aquelas que não estão fazendo um bom trabalho, mas demonstram sinais de melhoria: será que você não as alocou em funções erradas? As expectativas estão claras? Elas precisam de mais treinamento?

E isso nos leva às pessoas que não estão fazendo um bom trabalho e não estão melhorando. Mais cedo ou mais tarde, você vai ter de começar o processo de demiti-las, e dá para entender por que a maioria dos chefes adia essa tarefa até não poder mais. Se você trabalha em uma grande empresa, provavelmente vai precisar conversar com o RH sobre um plano formal de melhoria de desempenho. O modo como você demite as pessoas pode afetar enormemente não apenas o futuro dos demitidos, mas também sua imagem e a imagem da empresa aos olhos de sua equipe. E você também pode sair muito afetado. Um dia desses, Russ e eu fomos a uma visita de vendas. E, ao chegar lá, quem era nosso cliente potencial? Uma pessoa que Russ tinha demitido alguns anos atrás. Por sorte, ele havia lidado muito bem com o processo de demissão, e a reunião de vendas acabou sendo bastante agradável.

Voltemos a assuntos mais leves. Se você se mantiver sempre pensando no crescimento pessoal, como deve, não vai precisar passar mais de 10 ou 15 minutos com cada subordinado direto para elaborar planos de crescimento. A tarefa será mais como um check-up normal do que um longo e árduo processo. É só uma forma de não perder de vista a trajetória de crescimento da equipe.

Não seja rigoroso nem complacente demais

Se outros colegas também estão trabalhando em planos de gestão do crescimento, troque ideias com eles. Se você faz parte de uma equipe maior, é importante saber com clareza o que a equipe entende por "trabalho excepcional", "bom trabalho" e "trabalho ruim". Por exemplo, se metade de sua equipe se encaixa na categoria das rochas e nenhuma outra equipe tem alguém nessa categoria, é provável que você esteja fora de sintonia com os colegas e não que sua equipe seja a melhor.

Se você é chefe de chefes, encontre um jeito simples de manter todos no mesmo barco. Por exemplo, crie um documento compartilhado e peça que todos os seus subordinados diretos categorizem as pessoas da equipe deles e reúna-se com eles para conversar. Em caso de discordância, sugira que os envolvidos resolvam as diferenças em outra reunião e lhe informem o que foi decidido ou, caso não consigam chegar a um consenso, deixem para você tomar uma decisão. As conversas podem não ser fáceis, mas vão valer muito a pena por encorajar maior sistematização entre os gestores. É importante garantir que todos os gestores estejam tratando os diferentes tipos de pessoas de alto desempenho da mesma forma para ninguém achar o sistema injusto. Essa conversa também dará a seus subordinados a chance de dizer qual eles acham que deve ser a proporção certa entre pessoas em uma trajetória de crescimento acelerado (estrelas) e pessoas em uma trajetória de crescimento gradual (rochas).

Garanta a justiça nos diversos níveis hierárquicos

Por você se importar tanto com seus subordinados diretos, é natural que só veja o que eles têm de melhor. Isso é bom, mas pode se transformar em uma forma de preferência inconsciente em uma grande equipe. Se você for líder de uma equipe de 500 pessoas, vai tender a ver seus subordinados diretos sob a melhor luz possível, e eles, a ver os próprios subordinados diretos sob a melhor luz possível. Assim, se você não tomar cuidado, uma porcentagem desproporcional das pessoas consideradas rochas ou estrelas vai acabar ocupando os cargos mais altos da hierarquia, apesar de essa proporção não refletir a realidade.

Garantir a justiça nos diversos níveis hierárquicos vai cultivar o crescimento em toda a organização e evitar ressentimentos desnecessários. Acontece muito de as pessoas em cargos mais elevados receberem as melhores avaliações de desempenho quando na verdade só estão pegando carona na produtividade dos subordinados. Não deixe isso acontecer! Em geral, seria de esperar a mesma distribuição de desempenho excelente em todos os níveis, bem como maior proporção de pessoas mais experientes em uma trajetória de crescimento gradual e maior proporção de pessoas menos experientes em uma trajetória de crescimento acelerado. Na prática, a maioria das equipes de gestão tende a fazer o contrário e classificar maior porcentagem de pessoal experiente (não de pessoal inexperiente) na categoria das estrelas. Se isso acontecer, não deixe a discrepância passar despercebida e verifique se é possível justificá-la ou não.

CONTRATAÇÃO: SEU RACIOCÍNIO E SEU PROCESSO

Quando você está contratando, é natural procurar pessoas que aparentemente serão espetaculares na função. Mas será que você deveria contratar rochas ou estrelas? Como seria de esperar, a resposta é: depende. Algumas funções requerem rochas, e outras, estrelas. Também é interessante ter a proporção certa em sua equipe. Se há estrelas demais, pode ser melhor contratar rochas.

O processo

Seu processo de contratação é importante para criar uma equipe excelente. Se ela estiver crescendo muito rápido, você vai passar muito tempo na contratação. No Google, já aconteceu de eu passar 25% de meu tempo contratando pessoas.

A seguir, apresento algumas táticas que já vi funcionarem (e não funcionarem) no Google, na Apple e em outras empresas. Elas podem ser consideradas os elementos básicos de um processo de contratação rigoroso, porém não muito oneroso. Todo processo de contratação é imperfeito e subjetivo, e essas deficiências não têm como ser eliminadas, apenas *administradas*. Veja algumas medidas simples que você pode tomar para contratar as pessoas certas:

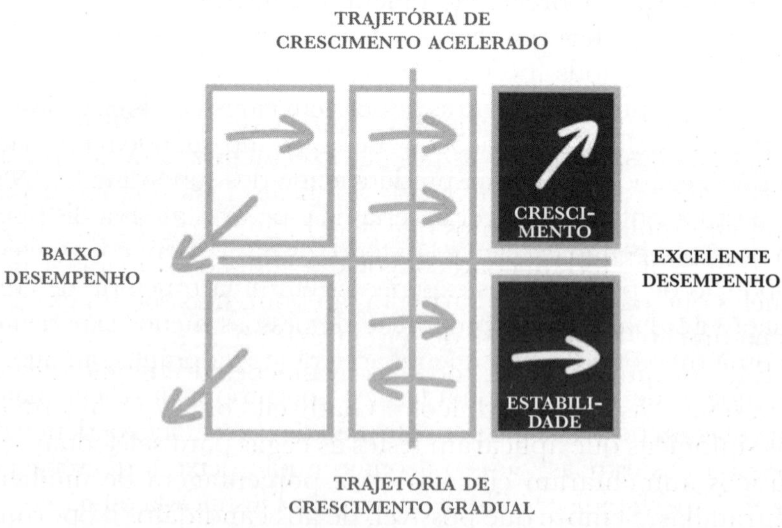

Descrição do cargo: defina a "adequação à equipe" com o mesmo rigor com que define as "habilidades necessárias" para minimizar parcialidades. A pessoa que estiver contratando (e não o recrutador) é quem deve elaborar a descrição do cargo, com base na função, nos conhecimentos necessários para o trabalho e no critério da "adequação à equipe". Não é fácil definir adequação à equipe, e as pessoas podem cair na tentação de deixar esse item de fora. Procure descrever sua cultura em três ou quatro expressões. Pode ser algo como "orientada a detalhes", "excêntrica" e "sem papas na língua" ou então "voltada ao quadro geral", "meticulosa" e "cortês". Não importa o que você escolher, seja disciplinado e tenha essas expressões em mente ao entrevistar os candidatos. Isso ajudará as pessoas a tomar decisões imparciais. Além disso, se você se der o trabalho de definir a trajetória de crescimento necessária para a função, os entrevistadores vão poder evitar contratar pessoas que têm as mesmas ambições que elas, o que pode não ser o melhor para a função. A descrição do cargo por escrito deve ser enviada a todos os entrevistadores para eles saberem exatamente quais critérios utilizar nas entrevistas.

Avaliações de habilidades "às cegas" também podem minimizar a parcialidade. Leva tempo conduzir entrevistas e elaborar relatórios, por isso é importante saber selecionar bem os candidatos chamados para uma entrevista. Uma série de falsos positivos e falsos negativos pode ser eliminada com uma boa seleção. Um exemplo de boa seleção é realizar uma avaliação de habilidades: peça que as pessoas executem um projeto ou resolvam um problema relacionado à função. Essa simples medida eliminará muitos candidatos que podem até parecer bons no papel, porém não teriam condições de dar conta do trabalho, e dará àqueles que não têm um currículo tão bom, mas seriam excelentes na função, uma chance de ser entrevistados.

Em um mundo ideal, todas as avaliações de habilidades seriam feitas "às cegas". Malcolm Gladwell conta que as orquestras sinfônicas que aplicaram testes às cegas para selecionar seus músicos aumentaram cinco vezes a porcentagem de mulheres contratadas. Sempre que possível, dê aos candidatos a oportunidade de mostrar o trabalho que são capazes de fazer sem saber quem são eles.

Algumas empresas pedem aos candidatos que façam um teste de habilidades pela internet, excluindo todas as informações de identificação pessoal. Os avaliadores das habilidades, portanto, não têm como saber o sexo, a raça ou outras características do candidato. A ideia é brilhante, embora bastante demorada e nem sempre viável. E cada vez mais serviços, como o site de recrutamento hired.com, estão passando a oferecer uma funcionalidade que exclui o nome e a foto dos candidatos, para o empregador só ver as habilidades nos currículos postados.

Use o mesmo grupo de entrevistadores com vários candidatos para possibilitar comparações válidas. Se puder evitar, não tome decisões de contratação unilaterais. Como as entrevistas costumam ser subjetivas e suscetíveis a parcialidades, aumente suas chances de tomar boas decisões convidando pessoas com diferentes pontos de vista para participar delas. No entanto, você vai precisar ser coerente e ponderado ao decidir quem deve entrevistar quem. Se Bob, Charlene e Dory entrevistaram Xavier e gostaram dele, enquanto Ebert, Frank e Georgia entrevistaram Zan e gostaram dele, como decidir quem contratar? Seria um grande desperdício do tempo de oito pessoas.

Recomendo um grupo de entrevistadores composto de quatro pessoas. De preferência, o grupo deve ser diversificado. Uma mulher pode achar constrangedor ser entrevistada apenas por homens. Uma pessoa pertencente a uma minoria racial pode estranhar que os entrevistadores sejam da mesma raça. Também é interessante que pelo menos um dos entrevistadores trabalhe em outra equipe, para evitar a "contratação por desespero". Quando a equipe tem um "buraco", as pessoas podem ficar tão desesperadas para preencher a vaga que tendem a ignorar os sinais de alerta. Alguém de fora terá uma visão imparcial e mais condições de ver esses sinais.

Entrevistas casuais revelam mais sobre a adequação à equipe do que as formais. Deve existir um bom curso para entrevistadores, mas ainda não o encontrei. Por minha experiência, realizar entrevistas é algo que se aprende na prática. Deixe as pessoas desenvolverem o próprio estilo. Como adoro histórias, simplesmente peço que os candidatos me contem a história do currículo deles nas entrevistas.

Outra boa prática é criar intencionalmente momentos mais casuais, como levar os candidatos para almoçar ou acompanhá-los até o carro. Pergunte ao recepcionista e às pessoas que agendaram as entrevistas o que acharam deles. Em momentos casuais, quando baixam a guarda, as pessoas têm mais chances de fazer ou dizer coisas reveladoras. Um detalhe importante da cultura de minha equipe era a regra de Bob Sutton de proibição aos ogros. Um candidato que eu estava prestes a contratar foi tão rude com a pessoa que agendou as entrevistas que ela chegou a chorar; outro destratou um garçom. Não contratei nenhum deles. Outro pegou um guardanapo que alguém tinha deixado cair no chão. Eu o contratei. Uma executiva famosa por contratar os melhores talentos sempre acompanha os candidatos até o carro. Veja algumas das coisas que ela descobriu com essas caminhadas: um candidato revelou que usava drogas, outro se gabou de ser "quem mandava em casa" e disse que mantinha as "mulheres na linha", outro contou brincando que gostava de fofocar sobre os colegas e clientes na hora do almoço.

Aumente a produtividade das entrevistas fazendo anotações na hora. Anotar imediatamente suas impressões sobre a entrevista ajudará a esclarecer seu raciocínio tanto para você como para o grupo de entrevistadores e resultará em melhores decisões de contratação. Anote o que acha de cada uma das habilidades necessárias, se esse for o foco da entrevista, bem como cada um dos critérios de adequação à equipe identificados.

Outro dia, entrevistei um candidato supercarismático, com um currículo impressionante, mas que tinha algo que me incomodava. Só entendi o que era quando parei para pôr no papel minhas impressões sobre a entrevista: ele tinha a tendência de fazer grandes declarações sem embasá-las em fatos concretos. Disse que o sistema da empresa X podia ser "ampliado até o infinito", porém, quando o pressionei, afirmou que o sistema era capaz de processar alguns milhões de linhas de dados por dia… muito longe do "infinito" e nem chegava a ser impressionante. Também não soube explicar o que exatamente a empresa X estava fazendo para aumentar a receita nem o que *ele* estava fazendo para aumentar a receita da empresa X.

Eu sei, eu sei… você é ocupado demais e não tem tempo para anotar tudo. Aqui vai uma dica: reserve uma hora – 45 minutos para a entrevista e 15 minutos para as anotações. Isso o forçará a realizar uma entrevista mais focada e chegar a uma recomendação melhor.

Discutam pessoalmente as considerações finais e a decisão: se você não estiver morrendo de vontade de contratar a pessoa, não faça oferta alguma. Esse é o melhor conselho que já me deram sobre contratação é o seguinte: se você não estiver morrendo de vontade de contratar a pessoa, não faça oferta alguma. E, mesmo que morra de vontade de contratar alguém, mantenha-se aberto à possibilidade de ser convencido pelos outros entrevistadores de que é melhor não contratar a pessoa. Em geral, é interessante tender ao "não" em um processo de contratação.

Depois de entrevistar três ou quatro candidatos para uma vaga, o grupo de contratação deve se reunir para discutir a respeito deles. Não vai ser fácil agendar conversas presenciais, mas, se você acreditar que faz sentido submeter os candidatos a vários entrevistadores, uma conversa presencial vai ser a maneira mais rápida e eficaz de tomar uma boa decisão.

Disponibilizar todas as anotações a todos os entrevistadores ajudará a acelerar o ritmo das reuniões do grupo de contratação, mas exigirá um tempo de preparação de cada entrevistador. Uma boa forma de garantir que todos estejam no mesmo barco é agendar uma reunião de uma hora, reservando um "tempo de leitura" no início para que os entrevistadores possam ler as anotações de todos. Se tudo correr bem, a reunião deve terminar antes do previsto. Se sua equipe tiver autorização para tomar a decisão sozinha, e você estiver morrendo de vontade de contratar a pessoa e ninguém objetou, bata o martelo imediatamente! Caso contrário, faça sua recomendação aos tomadores da decisão e insista para que decidam logo.

Demissão
Um mal necessário

Algumas empresas não reservam muito tempo para o processo de contratação, com base na teoria de que é fácil demitir as pessoas. É um grande erro fazer isso. Demitir alguém *não* é fácil, pois envolve não só o lado emocional, como também aspectos legais. Nas organizações em que é muito fácil demitir pessoas, tomam-se decisões de demissão ruins ou injustas, e até quem faz um excelente trabalho acaba pisando em ovos. Quando as pessoas trabalham com medo, começam a evitar riscos. Aprendem menos, crescem menos, inovam menos e nunca têm a chance de atingir seu verdadeiro potencial. Essa abordagem é o oposto da gestão do crescimento pessoal.

Outras empresas erram para o outro lado, praticamente impossibilitando demitir as pessoas. Nelas, os chefes são forçados a trabalhar de mãos atadas. Alguns "resolvem" os problemas de desempenho empurrando os piores funcionários para colegas desavisados, o que acaba criando uma bizarra dinâmica de escritório. Os melhores talentos também são forçados a levar os incapazes nas costas e não raro ficam tão frustrados que são forçados a pedir demissão. Os incapazes se dão conta de que não faz diferença se

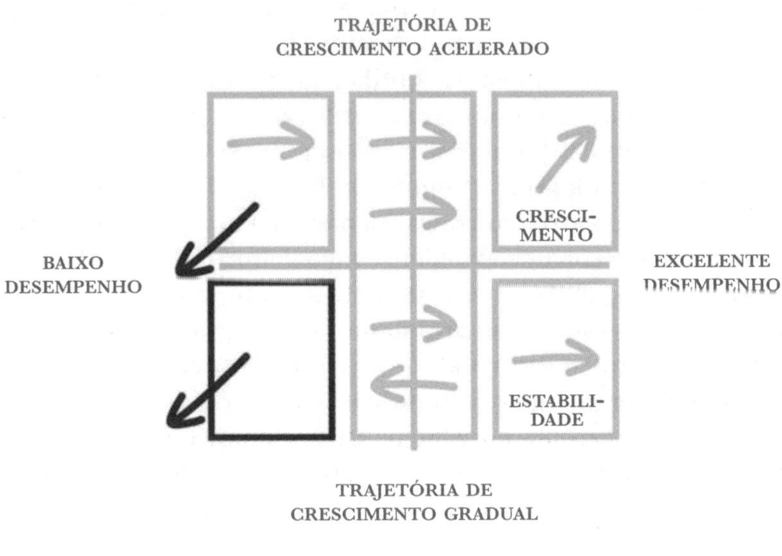

contribuem ou não e simplesmente não se empenham. A atração gravitacional da mediocridade organizacional se estabelece.

Demitir pessoas é difícil... e deveria ser difícil. No entanto, tomando apenas três medidas, será possível facilitar muito a vida da pessoa demitida, bem como a sua e a de sua equipe.

Não espere muito

Praticamente todos os gestores com quem já trabalhei demoraram muito a admitir que um colaborador de sua equipe tinha começado a apresentar um desempenho insatisfatório. Eles não conseguiam admitir o problema para si mesmos, muito menos para seus chefes ou para o RH. Em meus cursos de gestão, gosto de pedir que os participantes classifiquem os membros de sua equipe de acordo com os quadrantes da matriz de gestão de talentos. Eu os tranquilizo dizendo que é só um exercício, sem consequência alguma, e que eles não vão precisar mostrar os resultados a ninguém. Depois que todo mundo termina, pergunto: "Quem aqui acha que a empresa tem pessoas de baixo desempenho?". Em geral, todos levantam a mão. Então questiono: "Quem aqui colocou algum nome em uma das categorias de baixo desempenho'?". Normalmente, só algumas pessoas levantam a mão, outras riem, mas todas prefeririam deixar o exercício de lado e seguir em frente. Eu as forço a ficar lá até todo mundo incluir alguns nomes nas categorias de baixo desempenho.

É importante forçar-se a identificar logo as pessoas de desempenho insuficiente por quatro excelentes razões. Primeiro, para ser justo com a pessoa que não está conseguindo ter sucesso em sua equipe. Se você identificar logo o problema, ela terá mais tempo para resolvê-lo. Também ficará menos chocada se não conseguir ou não quiser resolver o problema e você for forçado a demiti-la. Em segundo lugar, para ser justo com sua empresa. Se você identificar e tentar resolver os problemas no começo, reduzirá muito o risco de ser processado ou as chances de ter de manter a pessoa na folha de pagamento por meses enquanto os detalhes jurídicos são resolvidos. Em terceiro lugar, para ser justo consigo mesmo. Se você encher a pessoa de elogios na avaliação de desempenho e demiti-la em seguida, todo mundo ficará sabendo, e a equipe terá dificuldade de confiar em você – sem falar que corre o risco de ser processado pelo funcionário demitido. É bem verdade que é sempre demorado e desagradável lidar com problemas de desempenho, mas levaria muito mais tempo e seria pior encarar uma ação judicial. Em quarto lugar, e o mais importante, para ser justo com as pessoas que apresentam um desempenho espetacular. Tolerar um trabalho ruim é injusto com quem faz um trabalho excelente.

Não tome decisões unilaterais

Depois de identificar os problemas de desempenho, reserve um tempo para pedir a opinião de seu chefe, calibrar a decisão com os colegas (se for apropriado) e solicitar ajuda ao RH. Não presuma que precisa tomar a decisão sozinho. Isso evita tanto demitir alguém em um acesso de raiva como deixar de demitir uma pessoa por algum bloqueio pessoal seu. Muita gente se perde em um turbilhão de emoções quando o assunto é demissão. Seu chefe e seus colegas podem ajudá-lo a pensar com mais clareza. Um bom departamento de RH pode contribuir não só para esclarecer seu raciocínio, como também para agir de maneira a evitar um processo judicial, para você e para a empresa.

Em um mundo ideal, sua empresa terá alguém no RH encarregado de ajudá-lo com a papelada. (Se você é o presidente da empresa, não deixe de encarregar formalmente uma pessoa desse trabalho!) Caso sua empresa não tenha um encarregado, solicite a ajuda de um advogado trabalhista, um bom profissional de RH ou um gestor experiente. Não se limite a pedir conselhos. Peça que as pessoas corrijam o que você escrever. Um conselho é abstrato demais. Já vi dezenas de casos nos quais gestores recebem conselhos para elaborar um plano de melhoria de desempenho. Eles são aconselhados a fazer um plano justo, mas não fácil demais, e a sempre incluir no plano o problema de desempenho em questão. Os gestores em geral dão ouvidos à parte "plano justo", mas ignoram a parte "não fácil demais". Eles podem não incluir o problema central no plano de melhoria de desempenho elaborado, e o problema acaba se arrastando por mais três a seis meses.

Você, como chefe, precisa escrever seus e-mails e outros documentos como se fossem planos de melhoria de desempenho e submetê-los para serem corrigidos por alguém que já tenha experiência com isso. Vai levar tempo, muito mais do que você gostaria de gastar com a tarefa, mas, como já vimos, vale a pena investir esse tempo, porque é bem pior ser processado!

Importe-se com as pessoas

No entanto, tome cuidado para não ficar muito limitado pelas recomendações do RH e do jurídico. Respire fundo e tente distanciar-se um pouco. Afinal, você desenvolveu um relacionamento com a pessoa que está prestes a demitir; ainda se importa com ela. Pense bem em como facilitar o processo para a pessoa, mesmo que ele se torne difícil para você ou que implique correr alguns riscos.

Na Juice, eu precisava demitir um integrante de nossa equipe e estava preocupada com a possibilidade de o processo acabar sendo litigioso. Recebi inúmeras recomendações de nossa advogada sobre os procedimentos de demissão (não tínhamos um departamento de RH). Muitos conselhos foram bastante úteis, mas a advogada insistia que eu deveria contratar um segurança para conduzir o colaborador para fora do prédio. Eu sabia que que essa atitude o envergonharia e aumentaria as chances de ele se enfurecer. "E se ele não for conduzido para fora do prédio por um segurança?", perguntei à advogada. "Ele pode ficar furioso", foi a resposta. Percebi que era exatamente isso que poderia acontecer se eu aceitasse a recomendação da advogada, de modo que decidi fazer o contrário. Deixei que o funcionário demitido voltasse ao escritório para se despedir da equipe, se quisesse. Ele me agradeceu por isso, e acho que seguir minha intuição e não o conselho da advogada poupou muita mágoa a todos e deve até ter evitado uma ação judicial.

Quando tiver de demitir alguém, faça isso com humildade. Não se esqueça de que você não está demitindo a pessoa porque ela é um ser humano terrível. Ela pode nem ser terrível no trabalho; é só que não se encaixa no trabalho que você lhe atribuiu.

Não deixe de fazer o acompanhamento

Costumo mandar um e-mail ao ex-funcionário mais ou menos um mês depois da demissão para ver como ele está. Tento ficar de olho em empregos nos quais a pessoa pode ser bem-sucedida. Entretanto, mesmo que eu não tenha nenhuma oportunidade de emprego para oferecer, sempre faço questão de saber se ela está bem. Talvez a pessoa não queira sequer ouvir meu nome, e, se ela não retornar meu e-mail, não insisto nem a culpo. Às vezes, porém, a pessoa fica contente com a chance de fazer uma caminhada, almoçar ou apenas conversar um pouco comigo. Nunca vou me esquecer de uma caminhada que fiz com um homem que me agradeceu profusamente por eu tê-lo demitido e disse que sua esposa também pediu que me agradecesse. Acontece que a demissão não só fez bem para sua carreira, como ajudou em seu casamento e no relacionamento com os filhos.

É difícil demitir as pessoas, mas também não é fácil pedir demissão. Em certos casos, cabe a você, o chefe, ser assertivamente empático quando as coisas simplesmente não estão funcionando.

Promoções

Seja justo

Poucas coisas podem ser consideradas mais injustas por uma equipe do que ter um chefe que usa o favoritismo para promover as pessoas ou que as promove muito mais rápido do que o chefe de outra equipe. No entanto, quando alguns gestores se reúnem para certificar-se de que as promoções estão sendo justas, a situação pode ficar feia. Às vezes, os desentendimentos se tornam agressivos, a discordância silenciosa contamina o ambiente e uma bizarra troca de favores começa a ocorrer nos bastidores ("Apoio a promoção de seu funcionário sem mérito se você apoiar a do meu"). Em uma próxima oportunidade, um ressentimento resultante do último ciclo pode acabar com as chances de promoção de uma pessoa que a mereça.

A equipe de programadores do Google resolveu esses problemas por meio comitês de promoção, que se reuniam por um dia, duas vezes ao ano, fora do local de trabalho. Eles discutiam as promoções dos subordinados diretos alheios, não dos próprios, com base em um pacote de informações relativamente objetivas sobre as contribuições de cada um. As discussões se concentravam nos méritos da promoção de uma pessoa e não em termos de "meu funcionário contra seu funcionário". Porém, ainda mais importante, o processo resolveu o velho problema de favoritismo da parte dos chefes. O resultado foi que nenhum programador era promovido no Google só por bajular o chefe. (É uma pena que outras equipes da empresa não tenham adotado um processo de promoção tão rigoroso quanto o dos programadores.)

Não quero dizer que o sistema do Google seja perfeito. Ele tende a recompensar as pessoas que trabalham nos projetos de maior destaque e não aquelas que fazem importantes contribuições nos bastidores. E as recomendações de algumas pessoas vão além do que deveriam. Mesmo assim, é o melhor processo que já vi, e acho que vale muito a pena aplicá-lo em sua equipe.

Mesmo que sua empresa não se empenhe tanto para garantir a justiça nas promoções, nada o impede de conversar com seus colegas e, se você é chefe de chefes, de pedir que todos os seus subordinados submetam seus planos de promoção à análise dos colegas antes de aprovar qualquer promoção. Veja algumas dicas para evitar que a politicagem aqui descrita prejudique as reuniões de avaliação de promoções:

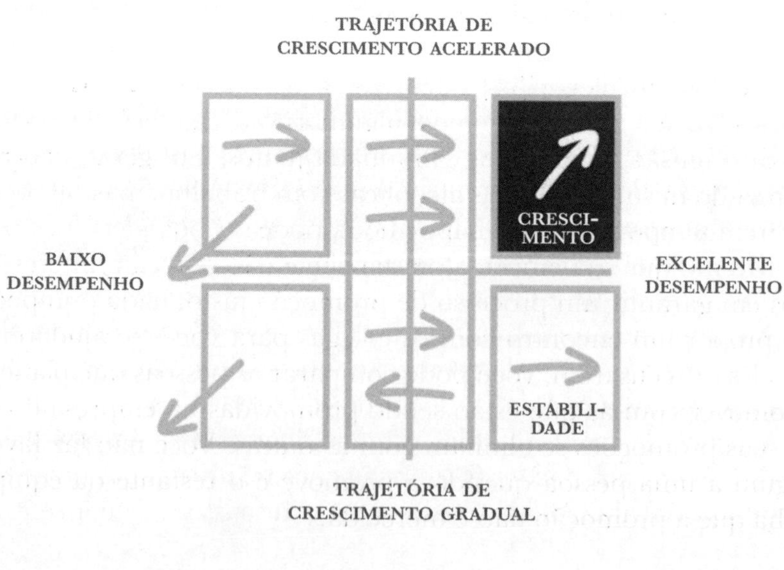

Prepare-se. Peça a seus subordinados que enviem uma lista de pessoas que eles planejam promover, acompanhada de justificativas. Solicite ao departamento de RH que organize todos os nomes e justificativas por nível hierárquico e que junte tudo em uma apresentação única de modo a facilitar a compreensão das informações. Antes de entrar na reunião, analise todas as informações e forme uma opinião sobre as promoções sugeridas, mas mantenha a mente aberta para ser convencido do contrário.

Administre bem o tempo e não deixe os argumentos se estenderem demais. Repasse todas as promoções por nível hierárquico, do sênior ao júnior. As do pessoal sênior devem levar mais tempo do que as do júnior, porém tome cuidado para não tomarem a reunião inteira. Quando perceber que a discussão começa a se estender demais, tome você mesmo a decisão ou sugira que as pessoas se reúnam em outra ocasião e o procurem com uma decisão tomada ou caso haja um impasse que você precise resolver.

Tenha uma boa noite de sono no dia anterior, exercite-se de manhã e tome um bom café da manhã. Você vai precisar manter a calma e, se possível, o bom humor nesse dia. Incentive sua equipe a fazer o mesmo.

No fim da reunião, reconheça que esse tipo de conversa nunca é fácil. Planeje algum tipo de atividade para reduzir a tensão, como uma caminhada juntos. Em geral, não recomendo misturar bebidas alcoólicas com trabalho, mas, se vocês tiverem tempo para uma happy hour, pode ser boa ideia.

Mesmo que sua empresa ou seu chefe não pareçam interessados em garantir um processo de promoção justo, nada o impede de propor um encontro com os colegas para vocês se ajudarem. Se eles se recusarem, você pode comparar as pessoas que planeja promover com as que estão sendo promovidas na empresa e ver se suas promoções se alinham com as outras. Você não faz favor algum a uma pessoa quando a promove e o restante da equipe acha que a promoção não é merecida.

RECOMPENSE SUAS ROCHAS

Não reserve toda a glória às estrelas

Evite a obsessão por promoções ou status

Um dia me vi paralisada diante do computador ao tentar escrever o e-mail que me pediram que enviasse à equipe inteira do Google anunciando as promoções. Levou nada menos que dez anos para eu finalmente entender o problema: eu nem deveria ter escrito aquele e-mail. Anunciar promoções gera uma concorrência perniciosa pela razão errada: a documentação do status em vez do desenvolvimento de uma habilidade.

A maioria das promoções vem acompanhada de um aumento de salário, de novas responsabilidades e, em algumas empresas, de participação acionária. É muita validação externa. Podemos presumir que as pessoas escolhidas para ganhar uma promoção já foram elogiadas em público pelo bom trabalho que vêm fazendo até então. No entanto, em grandes anúncios públicos de promoções, os custos em termos do foco da organização na hierarquia costumam superar os benefícios do reconhecimento em público das pessoas promovidas.

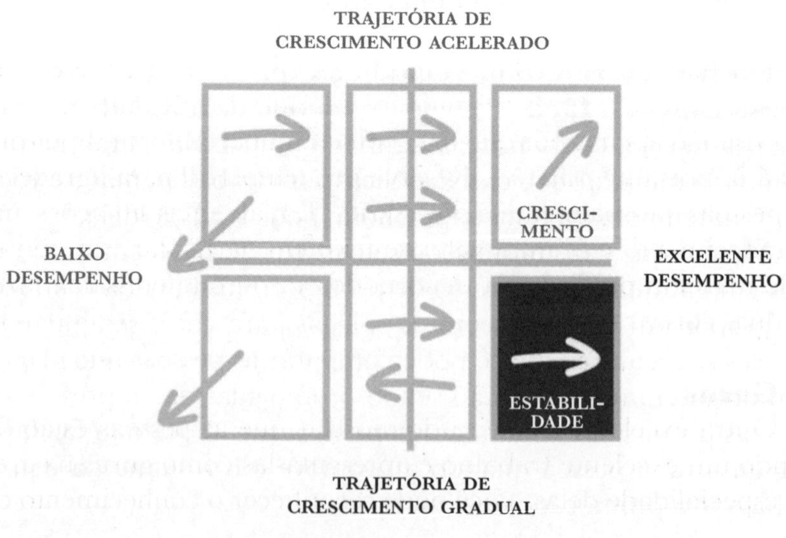

Mas não é melhor fazer tudo de maneira clara e transparente? Se uma promoção incluir uma mudança de cargo, não deixe de anunciá-la. Só que nem toda mudança de cargo é acompanhada de promoção, e nem toda promoção é acompanhada de mudança de cargo. Concentre-se no trabalho que a pessoa faz e não no status que ela atingiu por fazer esse trabalho.

E não é importante elogiar as pessoas em público? Sim, sem dúvida. Não deixe de elogiar em público, porém não saia por aí distribuindo elogios por qualquer coisa. Elogie atitudes que você quer estimular: um trabalho de alta qualidade, inovações criativas, uma eficiência surpreendente, um trabalho em equipe abnegado e assim por diante. Será que você realmente quer focar as promoções? Se não quiser, evite anunciá-las com muito alarde.

Agradeça às pessoas

Jim Ottaway, ex-vice-presidente sênior e diretor do conselho de administração da Dow Jones, me contou que ficou chocado ao encontrar uma nota de agradecimento que ele tinha escrito uma década antes ainda pendurada na sala de um funcionário. Ao perceber quanto isso significava para as pessoas, ele desejou ter enviado muito mais notas de agradecimento. Até os melhores chefes às vezes se esquecem da importância dos gestos mais simples, como os de agradecimento.

Um gesto de agradecimento vale muito mais que um elogio. Um elogio expressa admiração por um excelente trabalho. Um agradecimento expressa gratidão pessoal. Ao agradecer, você mostra não apenas por que o trabalho é importante, mas por que ele é importante *para você*. Reserve um tempinho para agradecer às pessoas, pessoalmente e por escrito. Em algumas situações, um agradecimento tem mais valor se feito em particular; em outras, vale mais em público. Na maioria dos casos, é interessante fazer as duas coisas.

Gurus

Outra excelente maneira de mostrar que as pessoas estão fazendo um excelente trabalho é apresentá-las como gurus na área de especialidade delas. Você pode reconhecer o conhecimento do colaborador encarregando-o de ensinar os outros. Dê-lhe alguns meses para pensar em como ensinar o que ele sabe e desenvolver um curso. Essa tarefa pode ser profundamente gratificante para o guru e incrivelmente produtiva para sua equipe. Entretanto, nem todo mundo gosta de ensinar, então é importante certificar-se de que será uma recompensa, não uma punição. Encontre outras maneiras de apresentar o colaborador como um mestre em sua área, se ele não gostar de ensinar.

Apresentações públicas

Como já vimos, uma das queixas mais comuns das pessoas que fazem um trabalho excelente e estão em trajetória de crescimento gradual é que se sentem invisíveis. Um modo simples de resolver esse problema é dar aos membros de sua equipe que se concentram em tarefas importantes, mas pouco reconhecidas ou incompreendidas, uma chance de explicar seu trabalho aos colegas.

Evite a gestão ausente e o microgerenciamento

Para ajudar você a saber se está sendo um bom parceiro e não um gestor ausente ou um microgerenciador (controlador), criei uma tabela simples. Espero que ela contribua para que você trabalhe em parceria com seus subordinados. Uma das melhores maneiras de manter as pessoas da equipe engajadas é atuar ativamente em parceria com elas.

Gestor ausente	Parceiro	Microgerenciador
Não atua, não ouve, não fala.	Atua, ouve e fala.	Atua, não ouve e não fala.
Demonstra pouca curiosidade. Não quer saber nada.	Demonstra curiosidade. Sabe quando precisa saber mais.	Demonstra pouca curiosidade. Finge saber tudo.
Não ouve. Não diz nada.	Ouve. Quer saber as razões.	Não ouve. Diz como fazer.
Tem medo de *qualquer* detalhe.	Quer saber os detalhes *relevantes*.	Perde-se nos detalhes.

Não faz ideia do que está acontecendo.	Está sempre bem-informado, porque atua na prática.	Pede apresentações, relatórios e atualizações.
Não estabelece metas.	Conduz sessões colaborativas de definição de metas.	Estabelece metas arbitrariamente.
Permanece alheio aos problemas.	Ouve os problemas. Adianta-se aos problemas. Conduz sessões de brainstorming para encontrar soluções.	Diz às pessoas como resolver os problemas mesmo sem entendê-los.
Causa danos colaterais ao tropeçar inadvertidamente em obstáculos.	Remove obstáculos e neutraliza situações potencialmente explosivas.	Diz às pessoas como remover obstáculos e neutralizar situações, mas observa tudo a uma distância segura.
Ignora tanto as perguntas como as respostas.	Compartilha o que sabe e faz perguntas quando não sabe.	Finge saber quando não sabe.
Desconhece o contexto.	Explica o contexto relevante.	Engaveta informações.

Resumo

Poucos prazeres são maiores do que participar de uma equipe na qual todos curtem o que fazem e curtem trabalhar juntos. Você pode ter uma equipe como essa se conduzir conversas sobre a carreira com cada um dos integrantes, elaborar planos de gestão de crescimento para cada um deles uma vez por ano, contratar as pessoas certas, demitir as pessoas que têm de ser demitidas, promover as pessoas certas, recompensar as que estão fazendo um ótimo trabalho, mas que nao deveriam ser promovidas, e oferecer-se para atuar como parceiro de seus subordinados diretos. Saiba que você tem o poder de criar uma equipe que não vê a hora de ir para o trabalho todos os dias. Juntos, vocês realizarão conquistas que seriam impossíveis individualmente, ao mesmo tempo que cada um se aproxima de seus sonhos.

[illegible]	[illegible]	[illegible]
[illegible]	[illegible]	[illegible]
[illegible]	[illegible]	[illegible]
[illegible]	[illegible]	[illegible]
[illegible]	[illegible]	[illegible]
[illegible]	[illegible]	[illegible]
[illegible]	[illegible]	[illegible]

[illegible] ajuda em alguma [illegible]

CAPÍTULO OITO

RESULTADOS

O QUE VOCÊ PODE FAZER PARA ATINGIR RESULTADOS EM CONJUNTO... E MAIS RÁPIDO

O objetivo final da empatia assertiva é atingir resultados de maneira colaborativa que jamais poderiam ser alcançados individualmente. Você criou uma cultura de feedback. Criou uma equipe exemplar, que incorpora os fundamentos do "importar-se pessoalmente" e do "confrontar diretamente" da empatia assertiva. Em consequência, a equipe está avançando de vento em popa e, talvez o mais importante, desenvolveu grande capacidade de autocorreção e consegue resolver a maioria dos problemas antes mesmo de você ficar sabendo deles. No entanto, ainda não chegou a hora de comprar um iate e sair em uma viagem pelo Caribe. Agora você pode usar todo o tempo e energia poupados pela empatia assertiva para manter sua equipe concentrada em atingir excelentes resultados.

O neurocientista e acadêmico Stephen Kosslyn descreveu em uma palestra como as pessoas que trabalham em equipe se tornam "próteses mentais" umas das outras. A tarefa que uma pessoa não gosta de fazer e não faz bem é exatamente a que outra adora fazer e se destaca fazendo. Juntas, elas são "melhores, mais fortes, mais rápidas". Nesse caso, para sua equipe melhorar, ficar mais forte e ser mais rápida, é necessário seguir as etapas da Roda do Fazer Acontecer, descritas no capítulo 4. Seu trabalho será incentivar esse processo de ouvir, esclarecer, debater, decidir, convencer e executar até que os membros de sua equipe praticamente ajam como se fossem uma entidade única para concluir projetos e aprender com os resultados. E isso não se aplica apenas às empresas de alta tecnologia do Vale do Silício. Outro dia, conversei com o responsável pelo treinamento de novos gestores no Departamento de Transporte Público do Estado de Nova Jersey. Perguntei-lhe qual era a primeira coisa que eles ensinavam. "Não comece mandando nas pessoas. Elas vão odiar você. Comece ouvindo-as."

Uma de suas responsabilidades mais importantes para manter as coisas fluindo é decidir quem precisa se comunicar com quem e com que frequência. Sim, estou falando de reuniões. É claro que toda reunião tem seu custo em termos de tempo, e por isso é importante reduzir sua duração, sua frequência e o número de pessoas obrigadas a participar. O mais importante dessas reuniões é a conversa individual com cada um dos subordinados diretos.

1. Conversas individuais
2. Reuniões da equipe
3. Tempo de reflexão
4. Reuniões de discussão
5. Reuniões de decisão
6. Reuniões com todos os funcionários
7. Tempo para execução
8. Quadros kanban
9. Conversas casuais
10. De olho na cultura

Conversas individuais

Os funcionários definem a pauta, você os ouve e os ajuda a esclarecer

Você não pode deixar de conduzir conversas individuais, que são sua melhor chance de realmente *ouvir* as pessoas de sua equipe para saber o que, na opinião delas, está ou não funcionando. Essas conversas também lhe dão a oportunidade de conhecer melhor seus subordinados diretos, avançando na dimensão do "importar-se pessoalmente" do modelo da empatia assertiva. Não as use para despejar nas pessoas todas as críticas que vem acumulando. Você deve tratar desse tipo de coisa naquelas conversas improvisadas de dois ou três minutos que costuma ter com os subordinados!

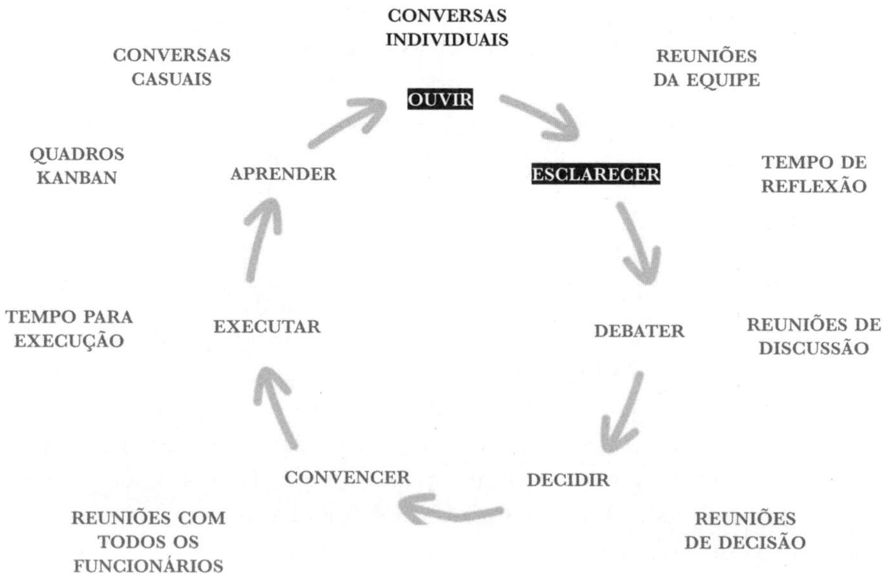

O objetivo de uma conversa individual é ouvir e esclarecer para conhecer o destino pretendido de seus subordinados diretos e o que os está impedindo de chegar a esse destino. Em uma ocasião, Sheryl me ajudou rapidamente, em uma conversa individual, a resolver um problema que era importantíssimo para mim e me parecia não ter solução até nossa conversa. Eu gerenciava equipes em dez cidades diferentes ao redor do mundo e queria visitar cada uma delas. Ao mesmo tempo, tinha 40 anos e estava tentando ter filhos. É muito difícil engravidar a 10 mil quilômetros de distância de seu marido. O que fazer? Apresentei meu dilema a Sheryl. "Ah, é fácil!", disse ela. Eu não via a hora de ouvir sua sugestão. "Não dá para fazer as duas coisas, e você não tem tempo a perder. Sua prioridade é engravidar." Parecia impossível viajar e engravidar ao mesmo tempo, e foi um grande alívio quando Sheryl me confirmou essa impossibilidade. Entretanto, também foi um grande desalento. Será que aquilo significava que eu não tinha como fazer meu trabalho? Claro que não! "Você se lembra daquele encontro global que suas equipes queriam, mas que não tínhamos condições de bancar na época?”, perguntou Sheryl. “Vamos tentar obter a verba de novo. Aí suas equipes vão poder vir para cá. Elas querem vir e você não quer ir. Parece que todo mundo vai sair ganhando.”

Veja o que fazer para garantir que você e cada um de seus subordinados possam tirar o máximo dessas conversas individuais:

Atitude

Sua atitude constitui um grande fator para decidir o sucesso de suas conversas individuais. Descobri que, quando deixei de ver essas conversas como reuniões e comecei a tratá-las como almoços ou cafés com alguém que eu não via a hora de conhecer melhor, elas acabaram tendo resultados muito melhores. Se você perceber que ajuda conduzir essas conversas durante uma refeição, marque almoços regulares com seus subordinados diretos. Se você e um subordinado gostarem de caminhar e houver um bom lugar para isso perto do escritório, conversem caminhando. Se for o tipo de pessoa que costuma render mais cedo, agende as conversas pela manhã e, se sua energia diminuir depois das 2 da tarde, não as marque nesse período. Programe o horário e o local dessas conversas de acordo com seu nível de energia. No entanto, não pense só em suas necessidades. Você pode até gostar de acordar às 5 da manhã e ir à academia, porém não espere que seus subordinados curtam se encontrar com você lá de madrugada.

Frequência

Nosso tempo é limitado, mas também é vital para os relacionamentos. As conversas individuais devem atuar como um gargalo natural para determinar o número máximo de subordinados diretos que um chefe pode ter. Gosto de passar 50 minutos por semana conversando com cada pessoa que trabalha diretamente para mim, só que não tenho como marcar mais que cinco horas de conversas individuais em minha agenda em uma semana. Ouvir requer muita energia, e sou bastante ciente de meus limites. Por isso, gosto de me restringir a cinco subordinados diretos. Quando as pessoas trabalham em outra cidade, faço questão de conduzir as conversas por videoconferência e tento compensar a distância com verificações mais frequentes.

Em muitas empresas, inclusive em algumas nas quais trabalhei, isso pode ser inviável. Se você tiver dez subordinados diretos, recomendo encurtar as conversas individuais para 25 minutos por semana. Muitas pessoas que conheço têm vinte subordinados diretos e não podem fazer nada quanto a isso; a empresa delas simplesmente funciona assim. Se você estiver nessa situação, sugiro conversas de 25 minutos a cada duas semanas com cada subordinado direto. Aproveite e veja se consegue criar algumas oportunidades de liderança para as pessoas que trabalham para você, reduzindo, desse modo, o número de subordinados diretos.

Por fim, para evitar a proliferação de reuniões, recomendo usar as conversas individuais para conduzir conversas sobre a carreira (veja o capítulo 7) e, se for o caso, realizar avaliações de desempenho formais.

Dê as caras!

O principal conselho para as conversas individuais é simples: "Dê as caras!". Em um mundo ideal, você terá menos de dez subordinados diretos e poderá conduzir conversas individuais com cada um deles toda semana. Mesmo nesse mundo ideal, entre uma agenda de viagens, uma ou outra doença esporádica e as férias ocasionais, você vai precisar cancelar pelo menos duas ou três das treze conversas individuais agendadas. Se reservar algumas dessas brechas para conduzir conversas individuais especiais (como avaliações de desempenho, solicitação de feedback ou conversas sobre a carreira), terá apenas sete ou oito conversas individuais "normais" por trimestre. E, se seu mundo não for ideal e você tiver mais de dez subordinados diretos, provavelmente conduzirá conversas individuais apenas quinzenais com cada um deles. Em outras palavras, você conduzirá três ou quatro conversas individuais com cada um de seus subordinados diretos por trimestre. Assim, não importa os incêndios que tiver de apagar no dia a dia, jamais cancele suas conversas individuais.

Deixe seu subordinado direto definir a pauta

Quando seus subordinados diretos definem a pauta para as conversas individuais, estas se tornam mais produtivas, e você tem a chance de ouvir o que mais importa para *eles.* No entanto, recomendo definir algumas expectativas básicas para a pauta e a maneira de conduzir a conversa. Você prefere uma pauta estruturada? Se preferir e quiser vê-la antes da conversa, deixe isso claro. Se não fizer questão de uma pauta estruturada nem tiver tempo de vê-la antes da conversa, não obrigue seus subordinados a perder tempo com isso. Tudo bem para você se eles chegarem com uma lista de itens rabiscada em um guardanapo ou prefere um documento compartilhado para poder consultar? Não importa se você preferir uma pauta estruturada ou uma conversa mais solta, caberá a seu subordinado direto definir a pauta, não a você. Seu trabalho é dizer à pessoa que ela não pode chegar à reunião despreparada... ou decidir que não há problema algum em ter uma conversa sem pauta de vez em quando.

Algumas boas perguntas de acompanhamento

Veja algumas perguntas de acompanhamento que você pode fazer para mostrar que está ouvindo, que se importa com a pessoa e está disposto a ajudar, e para identificar lacunas entre o que ela está fazendo, o que ela acha que deveria estar fazendo e o que ela quer estar fazendo:

"Por quê?"
"Como posso ajudar?"
"O que posso fazer ou parar de fazer para facilitar sua vida?"
"O que o faz perder o sono à noite?"
"O que você está fazendo no trabalho que preferiria não fazer?"
"Você não quer trabalhar nisso porque não se interessa ou porque acha que não é importante?"
"O que você pode fazer para deixar de trabalhar nisso?"
"O que você não está fazendo no trabalho que preferiria fazer?"
"Por que você não está trabalhando nisso?"
"O que você pode fazer para começar a trabalhar nisso?"
"O que você acha das prioridades das equipes das quais seu trabalho depende?"
"O que essas equipes estão fazendo que lhe parece sem importância ou até contraproducente?"

"O que elas não estão fazendo que você preferiria que fizessem?"
"Você já levou sua opinião diretamente a essas equipes? Se não, por quê?" (Observação importante: a ideia é encorajar as pessoas a falar diretamente umas com as outras, não resolver o problema para elas. Consulte a seção "Evite as punhaladas nas costas", no capítulo 6.)

Encoraje novas ideias nas conversas individuais.
Antes de uma conversa individual, é interessante manter em mente a frase de Jony Ive "As novas ideias são frágeis". As pessoas devem se sentir seguras para lançar novas ideias nessas conversas antes de submetê-las à selvageria de um debate. Ajude-as a esclarecer o raciocínio delas e o que elas sabem sobre as pessoas a quem teriam de apresentar suas ideias. Por exemplo, as ideias podem precisar ser descritas de maneiras diferentes para um programador e para um vendedor. Veja algumas perguntas que você pode usar para estimular as novas ideias encorajando as pessoas a serem mais claras:

"Do que você precisa para desenvolver mais essa ideia e prepará-la para um debate com a equipe? Como posso ajudar?"
"Sua ideia me parece promissora, mas ainda não está clara para mim. Você pode me explicar de novo?"
"Que tal a gente tentar elaborar melhor a ideia?"
"Entendi o que você quer dizer, mas não acho que os outros vão entender. Como você poderia explicá-la melhor?"
"Não acho que Fulano vá entender isso. Você pode explicar a ideia de novo tentando deixar claro para ele?"
"Será que o problema é que eles são burros demais para entender sua ideia ou é você que não está conseguindo explicar direito?"

Sinais de que você não está sendo um bom chefe
As conversas individuais são oportunidades valiosíssimas para seus subordinados diretos apresentarem ideias e opiniões a você e decidirem em que direção seguir com o trabalho. E também são oportunidades valiosíssimas para você, porque é nessas conversas que receberá os primeiros sinais de que não está sendo um bom chefe. Veja alguns sinais claros:

Cancelamentos. Se seus subordinados tiverem o hábito de cancelar as conversas individuais com você, é sinal de que não estão se beneficiando de sua parceria ou que você não está usando as conversas para dar o feedback negativo necessário para o avanço deles.

Atualizações. Se as pessoas se limitarem a usar as conversas individuais para lhe apresentar atualizações que poderiam facilmente ser enviadas por e-mail, incentive-as a usar o tempo de maneira mais construtiva.

Só boas notícias. Se você só ouvir boas notícias, é sinal de que as pessoas não se sentem seguras para revelar os problemas ou acham que você não quer ou não tem condições de ajudar. Nesses casos, peça explicitamente as más notícias. Não deixe a pessoa mudar de assunto antes de lhe dar alguma má notícia.

Nenhuma crítica. Se as pessoas nunca o criticarem, você não está sabendo receber o feedback de sua equipe. Lembre-se da pergunta: "Tem alguma coisa que eu poderia fazer ou deixar de fazer para facilitar seu trabalho comigo?".

Nenhuma pauta. Se as pessoas tiverem o hábito de chegar para a conversa sem nenhum tópico específico para discutir, é sinal de que estão sobrecarregadas, não sabem qual o propósito da conversa ou acham que a conversa será pura perda de tempo. Seja direto, porém educado: "Você pode falar sobre o que quiser nessas nossas conversas, mas parece não ter muito a dizer. Pode me explicar por quê?".

Reuniões da equipe

Reveja as métricas, analise as atualizações e identifique (mas não tome) as decisões-chave

Todos os CEOs, gestores de nível médio e chefes de primeira viagem com quem trabalhei disseram achar difícil conduzir reuniões produtivas com seus subordinados diretos. Acontece

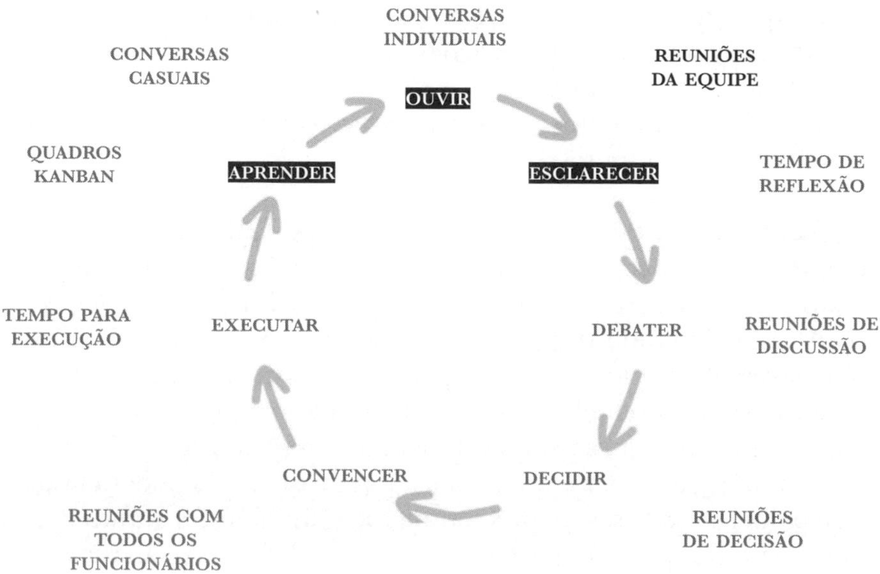

muito de o gestor odiar conduzir a reunião, os participantes a considerarem pura perda de tempo e os não convidados se sentirem excluídos. Sem dúvida, as reuniões de equipe podem drenar o tempo e a energia das pessoas, mas o contrário também é verdadeiro. Uma reunião bem conduzida pode lhes poupar um tempo precioso alertando sobre os problemas, apresentando atualizações com eficiência e ajudando todos os membros da equipe a remar na mesma direção definindo as prioridades da semana.

Uma boa reunião de equipe tem três objetivos: analisar os resultados da semana anterior, abrir espaço para as pessoas apresentarem atualizações relevantes e forçar a equipe a esclarecer as decisões e os debates mais importantes para a próxima semana. É isso. As reuniões de equipe não devem incluir discussões nem tomadas de decisão. Cabe a você definir a pauta, insistir para que as pessoas se atenham a ela e orientar quem se estender demais na argumentação ou se desviar do assunto.

Veja a pauta que considero mais eficaz:

- Aprender: rever as métricas-chave (20 minutos).
- Ouvir: incluir as atualizações em um documento compartilhado (15 minutos).
- Esclarecer: identificar as decisões e os debates mais importantes (30 minutos).

Aprender: rever as métricas-chave (20 minutos). O que deu certo nesta semana e por quê? O que não deu muito certo e por quê? Será melhor criar um painel de métricas-chave para rever. Quando digo "painel", não me refiro a algum sistema ultrassofisticado elaborado pelo departamento de TI; pode ser uma simples planilha com alguns números. Quais atividades e resultados mais importantes da semana mostram se vocês estão no caminho certo para atingir seus objetivos? Vocês podem criar esse painel sozinhos, sem precisar de toda uma infraestrutura corporativa para isso. De preferência, o painel deve ser atualizado automaticamente. Se não for possível, peça que seus subordinados atualizem a parte relevante na véspera da reunião da equipe. Se necessário, fique no pé deles até que atualizem o painel. Procure deixar o painel em algum local visível para toda a equipe. As observações da reunião precisam ser sempre disponibilizadas a todos os membros.

Ouvir: incluir as atualizações em um documento compartilhado (15 minutos). Uma das maiores dificuldades de gerenciar uma equipe é manter todos a par do que os outros estão fazendo para que possam identificar possíveis problemas e pontos de sobreposição sem perder muito tempo. Atualizações e métricas-chave são coisas diferentes. As atualizações incluem itens que jamais entrarão no painel, como "Precisamos rever nossas metas para este projeto", "Estou pensando em fazer uma reorganização", "Estou começando a achar que preciso demitir Fulano" ou "Vou ter de fazer uma cirurgia daqui a um mês e ficarei três semanas fora".

Alguns líderes conduzem reuniões de equipe que podem levar várias horas para compartilhar esse tipo de informação. Quase todo mundo odeia reuniões demoradas, de modo que outros líderes vão na direção oposta e criam um documento compartilhado no qual todos incluem as coisas mais importantes que fizeram na semana anterior e o que planejam fazer na próxima. Era o que o Google fazia, chamando essas atualizações de "*snippets*" (fragmentos de texto).

Teoricamente, um sistema de atualizações desse tipo é de fácil utilização e evita reuniões intermináveis. Afinal, você levará apenas alguns minutos para anotar suas atualizações e mais alguns para ler as atualizações dos outros. Na prática, contudo, muita gente resiste a escrever suas atualizações, e, se alguém ficar de fora, o sistema cai por terra. Apesar de eu ser totalmente a favor de evitar intermináveis reuniões de equipe, descobri que sou uma dessas pessoas que odeiam escrever atualizações em um documento compartilhado. Passei um tempo me forçando a fazer isso, mas, quando percebi que não era a única que odiava a tarefa, decidi encontrar uma solução diferente. Reservei um tempo para todos nós fazermos isso durante a reunião. E foi muito melhor.

Veja como você e seus subordinados podem incluir as atualizações durante a reunião da equipe. Reserve de cinco a sete minutos para que todos anotem de três a cinco coisas que eles ou a equipe deles fizeram durante a semana (e que os outros precisam saber) e de cinco a sete minutos para ler as atualizações dos outros. Não permita conversas paralelas. Todas as perguntas e esclarecimentos devem ser feitos depois da reunião. Essa simples regra vai poupar um tempo enorme na reunião da equipe. Caso contrário, a maior parte dela vai ser tomada por apenas duas ou três pessoas falando enquanto o resto vai se limitar a ouvir, sem interesse.

Essa abordagem é mais eficaz com um documento compartilhado que possa ser editado por várias pessoas ao mesmo tempo. Você pode utilizar o Google Docs, o Office 365 ou o Evernote, por exemplo. Se sua equipe não tiver laptops nem smartphones, nada os impede de usar papel e caneta: todos anotam suas atualizações em uma folha de papel e passam a folha para os outros lerem.

Se você é chefe de chefes, essas atualizações devem ser divulgadas à equipe toda. Desse modo, ninguém pode incluir itens confidenciais: problemas de desempenho de uma pessoa específica, ajustes salariais planejados etc. Talvez seja interessante manter um documento de "atualizações confidenciais" para sua equipe, mas insista para que não sejam incluídos itens demais. A maioria dos itens discutidos deve ser compartilhada com a equipe toda.

Esclarecer: identificar as decisões e os debates mais importantes (30 minutos). Quais são as decisões mais importantes (duas no máximo) a tomar e a discussão mais importante a conduzir nesta semana? Se sua equipe tiver menos de vinte pessoas, vocês podem apenas listá-las e decidir/discutir de maneira improvisada.

Se sua equipe tiver mais de vinte pessoas, será interessante conduzir um processo mais formal. Inclua os itens em pautas de "reuniões de decisão" e "reuniões de discussão" distintas e identifique responsáveis para cada uma delas. Pode parecer uma proliferação de reuniões, mas na verdade é uma forma de você se livrar dessas reuniões e incluir as pessoas relevantes nos debates e nas decisões. Os responsáveis pelos debates e pelas decisões normalmente não serão nem você nem seus subordinados diretos. O objetivo dessas reuniões separadas é justamente delegar os debates e as decisões às pessoas mais próximas aos fatos, evitando um processo puramente hierárquico (e, portanto, distante dos detalhes e da realidade).

A pauta dessas reuniões deve ser comunicada à equipe toda, e elas devem ser abertas a qualquer pessoa que queira participar. No começo, as reuniões provavelmente serão grandes demais, mas com o tempo só comparecerá quem realmente precisar ou quiser participar. A maioria das pessoas odeia ser excluída de decisões relevantes para seu trabalho, porém odeia ainda mais ter de comparecer a reuniões irrelevantes. Com um pouco de transparência, tudo acaba se ajeitando.

Tempo de reflexão

Reserve um tempo para pensar e não deixe de usá-lo

Acabamos de falar em incluir conversas individuais e uma reunião da equipe em sua agenda. Você já deve estar tendo de participar de algumas reuniões de discussão e de decisão. Além de todas essas reuniões agendadas, as pessoas vão querer lhe falar sobre isso ou aquilo, e você vai precisar apagar incêndios aqui e ali. Quando é que você vai reservar um tempo para pensar ou ajudar as pessoas a pensar? Se não fizer nada, dificilmente terá tempo para ir ao banheiro ou pegar uma água... e pode esquecer o horário do almoço. Você será tiranizado pela agenda. O único momento tranquilo lhe sobrará para pensar será em sua casa, tarde da noite, quando deveria estar dormindo.

Um CEO muito bem-sucedido (e ocupadíssimo) que conheço evitava esse tipo de problema reservando na agenda duas horas para reflexão todos os dias. Não deixava que nada nem ninguém ocupasse esse tempo. Uma vez, ninguém menos que o presidente do país (não vou dizer qual) pediu uma reunião com ele. O presidente não tinha nada específico para dizer, mas a maioria das pessoas teria aceitado a reunião só por curiosidade. Mas não aquele CEO, simplesmente porque a reunião com o presidente tomaria seu tempo de reflexão. Um executivo de um jornal de enorme sucesso contou que um dia entrou na sala do CEO e o viu recostado na cadeira olhando para o céu, aparentemente perdido em devaneios. Perguntou-lhe em que ele estava pensando, e a ideia acabou rodando a empresa pela década seguinte.

Você não precisa ser CEO para fazer isso. Até eu consegui reservar um tempo de reflexão todos os dias, e era só uma gestora de nível médio no Google. Meu conselho para você é reservar na agenda um tempo de reflexão e não deixar que nada nem ninguém ocupe esse tempo. Avise as pessoas que esse horário está tomado. E pode ficar zangado com quem tentar agendar alguma coisa. Incentive toda a sua equipe a fazer o mesmo.

Reuniões de discussão

Reduza a tensão, deixando claro que vocês estão discutindo, não decidindo

As reuniões de discussão são reservadas para discutir, não decidir, importantes problemas enfrentados pela equipe. Elas têm três objetivos:

Reduzir a tensão. Pelo menos uma parte do atrito e da frustração em muitas reuniões resulta do fato de que metade dos participantes pensa que está lá para tomar uma decisão e a outra

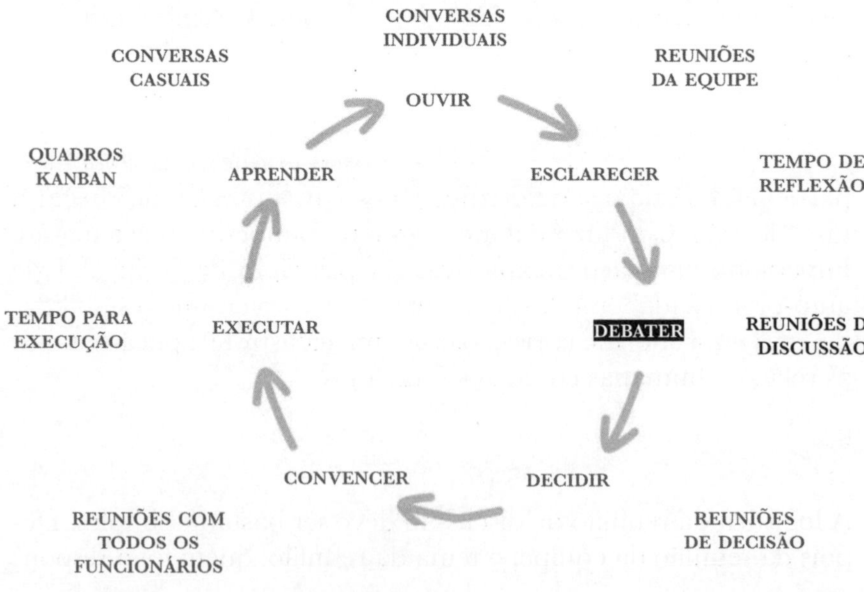

metade acha que está lá para debater. Os que querem tomar uma decisão se enfurecem quando veem que os que só querem debater não parecem estar se aproximando de uma solução. Os que só querem debater se enfurecem quando os que querem tomar uma decisão se recusam a refletir sobre o assunto e ponderar os aspectos da situação. Quando todo mundo sabe que a reunião não vai terminar com uma decisão, essa fonte de tensão é eliminada.

Desacelerar importantes decisões quando for o caso. Quando vocês estiverem diante de um problema importantíssimo e não chegarem a um consenso sobre o que fazer, a situação vai naturalmente gerar atrito e frustração. Para evitar isso, as equipes tendem a se precipitar para tomar uma decisão antes de refletir sobre o assunto ou de coletar informações suficientes. Incluir uma questão como essa na pauta de uma reunião de discussão força a equipe a debater a questão, coletar as informações necessárias, obter a opinião de especialistas ou simplesmente se aprofundar na reflexão.

Promover uma cultura de discussão. As boas equipes estão sempre debatendo. Conduzir regularmente reuniões de discussão e buscar questões a discutir pode ajudar as pessoas a exercitar o diálogo e a capacidade de tolerar divergências. No caso de uma grande discussão, do tipo "apostar o futuro da empresa" ("Devemos fazer um investimento enorme para entrar em um mercado novo e arriscado?"), é importante que os stakeholders participem de uma série de discussões sem a pressão de chegar a uma decisão. Conduzir debates regulares também reduz a tensão, impedindo altercações explosivas. O princípio da "criticalidade auto-organizada" (muitas pequenas correções criam a estabilidade, mas uma enorme correção cria uma catástrofe) aplica-se tanto às relações humanas como aos mercados.

***

A logística da reunião de discussão deve ser bastante simples. Depois da reunião da equipe, o tema da reunião, quem foi o responsável por ela e quem participou têm de ser comunicados a todas as outras equipes (presumindo que você seja chefe de chefes) e a pessoas de outras áreas que estejam trabalhando com vocês. As únicas pessoas obrigadas a participar do debate são aquelas identificadas na reunião da equipe, mas qualquer um pode participar, ativamente ou só observando. O responsável pelo debate encarrega alguém de tomar nota do que foi dito e de enviar as anotações a todos os interessados.

As regras dessas reuniões também são bem simples. Esclareça que todos devem deixar o ego de lado. O objetivo do debate é trabalhar juntos para encontrar a melhor resposta. Ninguém vai sair ganhando nem perdendo. Uma boa regra é pedir aos participantes que se coloquem na pele dos outros no meio da discussão. Essa estratégia garante que as pessoas ouçam os argumentos das outras e as ajuda a se concentrar em encontrar a melhor solução e não se ater a egos e cargos.

Os únicos resultados do debate devem ser um resumo ponderado das questões e dos fatos levantados, uma definição mais clara das opções e uma recomendação para continuar o debate ou tomar uma decisão.

Reuniões de decisão

Delegue as decisões a quem trabalha com os fatos, inclua os fatos nas decisões e sempre deixe o ego de lado

As reuniões de decisão costumam, mas nem sempre, acontecer depois de uma reunião de discussão. Elas têm dois importantes objetivos. O primeiro é óbvio: tomar decisões importantes. O segundo, contudo, é mais sutil. Pode ser difícil saber em que momento é preciso parar de discutir e começar a decidir. Nunca encontrei uma regra fixa para responder a essa pergunta. A melhor maneira de fazer isso é deixar bem claro quando é o momento de discutir e quando é o momento de decidir. E é por isso que recomendo fazer duas reuniões distintas.

A logística e as regras dessas reuniões são as mesmas das reuniões de discussão. O líder da reunião é o "tomador de decisão", nomeado na reunião da equipe. As únicas pessoas obrigadas a

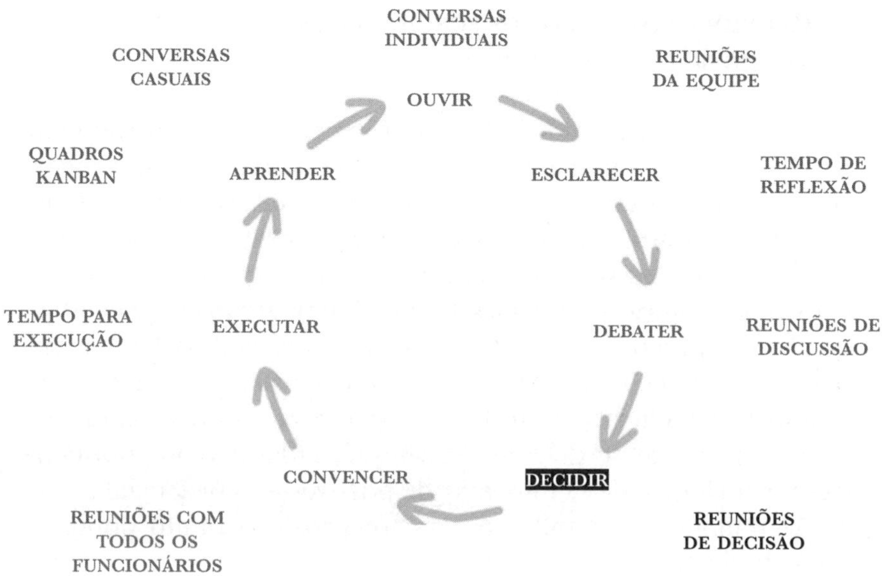

participar da reunião de decisão são aquelas identificadas na reunião da equipe, mas qualquer um pode participar. Alguém tem de ser encarregado de tomar notas e de disponibilizá-las a todos os interessados. É importante deixar o ego do lado de fora da sala. Ninguém vai sair perdendo nem ganhando. O resultado das reuniões de decisão é um resumo ponderado da reunião distribuído a todos os interessados. É importante que as decisões sejam definitivas. Caso contrário, elas poderão ser revertidas, e essas reuniões se transformarão em reuniões de discussão, não de decisão.

Você vai ter de aceitar as decisões tomadas, bem como todos os membros de sua equipe. Se tiver opiniões categóricas sobre o tema da reunião, fique à vontade para participar dela ou informar o tomador de decisão de que você tem poder de veto. Nesse caso, o tomador de decisão deve submeter a recomendação dos participantes a sua aprovação antes de divulgar a decisão à equipe toda. Mas tome cuidado: se não usar seu poder de veto com moderação, essas reuniões correm o risco de perder o sentido.

Reuniões com todos os funcionários

Traga todos para o mesmo barco

Se sua equipe tiver dez pessoas ou menos, você provavelmente não vai precisar agendar uma reunião separada para convencer a equipe toda de que vocês tomaram as decisões certas. No entanto, à medida que sua equipe cresce, você vai ter de começar a pensar em maneiras de trazer todos para o mesmo barco. É incrível ver com que rapidez as decisões tomadas por algumas pessoas podem começar a parecer misteriosas ou até nefastas para quem não participou do processo. Se sua equipe tiver cem pessoas ou mais, reuniões periódicas com todos os funcionários podem ajudá-lo a conquistar a adesão deles às decisões tomadas e, ainda por cima, dar-lhe a chance de se informar de possíveis discordâncias.

As reuniões com todos os funcionários são muito populares no Vale do Silício, sendo praticadas por empresas como Apple, Dropbox, Google e Twitter. Temos algo a aprender com essas organizações: como e por que elas conduzem esse tipo de reunião.

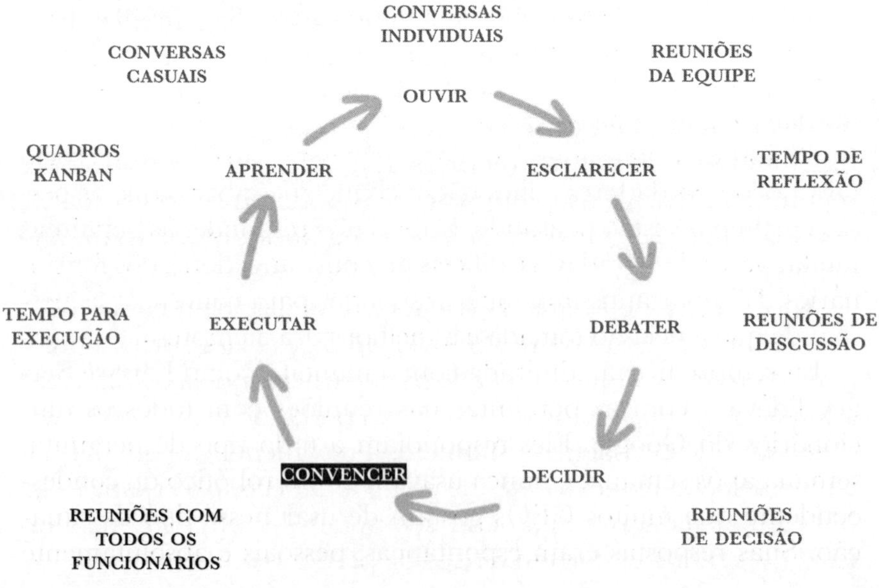

Em geral, essas reuniões têm duas partes: apresentações para convencer as pessoas de que a empresa está tomando boas decisões e avançando na direção certa, e sessões de perguntas e respostas para que os líderes possam se informar das divergências e abordá-las diretamente. Um bom líder saberá responder às questões levantadas (normalmente complexas ou cabeludas) de maneira mais convincente do que as próprias apresentações.

Uma das melhores reuniões com todos os funcionários das quais participei foi conduzida depois que o Google adquiriu a Keyhole, a empresa que desenvolveu a tecnologia do Google Earth. A reunião foi memorável não só por causa da empolgação de Larry Page e Sergey Brin com a aquisição, como crianças que ganharam um brinquedo novo, mas também porque foi nela que ouvi a melhor explicação do que eles queriam dizer com "organizar todas as informações do mundo". A missão da empresa não se limitava a sites e livros; incluía, literalmente, *todas* as informações do mundo! O entusiasmo era palpável.

As apresentações costumam se concentrar em uma ou duas iniciativas empolgantes e importantes. A ideia é informar as prioridades gerais e conquistar a adesão de todos. As apresentações normalmente são conduzidas pela equipe responsável pela iniciativa. No Google, era uma prática importante e ajudava a exercitar o poder de persuasão por toda a empresa. Além disso, as pessoas adoravam fazer as apresentações nessas reuniões. "Sua equipe quer um lugar ao palco? Mostre a ela onde fica o palco!"

As sessões de perguntas e respostas em geral são conduzidas pelo CEO e/ou fundadores e lhes dão a chance de saber o que as pessoas realmente estão pensando. Cabe a eles responder às perguntas muitas vezes desagradáveis, difíceis ou constrangedoras dos funcionários. É importantíssimo saber responder para convencer as pessoas de que a decisão tomada é a melhor para a empresa.

Eu sempre ficava admirada com a maneira como Larry e Sergey lidavam com as perguntas nas reuniões com todos os funcionários do Google. Eles respondiam a todo tipo de pergunta, semana após semana, e nunca usavam o tom robótico ou condescendente que muitos CEOs gostam de usar nesse tipo de situação. Suas respostas eram espontâneas, pessoais e absolutamente autênticas, mesmo sendo sarcásticas às vezes, e podiam ser tão surpreendentemente sinceras que Eric Schmidt se aproximava do microfone e dizia: "Na verdade, acho que o que o Sergey (ou o Larry) quer dizer é...". E Sergey (ou Larry) se limitava a sorrir e dar de ombros. E, na próxima reunião com todos os funcionários, lá estavam eles, prontos para responder às perguntas difíceis e constrangedoras dos colaboradores. Na época, não tinham nem 30 anos, mas já sabiam por instinto da importância de explicar as decisões importantes e encorajar a dissidência.

Tempo para a execução
Combata a proliferação de reuniões

A essa altura, você pode estar achando que a Roda do Fazer Acontecer está mais para Roda das Reuniões do Inferno :) Se não tomar cuidado, a proliferação de reuniões pode efetivamente destruir sua capacidade de agir, tanto individual como coletivamente. Uma das coisas mais importantes que você, o chefe, pode fazer é garantir que os membros de sua equipe tenham tempo para executar as tarefas que lhes cabem.

Uma abordagem popular é retirar as cadeiras das salas de reunião. Teoricamente, essa medida encurta as reuniões porque a maioria das pessoas não aguenta ficar mais de uma hora em pé ao redor de uma mesa. Pesquisas sugerem que as pessoas são mais criativas em pé do que sentadas. Há quem diga que ficar sentado é tão prejudicial quanto fumar, de modo que as reuniões em pé também podem ser benéficas para a saúde. Além disso, você vai economizar com móveis. A ideia tem seu apelo, mas nunca funciona. Desconheço qualquer empresa que tenha mantido a ideia da sala de reuniões sem cadeiras depois de algumas tentativas.

No Google, diferentes equipes tentaram instaurar "Quartas-feiras Livres de Reuniões" ou "Quintas-feiras Sem Reuniões". Nenhuma delas conseguiu se ater à ideia. Greg Badros, que liderou a equipe de programadores do Google e do Facebook, definiu a meta de concluir 25% de todas as suas reuniões antes da hora. Adorei a ideia, porém não acho que ele tenha conseguido atingir sua meta.

Por minha experiência, a melhor solução é simplesmente combater o fogo com fogo. Assim como eu reservava um tempo de reflexão em minha agenda, também achava necessário reservar um tempo para ficar sozinha e me voltar à execução do trabalho. E incentivava os outros a fazer o mesmo, o que os ajudava a recusar reuniões desnecessárias.

QUADROS KANBAN
Visualize as atividades e os fluxos de trabalho

Taiichi Ohno, um engenheiro industrial da Toyota, criou o kanban, sistema de programação de prazos para aumentar a eficiência da gestão da cadeia de fornecimento. Outras empresas adaptaram o sistema para visualizar os fluxos de trabalho. Em sua forma mais simples, basta montar um quadro com três colunas: "A fazer", "Em andamento" e "Feito". Diferentes pessoas ou equipes usam post-its de cores diversas, anotam suas tarefas e vão transferindo os post-its de uma coluna a outra ("A fazer", "Em andamento" e "Feito"). O

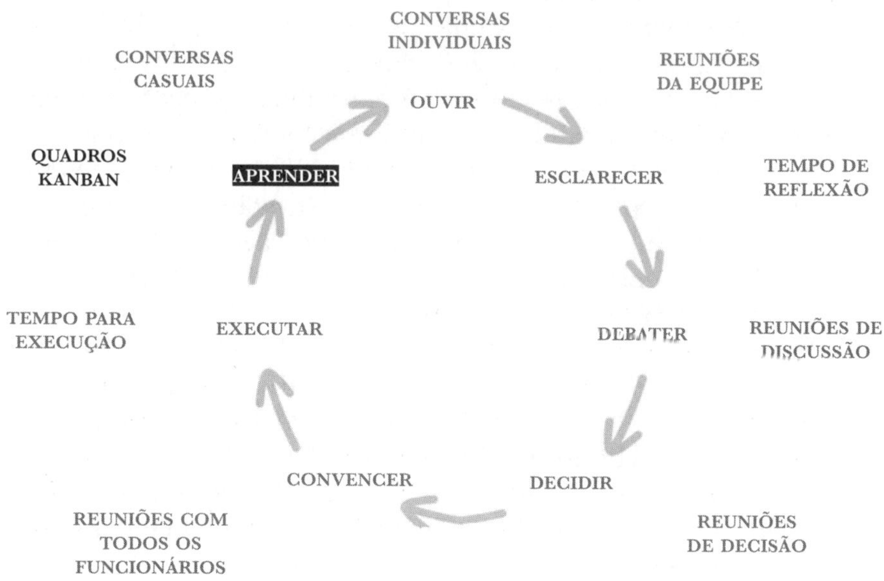

quadro, portanto, permite ver com clareza quem é o responsável pelo gargalo. Com isso, as pessoas se responsabilizam mais pelas tarefas e todos os membros da equipe têm como saber quem está precisando de ajuda. Um quadro kanban é diferente de um painel porque se concentra no trabalho em andamento. Usando o kanban, sua equipe vai poder identificar e resolver os problemas antes que comecem a prejudicar os resultados.

Ajudar as pessoas a visualizar o progresso dá mais autonomia à equipe. Quando todo mundo consegue ver com clareza onde estão os gargalos, os recursos fluem naturalmente para os pontos onde são mais necessários, sem a necessidade de intervenção da chefia. Se eu trabalhar na equipe de programadores, estiver adiantada com meu serviço e vir que alguém está atrasado, vou querer ajudá-lo por saber que, se a tarefa de meu colega não for concluída, todo o meu trabalho vai ser desperdiçado ou o processo todo vai atrasar.

Também é importante monitorar o andamento das atividades e visualizar os fluxos de trabalho porque, se a empresa estiver tendo sucesso, é difícil saber, com base nos resultados, quem só pega carona no trabalho dos outros e quem efetivamente faz as coisas acontecerem. Da mesma forma, se a economia estiver em crise e vocês mensurarem apenas os resultados, fica difícil saber quem está fazendo um excelente trabalho para salvar a empresa e quem está entrando em pânico ou piorando a situação. Amigos que trabalharam no Yahoo! e no AOL me contaram que, quando as coisas iam bem, equipes inteiras eram generosamente recompensadas, mas, quando tudo começava a degringolar, ninguém tinha ideia do que fazer. Eles apenas mensuravam os resultados e não sabiam quais fatores geravam bons resultados nem o que fazer quando os resultados eram insatisfatórios.

O monitoramento das atividades e a visualização dos fluxos de trabalho ajudarão você e sua equipe a saber com exatidão quais atividades levam ao sucesso… ou ao fracasso. Quando entrei no Google, uma das tarefas da equipe de vendas do AdSense era entrar em contato com grandes sites para tentar vender nosso produto. No entanto, a equipe de vendas recebia um número enorme de consultas de sites menores todos os dias, e é mais fácil atender telefonemas de possíveis clientes interessados do que fazer visitas não solicitadas a clientes potenciais. Em outras palavras, eles deveriam estar fora do escritório, tentando pegar os peixes maiores, mas, como os peixes pequenos estavam pulando para dentro do bote, não se davam o trabalho de ir atrás dos grandes. Quando monitorávamos apenas o impressionante dinheiro que entravam, parecia que a equipe tinha um enorme sucesso. Foi só quando passamos a analisar uma métrica de atividade (o número de visitas ou ligações não solicitadas feitas pela equipe) é que nos demos conta de que tínhamos um problema. Na verdade, a empresa não precisava pagar uma fortuna à equipe de vendas só para anotar os pedidos. Depois que começamos a monitorar a atividade, a receita aumentou consideravelmente. O monitoramento das atividades também nos possibilitou identificar os melhores vendedores. Vender é muito diferente de meramente anotar pedidos.

O monitoramento de atividades também leva as equipes a se respeitar mais. É muito comum uma equipe presumir que a outra passa o dia inteiro sem fazer nada e se ressentir disso. Se as atividades das pessoas puderem ser visualizadas em um quadro kanban, o respeito entre elas fluirá naturalmente.

Monitorar as atividades e mostrar seu andamento a todos também tende a resultar em avaliações de desempenho e promoções mais justas e imparciais. Jack Rivkin, que liderou a equipe de pesquisa de equity do banco de investimentos Shearson Lehman Hutton, decidiu monitorar não só os resultados, como também as atividades de seus analistas. Quando começou a monitorar as atividades, todos puderam ver com clareza quais fatores efetivamente impulsionavam os resultados. O que acabou acontecendo foi que a equipe de Rivkin passou do 15º lugar no ranking da *Institutional Investor* em 1987, quando ele assumiu o cargo, para o 4º em 1989 e para o 1º em 1990. A mensuração objetiva também trouxe um benefício adicional: mais justiça nos processos. Ao ficar claro para todos quais fatores levam ao sucesso, as decisões de contratação, avaliação e promoção se tornam mais justas e imparciais devido ao monitoramento das atividades. Por exemplo, a equipe de Rivkin tinha mais mulheres do que qualquer outra do setor.

CONVERSAS CASUAIS

Conheça os pequenos problemas para evitar os grandes

É relativamente fácil saber o que se passa com as pessoas que reportam diretamente a você, apesar de a tarefa exigir tempo e disciplina. No entanto, se você é chefe de chefes, é muito mais difícil ter notícias da "base" da organização. Você não tem como ouvir todo mundo. É impossível ter conversas individuais com centenas ou milhares de pessoas. Se você disponibilizar um horário fixo para ouvir sua equipe, na certa vai ser procurado pelo mesmo punhado de gente semana após semana. O que fazer?

Nunca conheci uma pessoa mais capaz de criar vínculos com toda a empresa do que Dick Costolo. Ele usava várias técnicas para fazer isso, entre elas uma bastante simples: andar pela empresa.

Tente seguir o exemplo de Dick. Agende uma hora por semana para andar por sua empresa. A chamada "gestão de corredor" (gerenciar as pessoas enquanto anda pelos corredores da empresa) é uma técnica testada e comprovada. De acordo com o historiador Stephen B. Oates, Abraham Lincoln inventou a técnica ao inspecionar informalmente os soldados durante a Guerra de Secessão. A abordagem foi adotada pela Hewlett-Packard na década de 1970. É muito fácil aplicá-la.

Tente notar coisas que você não notaria cercado de planilhas em sua sala ou correndo de uma reunião para outra. Pergunte às pessoas (de preferência àquelas com quem você passou um tempo sem conversar) em que estão trabalhando. Identifique alguns pequenos problemas e trate-os como se fossem "o mundo visto em um grão de areia". Conhecer esses pequenos problemas pode gerar uma série de benefícios.

Para começar, isso o ajudará a encontrar "o diabo nos detalhes". Acontece muito de o chefe ser o último a ficar a par de um problema. Em geral, isso ocorre não porque as pessoas escondam os problemas de propósito, e sim porque só querem reportar os assuntos mais importantes. Contudo, um problema pode ser mais importante do que as pessoas imaginam.

Em segundo lugar, inteirar-se de pequenos problemas e até arregaçar as mangas e resolvê-los você mesmo é a melhor maneira

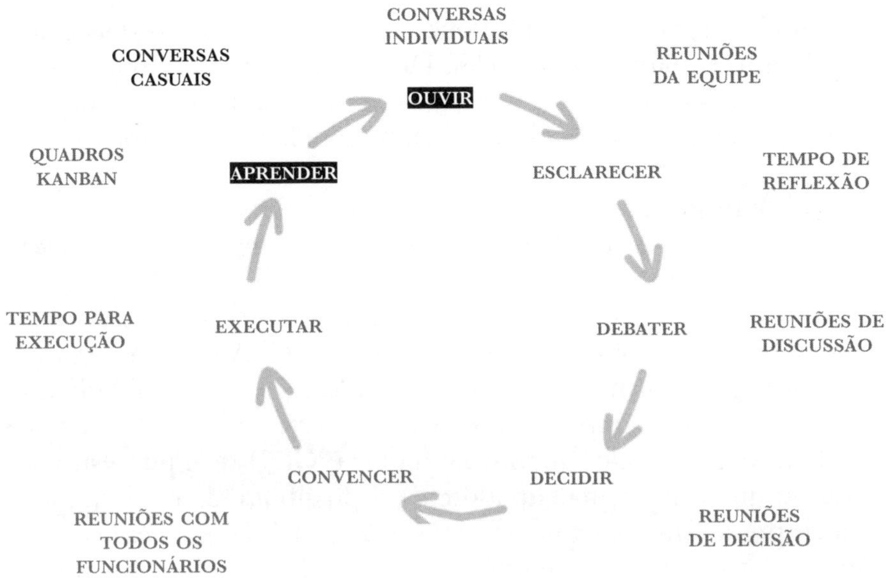

de acabar com a mentalidade do tipo "não é de minha alçada" ou, pior ainda, "não sou pago para isso". Quando você mostra que tudo pode ser de sua alçada, os outros também vão prestar mais atenção aos detalhes.

Em terceiro lugar, quando você mostra que se importa com os pequenos detalhes que contribuem para a satisfação dos clientes ou a qualidade de vida de sua equipe, *todos* passam a se importar mais com eles e tudo começa a fluir melhor.

No Twitter, Dick tentou criar de modo consciente uma cultura em que as pessoas se dispusessem a melhorar pequenos processos e resolver aborrecimentos em vez de se limitar a reclamar. Um dia, enquanto andava pela empresa, ouviu dois funcionários reclamarem da louça suja largada na pia da cozinha. Normalmente, ele apenas ignoraria o problema e até ficaria um pouco irritado com a situação. Entretanto, como estava em seu horário de gestão de corredor, decidiu colocar as mãos na massa e resolver o problema. Parou e olhou ao redor. "Vocês acham que seria melhor deixar a louça lá?", perguntou aos dois reclamões, apontando para um local igualmente prático, mas um pouco mais escondido. Os dois concordaram, e, para espanto deles, Dick se pôs a levar a louça para lá. Como você já deve ter imaginado, eles pararam de reclamar e começaram a ajudar. E a história virou uma lenda na empresa.

De olho na cultura

Você está sendo observado por todos, mas isso não significa que o mundo gira a sua volta

"A cultura devora a estratégia no almoço."[1] A cultura de uma equipe afeta enormemente seus resultados, e a personalidade do líder tem enorme impacto sobre ela.

Um dia, Ben Silbermann, fundador e CEO do Pinterest, me contou que estava preocupado com a possibilidade de a cultura da empresa estar refletindo demais a personalidade dele. Era um sujeito introvertido, e a empresa também. Não gostava de discutir, e os funcionários evitavam discussões. Fiquei impressionada com a observação, porque eu costumava pensar a mesma coisa de minhas equipes, porém nunca tive coragem de dizer isso em voz alta. Em algumas ocasiões, parecia que as pessoas que eu liderava eram vistas por uma espécie de lente de aumento, ampliando minhas deficiências. A cultura da equipe muitas vezes refletia quem eu era, mas nem sempre do jeito que eu teria preferido.

É assustador quando a gente se dá conta disso. Como é quase impossível mudar o tipo de ser humano que você é, será que isso significa que não há como mudar a cultura de sua equipe? Você tem um grande impacto sobre ela. Mas como controlar esse impacto?

Por sorte, como tudo na vida, você não é o centro do mundo. Do mesmo jeito como faz ao avaliar as outras pessoas, foque o comportamento e não o caráter, as ações e não a "essência". Se você costuma pedir feedback às pessoas com sinceridade, até a mais chocante de suas qualidades inevitavelmente virá à tona. E, como já vimos, sua capacidade de manter relacionamentos assertivamente empáticos com todas as pessoas da equipe aproximará (ou distanciará) sua cultura da empatia assertiva. Você também vai influenciar outros aspectos de sua cultura com o simples ato de percorrer as etapas da Roda do Fazer Acontecer.

As pessoas estão ouvindo. Goste ou não, está todo mundo de olho em você

Quando você se torna chefe, todo mundo fica de olho em você. As pessoas passam a ouvi-lo com uma intensidade que você nunca tinha visto antes de assumir o cargo. Elas interpretam (às vezes com acerto, às vezes não) tudo o que você diz, as roupas que usa, o carro que dirige. De certa maneira, assumir a chefia é como ser detido pela polícia: tudo o que você diz ou faz pode e vai ser usado contra você.

Quando liderava a Goldman Sachs, Bob Rubin foi ao pregão da bolsa para ter uma ideia do que acontecia. Parou e bateu um papo com um trader que tinha acabado de fechar uma transação de compra de ouro. "Ouro é bom e eu gosto", comentou Bob, distraído. Algumas semanas depois, ele se surpreendeu ao ver todo o ouro que a empresa tinha comprado recentemente. "Por que estamos comprando tanto ouro?", quis saber. "Porque você mandou. Você disse que gostava de ouro!", foi a resposta. Bob só tinha feito um comentário informal, longe de ter dado uma ordem para comprar ouro.

Na época em que eu trabalhava na Apple, alguém me disse que o programa de transporte de funcionários entre Cupertino e San Francisco estava atrasado porque Steve precisava escolher o couro dos assentos dos ônibus. Ao encontrar por acaso o diretor do programa em um almoço, perguntei se havia alguma verdade na história. Ele caiu na risada. "De jeito nenhum! Nada a ver!", respondeu. No entanto, quando perguntei como as cores dos ônibus tinham sido escolhidas, ele admitiu que foi ao estacionamento ver o carro de Steve: prata por fora, com assentos de couro preto. Por isso os ônibus também acabaram sendo prata por fora, com assentos de couro preto.

Você, como chefe, não precisa ter todo o sucesso de um Bob Rubin ou de um Steve Jobs para causar mais impacto do que gostaria sobre sua equipe. No início de minha carreira, comentei com um vendedor que costumava usar camisas pretas: "Acho que os homens ficam muito bem de camisas brancas". Fiquei horrorizada ao ver que no dia seguinte ele apareceu no escritório usando uma camisa branca, e usou camisa branca todos os dias daquela semana. É claro que só podia ter sido indireta minha! Mas eu não tinha muita experiência na chefia e não fazia ideia de que as pessoas podiam levar o que eu dizia tão a sério.

Muitas vezes você, sendo o chefe, pode dizer ou fazer alguma coisa achando que ninguém vai dar muita bola e se ver avançando mais do que pretendia na dimensão do "confrontar diretamente" aos olhos de seu pessoal.

Esclareça. Não deixe de explicar tudo o que comunica

Considerando que você estará sempre sob os holofotes, é importante esclarecer tudo o que diz, mesmo que ache que não está dizendo nada.

Quando trabalhei no Google, tive um SUV laranja da Honda que todo mundo sabia que era meu porque o carro se destacava entre os vários Prius e outros carros de baixo consumo de combustível subsidiados pela empresa. Como meu escritório e o de minha chefe ficavam a alguns quilômetros de distância um do outro, eu não raro ia às reuniões de carro. Era difícil encontrar vaga no estacionamento, e minha agenda vivia lotada, de modo que eu estacionava em qualquer lugar que se parecesse com uma vaga. Como eu estava trabalhando para cultivar na equipe uma cultura do tipo "peça perdão, não permissão", na qual as pessoas se sentissem seguras para contestar as regras, meu comportamento batia com meu discurso. No entanto, se eu estivesse tentando promover uma cultura do tipo "medir duas vezes para cortar uma vez só", no mínimo precisaria dar uma explicação para meu estilo desleixado de estacionar e provavelmente teria de mudar meu comportamento. E, pode acreditar, eu definitivamente não estacionava meu carro daquele jeito quando trabalhava na Apple...

Seja explícito nas discussões e nas decisões. Não deixe nada ao acaso

Você vai ficar tentado a "delegar ao RH" uma série de discussões e decisões, em geral coisas com as quais você preferiria não gastar seus neurônios. O nome vai ser "Festa de Natal" ou "Festa de Fim de Ano"? Será enfeitada com uma árvore de Natal ou não? E que tal uma menorá? Haverá bebidas alcoólicas na festa?

E se chegarem ao trabalho na segunda de manhã e encontrarem sutiãs e cuecas na mesa da sala de reunião? O que fazer quando você fica sabendo que um membro da equipe deu um chute no traseiro de outro? Tudo bem que foi um daqueles chutinhos amigáveis, de lado, que você costumava dar nos amigos na escola, mas o outro ficou indignado. Quem vai lidar com o problema?

Pode acreditar, é uma grande tentação ignorar essas decisões ou delegá-las ao RH. Mas, se você cair nessa tentação, não reclame quando o RH (ou os advogados trabalhistas) tomar decisões frias, desconsiderando o fator humano das situações. E, se ninguém tomar nenhuma decisão, todos vão acabar em uma Terra Sem Lei e sair perdendo.

Convença. Preste atenção aos pequenos detalhes

Quando entrei na Apple, recebi uma pasta superorganizada com os dizeres "Ah, papelada!" na capa. Alguém tinha se empenhado muito para reduzir ao máximo o aborrecimento da papelada que inevitavelmente acompanha um novo emprego. A pasta em si parecia um objeto de arte, com um belo design, mas não era cara. E a escolha das palavras me fez sorrir. O cuidado com que a documentação tinha sido reunida me mostrou, antes mesmo de eu começar, o tipo de trabalho que a empresa esperava de mim.

Se você der atenção a detalhes que parecem pequenos, convencerá as pessoas de que vale a pena conhecer e se adaptar a sua cultura. O ambiente de trabalho faz parte da tarefa de estabelecer um tom e uma cultura para a equipe. O Vale do Silício é famoso por seus escritórios excêntricos e refeições gourmet preparadas por chefs sofisticados. Se não tiver como bancar esse tipo de generosidade, você pode dar um jeito de o café ser gostoso e disponibilizar tipos diferentes de chá. Quando os funcionários de uma editora de Nova York começaram a reclamar do café, a empresa resolveu fazer um concurso para ver qual café era mais aceito pela equipe. O consumo de café aumentou bastante, e, nas pesquisas de satisfação, os colaboradores disseram que valorizaram muito a iniciativa.

O ambiente de trabalho afeta a cultura. Você quer um ambiente ordenado, bem-iluminado e minimalista, ou um ambiente frenético e apinhado de coisas? As pequenas decisões que tomar vão levar as pessoas a agir de acordo com a cultura que você quer criar para sua equipe.

Execute. Suas ações devem refletir sua cultura

É incrível ver como uma pequena ação de sua parte pode afetar a cultura da equipe, mesmo muito tempo depois de você ter saído da empresa.

Um dia, cheguei ao escritório no Google e descobri que um sofá tinha sido mudado de lugar e estava forçando as pessoas a dar vários passos a mais para se desviar dele. Eu não estava tentando criar uma cultura obcecada pelo feng shui, mas aquele sofá me incomodou e decidi tirá-lo do caminho. Eu queria incentivar a obsessão pela eficiência, e aqueles passos a mais não tinham nada de eficientes. Comecei a empurrar o sofá para o lugar original. Um homem da equipe me viu e brincou: "Parece que você arranjou um novo trabalho". Sorri, mas me opus à atitude dele dizendo: "Se houver um obstáculo em seu caminho, é sempre seu trabalho removê-lo!". Dois anos depois de sair do Google, voltei para visitar um velho amigo e vi um slogan escrito na parede: "Na equipe do AdSense, mudamos os sofás de lugar!". Scott Sheffer, que assumiu meu cargo no Google, costumava dizer que meu legado mais importante foi meu foco na cultura da equipe.

Aprenda

Erros acontecem. Quando algo dá errado, é sua responsabilidade como chefe aprender com o erro e fazer mudanças. Caso contrário, você cria uma cultura que não aprende com os erros.

No Google, minha equipe e eu queríamos promover uma cultura informal. Uma das pequenas medidas que tomamos foi transformar uma sala de reunião em uma "sala de estar para a equipe", sem mesa nem cadeira, só com alguns sofás e pufes. Eu costumava fazer nossas reuniões lá. Então, em uma segunda-feira de manhã, entramos na sala e encontramos uma cueca e um sutiã enfiados debaixo das almofadas do sofá. Sexo no escritório não era exatamente a cultura que eu tentava cultivar. E aquele incidente acabou com nossa "sala de estar". Tivemos de achar outra maneira de promover a informalidade no escritório.

Ouça...

O mais incrível de uma cultura é que, uma vez que ganha força, passa a se autorreplicar. Você pode tomar uma série de medidas conscientes para direcionar a cultura, mas só sabe que teve sucesso quando as pessoas não precisam mais de você para mantê-la.

Quando expandimos as equipes do AdSense para outras partes do mundo, fiquei nervosa só de pensar como seria a cultura de equipe nos diferentes escritórios. Queria encorajar todas as equipes a contestar a autoridade, tanto a minha em particular como a autoridade em geral. Achava que precisaria ir pessoalmente a cada escritório para esclarecer essa mensagem. No entanto, naquela época eu também estava tentando engravidar e não tinha como viajar. Minha maior preocupação era com a equipe da China. Considerando o que eu sabia sobre a cultura chinesa, achava que seria difícil replicar nossa cultura irreverente naquele país. Como contei no capítulo 1, tive longas conversas sobre isso com Roy Zhou, o líder da equipe chinesa. Mas será que ele conseguiria orientar as pessoas se eu não fosse até lá? Fiquei tão ansiosa com a situação que, se já não tivesse 40 anos, teria deixado para engravidar depois e saído em turnê mundial.

Foi então que alguém da equipe chinesa teve uma ideia: todos os escritórios do AdSense mundo afora poderiam fazer um vídeo para apresentar as equipes umas às outras. Confesso que não esperava muito. Porém fiquei impressionada com os resultados e vi que o calor humano e o senso de humor são universais. A apresentação da equipe de Pequim teve o mesmo toque de irreverência "AdSensênsica" que a do pessoal de Mountain View ou Dublin, apesar das diferenças culturais entre os países. Eu estava bastante surpresa. Não tive participação alguma nas apresentações, e, ainda que eu mesma tivesse dirigido cada um daqueles vídeos como se fossem propagandas da cultura do AdSense, não teria ficado mais satisfeita com os resultados. Como aquilo aconteceu? Tal milagre foi possível porque a cultura é autorreplicável. Eu tinha ajudado a criar algo que passou a existir independentemente de minha vontade. Posso dizer que aquele foi um dos momentos mais mágicos de minha carreira.

COMO COMEÇAR A APLICAR O QUE VOCÊ APRENDEU

Parabéns! Só de ter lido este livro você já deu um grande passo para se tornar o tipo de chefe que ambiciona ser. Não estou dizendo que sei todas as respostas, mas posso afirmar que o simples fato de você ter parado para pensar em ser um chefe melhor já é um passo enorme.

Agora é hora de começar a colocar em prática as sugestões deste livro. O que fazer primeiro? Em que ordem utilizar as dicas e recomendações? Conhecer as ideias e técnicas é muito diferente de executá-las, e quero que você comece com o pé direito. Veja a seguir um plano para criar uma cultura de empatia assertiva em sua equipe.

CONTE HISTÓRIAS SOBRE VOCÊ

Explique o conceito da empatia assertiva a sua equipe para que ela entenda o que você está fazendo. Você também pode sugerir que as pessoas leiam este livro ou mostrar vídeos do site empatia assertiva (www.radicalcandor.com). O ideal, porém, é você explicar com suas próprias palavras. Qual é sua versão da história do "hum" ou da história de "Bob"? Conte a sua equipe histórias sobre você. Mostre que também é um ser humano vulnerável. Suas histórias pessoais vão esclarecer, melhor do que qualquer teoria de gestão, o que você realmente quer dizer e mostrar por que o conceito lhe é importante. É por isso que contei todas aquelas histórias pessoais neste livro. *Suas* histórias farão muito mais sentido para sua equipe do que as minhas, porque são importantes para você.

PROVE QUE VOCÊ AGUENTA CRÍTICAS ANTES DE COMEÇAR A DISTRIBUÍ-LAS

Comece pedindo que a equipe o critique. Releia a seção "Peça um feedback improvisado", no capítulo 6. E não se preocupe se as pessoas não se manifestarem muito logo de cara, porque no início ninguém vai querer falar. Aceite o desconforto e siga em frente. Fique especialmente atento se ninguém nunca o criticar. Se quiser, copie o modelo da empatia assertiva apresentado no capítulo 2 e use-o para monitorar quem está fazendo elogios e críticas, ou aplique a Escala de Franqueza (Candor Gauge), disponível no site radicalcandor.com. O simples fato de as pessoas não criticarem você não significa que elas o acham perfeito. Se notar que não está recebendo nenhuma crítica, tente usar a técnica da caixa de laranjas de Michael Dearing (veja o capítulo 6).

Pedir feedback, especialmente críticas, não é algo que se faça uma vez só e se elimine da lista de afazeres. Você precisa fazer isso *todos os dias*, mas em breves conversas, de um a dois minutos, não em reuniões marcadas na agenda. É algo a que você deve ficar sempre atento, não dá para agendar. Pode ser estranho no começo, porém, quando criar esse hábito, será estranho não pedir feedback. Vai ser como tomar água ou escovar os dentes.

Agora você está pronto para começar a ter conversas sobre a carreira. Comece a conduzir "conversas sobre a carreira" com sua equipe. Inicie com as pessoas com quem você passou mais tempo trabalhando. (Releia a seção "Conversas sobre a carreira", no capítulo 7. Para mais detalhes sobre esse tipo de conversa, consulte o site radicalcandor.com.)

Como no caso de pedir o feedback da equipe, você não pode simplesmente ter uma conversa sobre a carreira, riscar a tarefa da lista de afazeres e se dar por satisfeito. Lembre que as pessoas mudam, e você precisa mudar com elas! Por isso, é uma boa ideia fazer uma rodada de conversas sobre a carreira todo ano todos os subordinados diretos durante suas conversas individuais.

Ao mesmo tempo, aperfeiçoe as conversas individuais. Enquanto isso (pois você vai levar de três a seis semanas para conduzir essas três conversas com todas as pessoas da equipe, já que o melhor é deixar uma ou duas semanas de intervalo entre elas), não deixe de ter conversas individuais profundas com seus subordinados diretos. (Releia a seção "Conversas individuais", no capítulo 8.)

Em seguida... Depois de explicar o conceito da empatia assertiva, pedir feedback, conduzir conversas sobre a carreira e melhorar suas conversas individuais, você vai perceber que está conquistando a confiança da equipe e criando uma cultura melhor. Agora, está pronto para começar a melhorar seus elogios e críticas improvisados. Lembre que o melhor contexto para dar um feedback improvisado é em conversas breves, de um a dois minutos. (Releia a seção "Dê um feedback improvisado", no capítulo 6.) Não deixe de avaliar seu feedback. (Releia a seção "Avalie seu feedback improvisado, estabeleça uma linha de base, monitore suas melhorias", no capítulo 6.) Mesmo que você ache que é assertivamente empático, uma pessoa pode não ter ouvido crítica alguma, outra, ter achado que você a criticou com empatia nociva, e uma terceira, ter considerado sua crítica um exemplo de agressividade ofensiva. É preciso se ajustar a cada pessoa. Fique atento não só a seu próprio comportamento, mas ao fato de que ele pode afetar os relacionamentos e a cultura de sua equipe.

Respire fundo e avalie. Como vão as coisas? O que está indo bem? O que não está? Com quem você pode falar? Será que seu chefe pode ajudar? E sua equipe? De repente, um mentor de fora? Um coach? Outras pessoas da comunidade da empatia assertiva? Não tente avançar enquanto não achar que: 1) fez um bom progresso nos elementos básicos da gestão: obter e dar feedback, 2) já conhece melhor seus subordinados diretos e 3) está satisfeito com as conversas individuais.

Se você cumpriu esses três itens, está pronto para ajudar sua equipe a conduzir boas reuniões, tomar decisões melhores e realizar debates mais produtivos.

Você já desenvolveu a confiança necessária para fazer acontecer. O próximo passo é maximizar a produtividade das reuniões da equipe. Nelas, vocês avaliarão métricas-chave, compartilharão atualizações e identificarão as decisões e debates mais importantes. Não deixe que as reuniões se estendam demais e sempre as leve a sério. (Veja "Reuniões da equipe", no capítulo 8.) Uma vez dominadas as reuniões da equipe, você pode passar para as reuniões de decisão e de discussão. (Veja "Reuniões de decisão" e "Reuniões de discussão", no capítulo 8.)

Volte ao feedback. Não deixe de encorajar o feedback entre os membros de sua equipe. Proíba punhaladas nas costas e golpes baixos. Explique que não vai tolerar pessoas falando mal das outras para você. Você pode sugerir que a equipe leia a seção "Evite as punhaladas nas costas", no capítulo 6, porém o mais importante é sua constante interferência para não deixar isso acontecer. Você vai precisar conduzir reuniões adicionais para resolver controvérsias ou conflitos em sua equipe, mas garanto que vai valer a pena, porque você perderá menos tempo apagando incêndios mais adiante.

Combata a proliferação de reuniões. Cuidado para não ter uma agenda cheia demais. Faça uma pausa para refletir sobre o que faz e o que pode deixar de fazer. Não deixe de incluir na agenda um tempo de reflexão. (Veja "Tempo de reflexão", no capítulo 8.) A maioria das organizações sofre da síndrome da agenda lotada. Lute pelo que é certo, não só para si, mas para beneficiar toda a equipe!

Planeje o futuro de sua equipe. Comece com um plano de gestão do crescimento para cada membro da equipe. (Veja "Gestão do crescimento", no capítulo 7.) Cuidado para não criar uma cultura obcecada por promoções, e faça uma pausa para pensar em como as "rochas" de sua equipe têm sido recompensadas (veja o capítulo 7).

Volte ao feedback (mais uma vez). Peça que os membros da equipe comecem a avaliar os feedbacks uns dos outros. Seus subordinados são muitos, enquanto você é um só, por isso vale a pena tentar de tudo para encorajá-los a ser assertivamente empáticos ao elogiar e criticar uns aos outros, para reforçar a cultura de empatia assertiva. Eles vão poder dar mais feedback uns aos outros do que você tem condições de fazer sozinho. Se resistirem, tente começar com a técnica do "Macaco da Semana", de Dan Woods, na próxima reunião da equipe. (Veja "Feedback entre os membros da equipe", no capítulo 6.) Esse também é um bom momento para dar uma parada e ver você se tem conseguido dar e receber bons feedbacks. Não esqueça: é difícil fazer, não é nem um pouco natural, mas é um dos pilares da gestão (sem isso, tudo sai dos trilhos).

Ande pelo escritório e converse casualmente com sua equipe. Você já dá e recebe feedback faz um tempo. Acha que as coisas mudaram na equipe? Que tipo de coisas gostaria de saber, mas não estão chegando a seus ouvidos? Reserve um tempo toda semana para andar pelo escritório e ter conversas casuais e espontâneas com as pessoas. (Veja "Conversas casuais", no capítulo 8.) Se não estiver satisfeito com o andamento das coisas e achar que a equipe continua muito cética, volte ao primeiro passo. Também pode ser interessante promover uma "semana de feedback aos chefes" (veja o capítulo 6). Qual é a situação de sua cultura? O que você pode fazer para melhorá-la? (Veja "Cultura", no capítulo 8.)

Você é chefe de chefes? Se for, tente promover "reuniões de quebra de hierarquia" para incluir todas as pessoas de sua equipe. Só vai ser preciso fazer isso uma vez por ano, mas é uma boa ideia agrupar todas as reuniões em um período de duas semanas para ninguém se sentir excluído. (Veja "Contestar a autoridade", no capítulo 6.)

Comece a aplicar uma abordagem mais assertivamente empática aos processos da empresa. Seja assertivamente empático ao contratar, demitir e promover pessoas (veja o capítulo 7) e ao conduzir avaliações de desempenho formais (veja o capítulo 6).

Pode parecer muita coisa, mas não é tanto assim. Se você puser em prática todas as sugestões recomendadas neste livro, isso vai lhe tomar apenas umas dez horas por semana, sendo cinco delas para as conversas individuais, que você provavelmente já começou a conduzir. É claro que alguns processos, como conversas sobre a gestão do crescimento, reuniões de quebra de hierarquia e reuniões de avaliação de promoções, não são distribuídos uniformemente ao longo do tempo, tendendo a vir em ondas. Desse modo, dependendo da semana, você vai ter de dedicar cinco, oito ou doze horas à gestão de pessoas. Mesmo assim, ainda lhe sobrarão quinze horas semanais para pensar e executar suas tarefas e outras quinze para apagar os vários incêndios que sem dúvida surgirão pelo caminho.

Em outras palavras, leva um bom tempo para aplicar a empatia assertiva à gestão de pessoas, mas também vai lhe sobrar tempo para executar suas tarefas e lidar com o imprevisível. E, o mais importante, a abordagem assertivamente empática exigirá que você leve tudo o que você é ao trabalho.

Aplicar as dicas e recomendações nessa ordem lhe permitirão priorizar o que fazer, quando e com quem, mas aposto que você ainda tem algumas perguntas. Russ e eu fundamos a Candor para ajudá-lo a obter as respostas. Se, a qualquer momento, você quiser conversar com outras pessoas que estão implementando a empatia assertiva, precisar de nosso auxílio para resolver dúvidas ou dilemas de gestão ou quiser usar os aplicativos que criamos para colocar as ideias em prática, dê uma olhada no site radicalcandor.com. Não vemos a hora de continuar o diálogo com você, responder a suas perguntas e ajudá-lo a transformar a empatia assertiva em uma realidade na sua organização.

***

O simples ato de tomar uma resolução (como aquelas famosas "resoluções de fim de ano") ou o fato de gostar de uma ideia raramente resultam em mudanças concretas. É por isso que a segunda metade deste livro se concentra em ajudá-lo a implementar as sugestões. Não é fácil mudar o próprio comportamento, mas é possível. Na verdade, você já começou… ao ler este livro! A melhor maneira de iniciar a transformação de seu ambiente de trabalho é dar uma parada para pensar nas razões que o levam a querer mudar e manter esses ideais em mente ao identificar as coisas específicas que você pode passar a fazer de outro jeito.

No entanto, não se prenda aos detalhes antes de mergulhar no processo, porque são as recompensas resultantes da implementação dele que lhe darão ânimo e energia para continuar avançando. Lembre que, *ao desenvolver relacionamentos assertivamente empáticos com sua equipe, você elimina uma enorme e terrível fonte de insatisfação e descontentamento no mundo: o chefe incompetente.* E vai atingir resultados que jamais imaginou possíveis. Criará um ambiente onde você e os membros de sua equipe vão poder curtir o que fazem e também uns aos outros. E, talvez o mais surpreendente, descobrirá que as mudanças no trabalho vão repercutir para o resto de sua vida e enriquecer todos os seus relacionamentos.

Embora eu tenha focado principalmente as experiências positivas que tive na carreira, conheço muito bem a sensação de me arrastar em um ambiente incrivelmente chato, trabalhando para um chefe que consegue tirar o prazer de tudo. E o pior dessas experiências foi o que elas fizeram de minha vida *pessoal*. Era impossível ser uma pessoa alegre e viva no fim de semana depois de ter passado os cinco dias anteriores fazendo um trabalho tedioso e desinteressante sob a supervisão do diabo em forma de gente.

Mas sua vida não precisa ser um inferno, e você não precisa transformar a vida de ninguém em um inferno. Reserve um momento para mostrar a seus subordinados que você se importa com eles como seres humanos. Você pode alertá-los se estiverem cometendo algum erro não porque se acha superior a eles, mas porque se importa pessoalmente. Pode ajudar as pessoas de sua equipe a se aproximar de seus sonhos e até lhes mostrar como elas podem ajudá-lo a se aproximar de seus sonhos. Vocês podem trabalhar juntos para obter resultados que vão encher todos de orgulho. E, quando você se dedicar a fazer essas mudanças, que estão sob seu controle, a empatia assertiva vai transformar tanto sua vida profissional como a pessoal.

AGRADECIMENTOS

Escrever este livro foi a coisa mais difícil que já fiz na vida, e eu jamais teria conseguido terminar sem a generosidade e ajuda de muitas pessoas. Nenhum livro é obra de uma pessoa sozinha, e sinceramente não entendo por que nossa sociedade insiste no mito do "autor". A primeira dificuldade foi entrar em minha cabeça. Precisei de longos períodos de tempo livre, não só para me sentar diante do computador e escrever, mas também para fazer longas caminhadas, pensar e ter longas conversas para trocar ideias. E acabei por ficar sem muito tempo livre para meu emprego. Sou extremamente grata a minha equipe do Dropbox, especialmente Olga Navarskaya, Oliver Jay e Johann Butting, por terem sido tão compreensivos quando decidi sair da empresa de repente para escrever este livro. Também devo agradecimentos a Dick Costolo, Drew Houston, Adam Bain, Joanna Strober, Ryan Smith, Shannon Miller, Jack Dorsey e Kevin Gibbon, que me ofereceram trabalhos de consultoria e coaching, o que me deu a flexibilidade e o tempo necessários para escrever e também cuidar do corpo e da alma.

Em seguida, veio a parte mais difícil: *sair* de minha cabeça depois de ter conseguido entrar. Para realizar essa façanha, tive a sorte de contar com a ajuda de meu editor, com a gentileza dos amigos e com a generosidade de desconhecidos.

Escrever um livro pode ser como se perder no mar. Tim Bartlett, meu editor e "chefe" desta obra, foi a balsa salva-vidas que me resgatou dessa insanidade. Ele não só foi capaz de enxergar, no meio de toda a minha loucura, as partes boas do texto, como conseguiu limpá-lo com maestria. Escrever um livro é na verdade uma colaboração entre autor e editor, e trabalhar com Tim foi como estar nas mãos de um mestre. Ele sempre sabia o que cortar, o que elaborar, quando dizer "E aí? O que aconteceu com o importar-se pessoalmente?" e quando arrancar o manuscrito de minhas mãos. A visão clara de Tim iluminou todas estas páginas. Tim é o melhor editor do mundo, e seu nome deveria ter saído na capa, junto com o meu.

Também gostaria de agradecer à mulher e aos filhos de Tim, sabendo que ele teve de abrir mão de parte de suas férias e de tempo com a família para escrever este livro comigo. E, falando nisso, quero agradecer a meu marido, meus filhos, meus pais, meus irmãos, aos pais de meu marido e aos irmãos dele por toda a compreensão e o apoio nos momentos em que os abandonei para escrever e depois editar este trabalho.

Uma equipe de grandes talentos da editora St. Martin's Press ajudou a tornar o livro realidade, e sou profundamente grata a eles. O entusiasmo de Laura Clark desde o momento em que pus os pés no escritório da St. Martin foi uma enorme fonte de energia não só para a obra, mas para mim, pessoalmente. Aprendi muito com ela a promover e vender ideias. Gabi Gantz, Annabella Hochschild, Karlyn Hixson, Eric C. Meyer, Kathy Parise e James Iacobelli me ajudaram bastante, sempre com muita paciência a cada passo do caminho. Dezenas de outras pessoas também trabalharam neste projeto. Posso não ter tido a chance de conhecê-las em pessoa, porém todas se empenharam muito para produzir e vender o livro, especialmente Jeremy Pink, que nunca conheci pessoalmente, mas a quem admiro muito, já que lapidou e melhorou todas as frases. O trabalho que o pessoal da área editorial faz para levar ideias ao mundo é importantíssimo para a humanidade, e temo que tal trabalho não seja facilitado pelo setor da tecnologia, no qual atuei minha vida toda. Um de meus projetos para o futuro é encontrar um caminho melhor, uma colaboração mais estreita entre a tecnologia e o editorial.

Este livro nunca teria chegado às mãos de Tim ou da equipe da St. Martin's Press sem as várias pessoas que me ajudaram ao longo de todo o processo. Meus amigos Adam Richman e Kim Keating me deram conselhos valiosíssimos para encontrar uma editora que aceitasse publicar o livro. Meu agente, Howard Yoon, leu o manuscrito assim que o recebeu e me ligou empolgadíssimo. A reação dele me reassegurou de que eu não tinha jogado os três últimos anos no lixo justamente no momento em que mais precisava disso. Ele mesmo chegou a escrever a proposta de publicação quando viu que eu não conseguia fazer isso. E também passou meses me ajudando com as primeiras versões do manuscrito antes de submetê-lo às editoras. Howard é um daqueles raros agentes literários que é tão talentoso com as palavras quanto no processo de venda.

E, antes mesmo de Howard ou Tim colocarem os olhos no livro, meus familiares e amigos leram uma versão após outra, sugeriram modificações de palavra após palavra e fizeram questão de me tirar da frente do computador e me arrastar em longas caminhadas para eu poder espairecer um pouco.

Meus pais, Allen e Mary Malone, devem ter lido umas quinze versões diferentes do livro sem jamais demonstrar um momento sequer de tédio. Se isso não for amor, não sei o que é.

Meu marido, Andy, combateu com obstinação minha ideia, que alimentei por quase dois anos, de intitular este livro *Empatia cruel*. Não sei por que me dei o trabalho de discutir com ele. Nunca conheci pessoa mais compreensiva do que Andy, e, quando insiste em alguma coisa, sei que tem sempre razão.

Muitas pessoas dedicaram seu tempo a editar vários rascunhos desta obra, e sou profundamente grata a cada uma delas. Denni Cawley editou as primeiras e mais espinhosas versões e me ajudou com as pesquisas. Sierra Kephart-Clary impôs ordem em minha loucura mais adiante. James Buckhouse trouxe um senso de beleza e alegria ao processo de edição justamente quando eu mais precisava. Katya Rice salvou meu texto de ficar abstrato ou específico demais e conseguiu fazer mil pequenas alterações ao mesmo tempo que me ajudava a não focar a floresta como um todo nem apenas uma folha específica.

Alice Traux foi, durante duas intensas rodadas de edição, uma fonte enorme de sanidade mental. Ela é implacável em sua tolerância zero a clichês, sempre disposta a me dizer quando o texto não fazia sentido. Ao mesmo tempo, sempre se preocupou com meu moral ao longo do processo, o que me foi de grande ajuda. Sou gratíssima a ela.

Jim e Mary Ottaway editaram uma versão inicial deste livro, me encorajaram a continuar escrevendo, e, como se não bastasse, Jim ainda fez heroicamente outra edição-relâmpago completa na última hora.

Sou muito grata a Catharine Burhenne-Sanderson, Steve Diamond, Maria Gotsch, Ellen Konar e Albert Ni, Jane Penner e Gretchen Ruben, que não só leram o livro, como também me acompanharam em incontáveis caminhadas e sessões de comes e bebes, me convencendo a repensar partes inteiras e me ajudando a me sentir um pouco menos solitária ao escrever. Todos me ajudaram a esclarecer as ideias, e a compaixão deles por mim me lembrou da necessidade de também ter compaixão pelo leitor.

Olga Navarskaya me convenceu de que a lógica de meu modelo inicial de empatia assertiva não se sustentava e precisava ser melhorada. Levei três meses pensando para sanar os problemas, e jamais teria conseguido sem imaginar seu rosto cético na minha frente.

Devo toda a segunda metade do livro, a Daniel Rubin, que passou vários meses insistindo, apesar de minha hesitação, que uma filosofia de gestão sem recomendações práticas não teria utilidade alguma para os leitores.

Sou extremamente grata a Josh Cohen, Michael Chu, Michael Dearing, Drew Houston, Jared Smith, Russ Laraway, Elisse Lockhart, Charles Morris, Venkat Rao, Caroline Reitz, Sheryl Sandberg, Michael Schrage, Myra Strober, Richard Tedlow, Valerie Yakich e Chris Yeh, que leram e editaram minuciosamente este livro, fazendo incontáveis sugestões e contribuindo com comentários que se revelaram absolutamente essenciais.

Muitas pessoas pediram para ler este texto enquanto eu o escrevia, e todas me ajudaram, algumas me dando conselhos assertivamente empáticos e me levando a ver as deficiências do livro, outras apenas manifestando interesse e me encorajando a continuar: Dinara Abilova, Alina Adams, Matt Adams, Richard Alfonsi, Brett Berson, Gina Bianchini, Jeff Bidzos, Nick Bloom,

Simon Bolger, Adam Brandenburger, Jenna Buffaloe, Matthew Carpenter, Andrew Catton, Denni Cawley, Lawrence Coburn, Betsy Cohen, Kate Connally, Jack Dorsey, Sarah Friar, Maria Giacona, Kevin Gibbon, Adam Grant, Josh Grau, Karen Grove, James Groves, Matt Hogan, Adam Hundt, Kate Jhaveri, Neeru Khosla, Elizabeth Kim, Janet Kim, Aliza Knox, Brett Kopf, Jayant Kulkarni, Christine Lee, Battle Malone, Tim Martin, Ben Matasar, Blaire Mattson, Michael Maughan, Jamie McCollough, Shannon Miller, Dobromir Montauk, Maran Nelson, Yu-Shen Ng, Andrew Peterson, Ann Poletti, Kanjun Qiu, Adam Regelmann, Robyn Reiss, Katya Rice, Louisa Ritter, Margaret Rosser, Matt Rosser, Dan Rummel, Johnny Russ, Scott Sheffer, Lindsey Semple, Lauren Sherman, Dimitar Simeonov, Mason Simon, Ryan Smith, Mollie Solon, Donna Staton, Michael Stoppelman, Jason Strober, Joanna Strober, Shea Tate-Di, Jason Tan, Joseph Ternasky, Sophia Tsai, Casey Tunguz, Tomasz Tunguz, Dash Victor e Jackie Xu. Sou profundamente grata a todos eles.

Dizem que os melhores artistas roubam. Não tenho pretensões de ser uma grande artista, mas sem dúvida roubei muitas das ideias que apresento neste livro, algumas das quais são lições que aprendi com meus colegas.

Mais especificamente, posso dizer que três pessoas influenciaram este livro: Shona Brown, Russ Laraway e Sheryl Sandberg.

Shona Brown, vice-presidente sênior de operações comerciais do Google, gosta de manter o anonimato, de modo que não contei muitas histórias dela. Uma dose especialmente generosa de empatia assertiva que recebi de Shona me lançou na carreira atual. Grande parte da abordagem do Google à gestão foi concebida, arquitetada e operacionalizada por Shona. Ela apresenta uma excelente descrição de abordagem à liderança no livro *Estratégia competitiva no limiar do caos* e provou a eficácia da abordagem quando implementou suas ideias no Google. Shona teve um papel importantíssimo na criação dos processos de contratação, avaliação, remuneração, desenvolvimento e promoção de pessoas no Google; na maneira como o Google definia e atingia suas metas; no modo como o Google tomava decisões; e na constante reinvenção da organização do Google para a empresa manter a agilidade enquanto crescia. As ideias de Shona afetaram enormemente a trajetória da companhia.

Observar Russ Laraway liderar suas equipes sempre me ensina a ser uma chefe de sucesso. Ele não apenas me ensinou grande parte do que sei sobre gestão, como me mostra todos os dias o que significa ser uma boa pessoa.

Sheryl Sandberg foi a melhor chefe que já tive e revolucionou a trajetória de minha vida. Sempre me impeliu a fazer coisas que jamais imaginei serem possíveis e me ajudou a me aproximar de meus sonhos.

Neste livro, você vai ler dezenas de histórias sobre lições que aprendi com as pessoas com quem trabalhei. Quero agradecer a todas elas por serem excelentes chefes e pelo exemplo que me deram. Espero ter-lhes feito justiça nas descrições que apresento aqui. Outras incontáveis pessoas também me ensinaram a ser uma boa chefe, mas preferiram ficar no anonimato. Aprendi muitos dos conceitos deste livro com Tom Pickett e Scott Sheffer, que trabalharam em minha equipe do Google, e com Alan Warren, que fundou a Juice comigo.

E por último, mas com certeza não menos importante, serei eternamente grata a Dan Pink por me ajudar a ver que minha ideia era boa e por dar o título a este livro em uma conversa de poucos minutos.

Todos que me ajudaram a escrever esta obra me ensinaram que, quando você se abre à empatia assertiva, pode ver o lado humano das pessoas e um propósito em momentos que de outro modo simplesmente não seriam notados… no elevador, levando seu cachorro para passear, respondendo em 140 caracteres ao tuíte intrigante de um desconhecido ou retomando o contato com um velho amigo para discutir uma ideia nova.

NOTAS

Introdução

1. O AdSense é um serviço de anúncios que você pode agregar a seu site ou blog e receber um pagamento do Google pelos anúncios visualizados. Se você tiver um site sobre, por exemplo, acampamento, pode incluir nele um boxe "Anúncios do Google", e o Google preencherá esse boxe com anúncios de, digamos, barracas da REI ou sacos de dormir da North Face. Você é pago sempre que um usuário visualizar os anúncios ou clicar neles. O boxe é inserido no seu inserido por meio de um código de programação fornecido pelo Google.
2. Webspams são sites que adulteram o sistema PageRank, do Google, que classifica os resultados das buscas no navegador. É uma espécie de lixo eletrônico ou ligações de telemarketing que você recebe em casa, no meio do jantar.
3. https://www.youtube.com/watch?v=TRZAJY23xio.

Capítulo 1

1. HARARI, Oren. *The Powell principles*: 24 lessons from Colin Powell, a legendary leader [Os princípios de Powell: 24 lições de Colin Powell, um líder lendário]. Nova York: McGraw-Hill, 2002, p. 4.

Capítulo 2

1. Você pode ver trechos do vídeo não incluídos na edição final do documentário *Triumph of the nerds*, da PBS, em *The lost interview*.

Capítulo 3

1. http://tomtunguz.com/nine-box-matrix-hr.
2. http://www.ft.com/cms/s/0/0ccb0658-596a-11e6-9f70-badea1b336d4.html?siteedition=intl#axzz4GxOrK1Bg.

Capítulo 4

1. O termo "unicórnio" foi cunhado pelo investidor de risco Aileen Lee para descrever a startup que atinge rapidamente a avaliação de US$ 1 bilhão.
2. O AdWords é o pacote de anúncios do Google. Se você, por exemplo, produz chapéus e quer anunciá-los, dá lances para palavras-chave como "chapéu" e, se vencer o leilão, seus anúncios serão exibidos nas páginas de pesquisa do Google quando as pessoas procurarem a palavra "chapéu" e mesmo em outros sites relacionados a chapéus. Quando os usuários clicam em seu anúncio, você paga ao Google.
3. https://hbr.org/2008/02/getting-the-best-employee-idea.
4. http://www.wsj.com/articles/SB115015518018078348.
5. Do documentário *The lost interview*.
6. Originalmente escrevi "a verdade" em vez de "a melhor solução". O problema é que dizer "a verdade" implica permanência, noção que pode ameaçar a etapa do "aprender" e, como vimos na seção anterior, promover a arrogância, elemento simplesmente desastroso para a empatia assertiva.
7. Devo confessar que hesito um pouco em dedicar espaço neste livro para falar de um tema tão "batido", que alguns leitores já devem conhecer muito bem. No entanto, mesmo tendo dois diplomas de duas respeitadas universidades, só fiquei sabendo desse modelo depois de passar um tempo na Apple University. O modelo me ajudou muito, e acho que você também pode se beneficiar dele. Dezenas de milhares de livros já foram escritos sobre a *Retórica de Aristóteles*. Para outra referência rápida, porém mais acadêmica, veja *The Stanford encyclopedia of philosophy*

(http://plato.stanford.edu/entries/aristotle-rhetoric). Uma visão contemporânea bastante citada da persuasão é a do livro *O poder da persuasão*, de Robert Cialdini. Uma busca rápida na internet revelará muitas outras excelentes fontes.

8. https://www.youtube.com/watch?v=jj6q_z2Ni9M.

Capítulo 6

1. MARTELL, R. F.; LANE, D. M.; EMRICH, C. Male-female differences: a computer simulation. *American Psychologist*, v. 51, n. 2, fev. 1996.

Capítulo 8

1. Ninguém sabe ao certo quem disse isso; a citação é atribuída a Peter Drucker, Jack Welch e outros.

ÍNDICE REMISSIVO